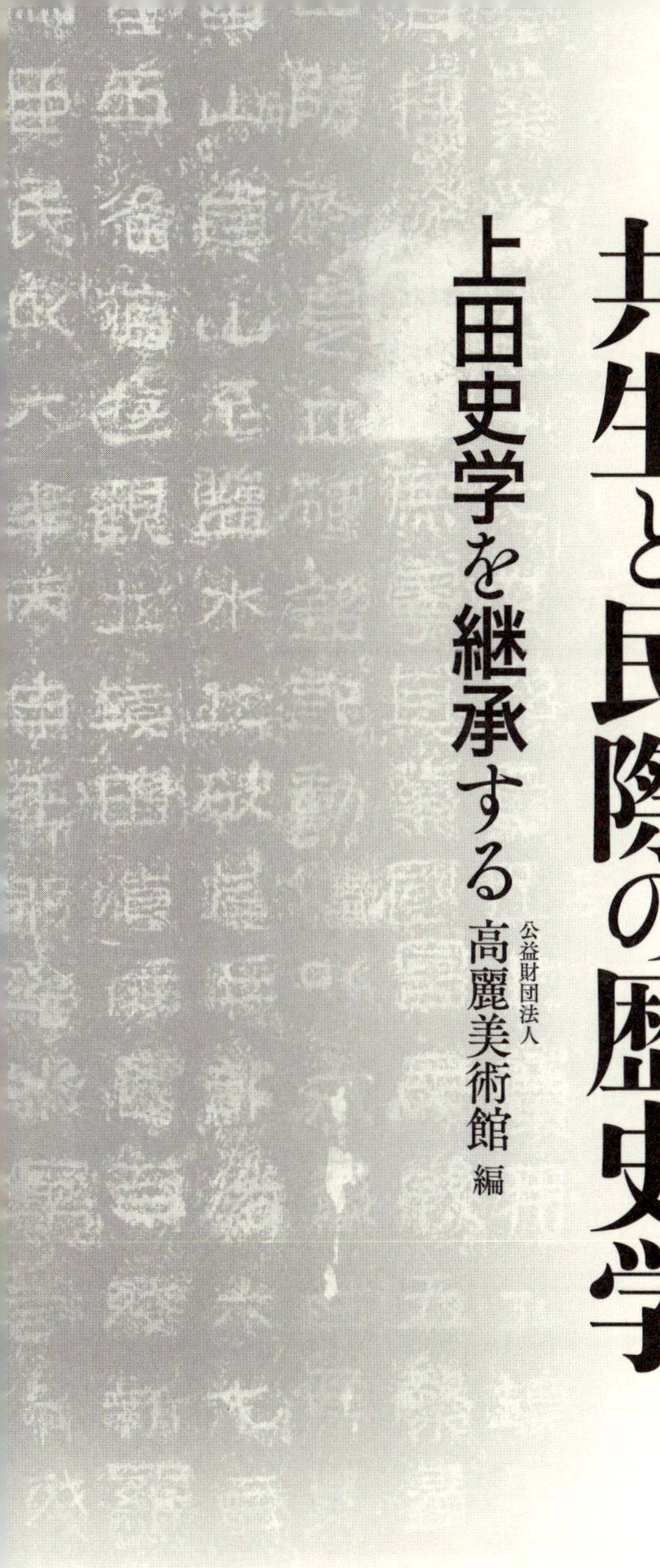

共生と民際の歴史学

上田史学を継承する

公益財団法人
高麗美術館 編

雄山閣

「歴史する」ということ

歴史学、またその成果・結果としての発言や著述が、社会的に果たしうる役割、つまりは歴史学に接する人々にもたらすもの、もっといえば〝効能〟は何だろうか。千年とか千五百年とかも前に起きた出来事の、その起こったことへの知的好奇心、自分の身体や五感で直接に確かめることの出来ない事象を知ることができた、という満足のほかには、そこから今の暮らしに役立つ具体的な何かを学べるというわけではない。そういう意味では、いわゆる「実学」ではないのである。

では歴史は、ただ過ぎ去ってしまった時間であり、今を生きるわれわれとは無関係なのかというと、そうではない。先生が生涯をかけて歴史学に情熱を燃やし続けられた理由なのだが、それは過ぎ去った過去を、「生きた歴史」として構築するという営みである。

学問・研究という、たしかに響きもいい「象牙の塔」に閉じこもって、歴史学でいえば史料・資料に埋没し、ひたすらその分析に明け暮れること、それが大事でないとはいわない。だがその、つまりはきわめて楽でもある「象牙の塔」世界をみずから解き放ち、学問・研究によって得た成果を社会に広く還元してこそ、真の歴史学といえるのではないか。私はそれを「歴史学の社会化」と呼んでいるが、そこではじめて過去の過ぎ去った時間、つまりは歴史は、現在を、また未来を築くツールともなり、エンジンともなる。

先生の学問、書名にそくしていえば「上田史学」は、きわめて実直かつ公平で、根拠のない推測、いわゆるロマンなどとはまったく無縁である。ほとんど空想・想像、もっといえば妄想に近い〝歴史〟が、一般受けし、持て囃されること、それはそれでいいだろう。そのことを視野にはじゅうぶん入れておられたが、それを最終目標とされたわけではまったくない。

そこで終わればそれは歴史ではなく、俗文学というか、単なる仮想の世界のことに属する。一過性の楽しみや面白さも大切でないとは言わないが、先生が強調される「共生《ともうみ》」、つまり未来を見据えた創造行動の姿勢が歴史学にはなければならず、「歴史する」ことは、未来の世界にとって有効なものである必要があるのだ。

ユベール・リヨテ（一八五四〜一九三四）は、フランスの植民地支配に辣腕をふるった軍人だそうだが、あるとき立派な樫の木を見て、自宅にも植えようと庭師を呼んだ。庭師が言った。あそこまでなるには百年はかかります。リヨテは即座にこたえる。ではすぐに植えてくれ、と。

「歴史する」ということは、そういうことなのだ。今ただちに何らかの効果がでるというわけではない。百年さきだから、自分の身体骨肉にかかわるわけでもない。だが未来・将来には大きく成長し、たいせつな〝効果〟を生み出すのである。未来・将来になってはじめて実をむすぶのである。

先生が目指され、築かれた学問・研究、さらには社会活動から学ぶことはかぎりなく多い。師恩は深い。

公益財団法人高麗美術館館長　京都産業大学名誉教授　井上満郎

二〇一九年四月

共生と民際の歴史学　―上田史学を継承する―　目次

【掲載写真について】

上田史学の足跡と功績

井上　満郎

先生との出会い

二〇一六（平成二八）年三月一三日午前、歴史学界の最高峰、京都大学名誉教授上田正昭先生は逝去された。卒寿を目前にしての八八歳、前日まで地元亀岡市で亀岡市生涯学習賞の授与式の公務に選考委員長としてあたられ、座っては失礼だと、短時間ではあったが立って講話までされたとお聞きしている。外出は控えておられたものの執筆活動もたいへん旺盛であられたし、まさかこのように早く逝かれるとは思っていなかったというのが実のところである。たぐい稀な歴史研究者であったし、私のみならず、後進がまだまだご指導を得たかったことがたくさんあった。

私個人の先生との出会いからはじめたいと思うが、直接に先生に出会ったのは一九六三年四月、京都大学文学部で国史学専攻の四回生として、今もその建物は残されているがいかにも古びた、大正三年建築の文学部陳列館《ちんれつかん》（国登録有形文化財）の二階、薄暗い教室での講筵に列した時である。

むろんそれ以前からお名前は存じ上げていたが、当時先生は京都府立鴨沂《おうき》高校（京都市上京区）の社会科の教員として、教育界にとどまらず既に学界でも活躍しておられ、そしてこの年に京都大学文学部に出講されたのだった。それより一〇年ほども早く立命館大学文学部で教えられていたから、大学の教壇は先生にとってはじめてというわけではなかったが、この「時」を大切にされたようで、私のことを「一番の弟子」だとよく言ってくださっていた。むろん一番〝できる〟弟子というわけではなく、一番〝最初の〟弟子、ということである。

この年の一〇月から京都大学教養部に助教授として着任されたこともあり、文字通りに私は京都大学での最初の教え子となり、爾来五〇年を越えて親炙に浴することになった。ちなみにこの先生の転出によって私は、欠員の生じた鴨沂高校社会科の非常勤講師となっているのだが、これも不思議なご縁といえるだろう。大学院の修士課程から博士課程にかけて三、四年間出講したかと記憶するがこの時には、古代研究の著書を何冊ものしておられて教頭だった大井重二郎先生とご一緒できたことや、またさらに後年にアイドルをへて高名な歌手として名をなす沢田研二君が生徒だったことも忘れられない。

先生のお人柄

少し失礼な言い方かもしれないが、私が先生を「好き」だった理由はたくさんあるが、もっとも大きなものはやはりそのお人柄である。私は花ノ坊《はなのぼう》（京都市北区紫野《むらさきの》）のご自宅での会からしか知らないが、このご自宅は豊臣秀吉築造の御土居《おどい》の上に位置し、一〇年ほど前だっただろうか、京都市の買収によって公園化された。新国学談話会と名づけられたその研究会に長く参加させていただいたが、この会は歴史学にかぎらず松前《まつまえ》健・山上伊豆母《やまがみいずも》・黒澤幸三・岡田精司・和田萃《あつむ》といった神話学・神道学・民俗学・民族学・国文学など多分野のメンバーが集い、丁々発止の、学問の垣根を越えた議論がたたかわされた。かなり無茶なというか、規格外の意見がでることもしばしばだったが、この時も先生の態度は、学問そのものにはむろん厳しかったが、たいへんおおらかで穏和でいらっしゃった。

お酒はそれほど飲まれなかったが、興に乗った折などによく口にされた言葉のひとつに、本居宣長《もとおりのりなが》の「わが説になず《（泥）》みそ」（『玉勝間《たまかつま》』）がある。自分の力で新しい「道」が発見できたにもかかわらず、その「道を思はで、いたづらにわれ《（我）》をたふと《（尊）》まんは、わが心にあらざるぞかし」、その自分の発見を大切にしないで、師匠であるからといって無批判に私の説のほうを尊ぶというは、私の教えの本意ではないのだ、と恩師への安易な同調をいましめている。先生の学問への態度はまさにこれで、教えを請えばかならず懇切に応対してくださったし、市民の方々へのそれもまったく変わることがなかった。私が一度も叱られたことがないのはむろん、人を叱っておられるのをも見たことがない。

　かなり長く毎年正月にはご自宅へ年始のご挨拶を申しあげていたが、百軒前後とうかがっているが村内の氏子さんたちが年始に見えられ、それに合わせて地元の名士たちもと、相当数の方々のそれを受けておられた。学者としての名声を築かれ、また神社界でも神職特級《とっきゅう》（神社本庁に確認してみると、神職は全国で二万人をこえるが、特級は百人にみたないとのこと）の評価に浴されてもなお地元の方々を大切にされるその姿勢には、つくづくと頭がさがる。「民衆」や「民際《みんさい》」を大切にされた先生の研究態度は、ただ学問のみにとどまらずこうした社会的な先生のありようの基本でもあった。いわゆる〝象牙の塔〟などに籠もることなく、「学者」という狭い世界にとどまることなく、ひたすら社会への学問成果の還元、つまり「社会化」といおうか、真実の〝いのち〟に満ちた、生きた歴史学の構築をはかられた先生であった。

　この「生きた歴史」は、先生の足跡と功績を考えるときに最も中心をなすもので、いうまでもなくクローチェ（Benedetto Croce　1866-1952）の『歴史の理論と歴史』（邦訳。原題 Zur Theorie und Geschichte der Historiographie・1915）から学ばれたもので、著書の一つ『日本古代史をいかに学ぶか』（二〇一四・新潮社）など著作の随所に触れておられるが、ただ私たちが訪ねることのできない過去の出来事のあれこれを明らかにするだけでなく、「未来を展望」することに視点をいつも据えておられた（『私の日本古代史』二〇一二・新潮社）。歴史の研究や教育にたずさわるすべての人が心しておかねばならない課題であり、というよりも使命《ミッション》であるが、先生はそれを見事に果たされたのである。

先生の経歴など

先生のご誕生は一九二七年（昭和二）四月二九日。京都西陣《にしじん》の商家の出身で、佐々木政次郎の次男として誕生された。西陣にジャガード機を率先して導入したことで有名な佐々木清七《ささきせいしち》は曽祖父にあたられる。実際に誕生されたのは兵庫県城崎町湯島《きのさきちょうゆしま》（現・城崎市）で、そこで幼少年期を過ごされた。一九四一年に京都市に移られ、それにともなって兵庫県立豊岡《とよおか》中学校（現・兵庫県立豊岡高校）から京都府立第二中学（現京都府立鳥羽《とば》高校）に転入されている。この時から長い京都生活をお始めになったわけだが、一九四二年には神職を継承されることを前提として京都國學院《きょうとこくがくいん》に学ばれる。さらに四四年には國學院大学専門部に入学され、一九四七年三月に卒業、ついで同年四月に「西田直二郎《なおじろう》博士の文化史学にあこがれて」（『日本古代史をいかに学ぶか』ほか）、まだ帝国大学といっていた頃の京都大学文学部史学科（現京都大学文学部歴史基礎文化学系日本史学専攻）に入学されている。

ほぼ同時期の一九四七年五月、先生のついの棲家となる京都府亀岡市曽我部町《そがべちょう》の小幡《おばた》神社・神明社の宮司を継職され、ご逝去までそれは続いた。よく〝村幣大社《そんぺいたいしゃ》〟だと言っておられたが、地元の信仰を集める神社を終生ずっと大切にされた。

むろんこの村幣大社は、官幣大社《かんぺいたいしゃ》に〝対抗〟して言われたものである。官幣大社の制度は起源を古代に持つが、明治になって神祇官《じんぎかん》が再興されて社格の制度が新たに定まり、いわば国営で神社が運営されるにいたる。一八七一年に官幣社と国幣社《こくへい》（官幣社は皇室から、国幣社は国庫から幣帛《へいはく》が奉られる）で合計九七社がこれに列したことからはじまり、一九四六年に廃止されるのだが、当時の正確な神社数は不明というほかないが約一〇万社くらいだろうか（『神道大辞典』〈二〇〇四年・吉川弘文館〉による）。制度廃止時点で官幣大社は五九社、これが全国神社の頂点だったということになる。

この〝考え方〟に対して先生は、あえて「村幣」ということばを、まさに造語される。国家を基点に神社を考えるのでなく、あくまで地元の人々の信仰という観点を重んじるべきだということから始まるものであり、たとえ国家的には小さなものであっても、人々の支持を受け続けて今にいたっているということは神社にとって何ものにもかえがたいのだという、確固たる信念がこの背景にあったことは、先生を考えるとき見逃せないものだと思う。

教育現場での活躍

さて先生は、京都大学在学中の一九四九年にすでに京都府立園部《そのべ》高校（京都府南丹《なんたん》市園部町）に助教諭《じょきょうゆ》として教壇に立っておられ、卒業とともに正規の教諭となられたが、すぐ翌年に京都府立鴨沂高校に転じられ、以後一九六三年に京都大学に移られるまで高校の社会科教師として、研究と教育を見事に両立されている。

この時代に出会われた高校生とのことはしばしばお聞きしたが、そこから得られた生徒たちのナマの言葉が、その後の先生の学問や活動の大きな源泉となったと言われていた。社会の現実にたえず向き合われた先生の学問研究の基底の一つは、この時期に高校教育現場に活躍されたことにあったように思う。この間に著わされた書物は『神話の世界』（一九五六年・創元社）と『日本古代国家成立史の研究』（一九五九年・青木書店）・『日本武尊』（一九六〇・吉川弘文館）だが、繁忙ななかに研究時間を見つけ、また京都で組織された学会の日本史研究会の研究委員、また現亀岡市に存在した「篠村史《しの》」の調査委員会委員長、さらには同和教育研究会京都府連合会会長・藝能史研究会委員兼評議員など、学会活動や社会活動にも精力的に動かれた。

移られた京都大学では、教養部に属された。現在の総合人間学部にあたるが、当時京都大学では一回生と二回生はそれぞれ個別の学部に学籍は属するものの、教育は主としてこの間、旧制第三高等学校（いわゆる「三高」）の名残りをとどめる教養部で受けた。つまり文学部・教育学部・法学部・経済学部・理学部・医学部・薬学部・工学部・農学部の当時の全学部の一、二回生が集うわけで、専門性を持ちながらも総合的な内容の教育が必要な部局であった。私も先生の定年退職を受けて教養部で十数年、いわゆる一般教養の日本史学の授業を担当したが、受講生の人数も多く、多様な気遣いの必要な科目であったことを記憶している。それをこなしながらの先生のご活動だったわけで、一九五九年には雑誌『日本のなかの朝鮮文化』(日本のなかの朝鮮文化社)の発足につくされ、一九八一年「休刊」の五〇号までを見届けられた。文学博士の学位もこの年に取得され、一九七一年には教授となっておられる。それ以後の経歴は枚挙にいとまなく、以後ほぼ半世紀近くを実に多方面での活躍に過ごされた。

神話の研究

日本古代史上の先生の深く広い業績で、起点になるのはやはり神話研究である。早く中学生にして津田《つだ》左右吉《そうきち》博士の著書を読んでおられたようだが、家職が神官であることもこれには関係していよう。先生の処女作が『神話の世界』であることもそれを物語る。刊行時先生は弱冠二九歳。戦前の著しい制約から神話研究が解放されたとはいうものの、なお多くの古代史研究者が避けてきた課題に取り組まれ、若々しい成果をあげられた。

たしかに津田史学の輝かしい巨峰がありはしたが、当時の歴史学ではどちらかというと疎まれてきた神話研究にあたられたのである。のちその集大成ともいうべき『日本神話』(一九七〇年・岩波新書)を出版されて、これには『毎日出版文化賞』が授与された。このときのお祝いの会には私も出席したが、歴史学の世界以外の実に豊かな分野の人々が寄り集われていたことに感動した覚えがあり、先生の学問やお人柄の若くからの広がりの有りようをよく物語るものだろう。

ここでの先生の研究態度は、一言でいえば神話と史実の峻別であろう。神話をそのままに史実の反映と見るのでもなく、また反対に単なる「創作物」として捨てるのでもなく、公平にその語るところを見定め、そこから歴史をつかみ取ろうとするものであった。新しい神話研究の伝統の育っていない環境下、神話を歴史の所産として「歴史的」に考察されたのである。今では当たり前のことになってはいるが、なおそれに〝抵抗〟を示す人々も少なからずいたし、詳細な内容はうかがっていないが、別に皇室家系の渡来人に触れられた折に、「右翼」が抗議のために自宅に押しかけてきたこともあったと言っておられた。神話や皇室がなお歴史として受けとめられていなかったことをよく物語るが、先生は決して戦闘的な方ではないが、そうした抵抗をものともせずその学問と行動は豊かな実を結んでゆく。

国県制の論争

戦後日本の古代史を彩る論争の一つに、ふつう国県制《こっけんせい》論争と呼んでいる国《くに》・県《あがた》をめぐるそれがある。この論争の一方の当事者に先生がなったのは一九五三年「アガタ及びアガタヌシの研究」(『国学院雑誌』)と、これをついで一九五九年『歴史学研究』に発表された「国県制の実態とその本質」(ともに『日本古代国家成立史の研究』所収)においてである。一九五一年『史学雑誌』掲載の井上光貞氏「国造制の成立」(のち『大化改新』一九五四年・要書房。『井上光貞著作集』4〈一九八五年・岩波書店〉所収)に対して疑問を呈され、これを受けての研究であった。

論文発表時お二人はともに三〇歳前後であったが、戦後、東西の日本古代史を背負った気鋭の二人による、学問的迫力に満ちた論争であった。先生ご自身の整理によればそれは「たんなる制度史的考察にとどまらず、古代国家のなりたちとその権力構造ならびに祭祀をめぐるイデオロギーの問題とも関連」(「国県制論争覚え書」、『井上光貞著作集』月報8〈一九八六年・岩波書店〉)した議論であった。先生若年のこの論争に、天下の東大井上光貞氏(当時東京大学教養学部助教授)が、まだ「新進気鋭の上田正昭氏」(井上光貞「わたくしの古代史学」、『井上光貞著作集』11〈一九八六年・岩波書店〉)と正面から向き合ってくれたとしばしば感謝の言葉をお漏らしになっていたが、それをさせた先生の、若い頃からの能力の開花をよく示すものであろう。私はこの論争を戦後古代史における最大級のものと評価するが、古代国家の成立過程を戦前的呪縛から解き放たれて、綿密に、実証的かつ理論的に考えるという学問がようやくに可能になったことをも示し、以後の多くの古代国家論の先駆けとなったといってもけっして過言ではない。

部落史・芸能史・地域史

先生の学問の基軸というかその最終目的は、学問の「社会化」であったと述べたが、その一つの分野が部落史研究であろう。高校に勤務しておられた頃に出会った被差別部落出身の生徒に強い印象を受けられたようで、歴史学の側面から被差別部落を考えられるに至る。早く一九五〇年には部落問題研究所研究員に就任しておられるが、同和教育にも積極的に関わられ、いくつもの部落史関係著作をものされている。一九七七年には部落解放研究所代表、一九七九年には奈良市同和地区史的調査委員会代表などになられ、研究はむろんのこと、部落解放を目指す方向でも精力的に行動された。一九六三年の「いわゆる人種起源説の再検討」

（『部落』一六二号）は、なお根強く残っていた被差別部落人種起源説（「帰化人起源説」）を完全に否定したもので、短文だが現実の日本社会に鋭く切り込んだ論説でもあった。

一九八七年には京都府・京都市による世界人権問題研究センター設立に尽力され、副理事長からやがて一九九九年には理事長に就任された。このセンターは部落問題のみを対象とするものではないが、先生が世界を見ておられることをよく示し、たえず口にしておられた「グローカル」、ローカルの立場を見逃してはならないが、同時にグローバルに世界を見据えねばならないということを実践されるものでもあった。

芸能史の研究も、おそらくこの延長線上にあるだろう。むろんヤマト王権の成立と密接に関わる、服属という政治的行為にともなう儀礼としての久米舞《くめまい》・隼人舞《はやとまい》など、古代史における芸能を歴史学的に追究されたこともその背景にはあろうが、特に中世・近世の芸能が被差別状態にさらされている人々によって担われたという史実に着目し、その成り立ちを究明するところからその解放を視野に置かれたのであった。先生にとって「学問が学問にとどまるものでない」というより「とどまるべきでない、社会化さるべきものである」ということをよく示す。これもまたしばしばクローチェを引いて述べられていた「生きた歴史」の希求であった。

地域社会と積極的な接触を持たれたことも見逃せない。最初に触れたようにさすがに最後の年はお出ましになっていなかったが、それまで村内の氏子さんたちの年始挨拶を自らかならずお受けになり、またその返礼では各戸をお廻りになっていたとも聞く。地域誌・地域文化の制作・創造にも多く関わられたし、地元の亀岡市史監修・専門委員会委員長（一九九〇年）はむろん、早く先に触れた篠村史調査委員（一九五六年）、ついで大本《おおもと》七十年史編集参与（一九六〇年）、少し空いて京都市文化観光資源調査委員（一九七二年）・八日市《ようかいち》市民大学副学長（滋賀県。一九七三年。八五年学長）・京都市社会教育委員（一九七三年）・滋賀県文化の屋根委員会委員（一九七六年）・向日《むこうし》市史専門委員会委員長（一九七七年）など、まさに枚挙に遑ない。研究に教育に忙しくしておられたはずだが、厭うことなくこうした市民社会からの要請を正面から受け止められ、そのすべてに手抜きなど一切無縁でそれぞれに力を尽くされたのである。それだけの能力と才能に恵まれておられたことはもちろんだが、その背後に多大の努力があったことを忘れてはならないだろう。

先生の講義・講演を聞いた人が一様に驚かれるのは、『日本書紀』の年月日までがことごとく頭に入っていることである。メモを見ることなく、事もなげにそれを引用されて話をされるが、「それなりの努力をしているのだよ」とも言っておられた。当然そうだと思う。能力・才能とは別に、その背後には人には見えないが多大の、まさに骨身を削る努力があって、それが先生を支える力となっていたのである。

「帰化人」から渡来人へ

教科書を書き換える業績もあげられた。渡来人研究である。

在日朝鮮・韓国人の問題にも早くから積極的に発言し、行動されていたが、日本古代史の「帰化人」という表記・表現に着目され、「言葉」の問題でなく「実証」の問題としてまずその歴史上の有りようをお考えになり、「帰化」という用語の背後にある歴史認識にまで踏み込まれた。「帰化人」という用語を使用し続けてきたことの、裏に潜む日本人の国際意識にまで視野を広げられたのであり、事は教科書を書き換えたに止まらない大きな功績であったといってよい。

『帰化人』（一九六五年・中公新書）はその集大成だが、「言葉のみにとどまるものではない」のであり、「その厳密な検討もなしに、いわば先験的に、学問上の用語として「帰化人」「帰化人」と用いられてきたその歴史への見方、考え方自体問題がひそんでいる」。まさに「日本古代学のゆがみと不幸がそこにも根強く息づいている」（「渡来人と帰化人」、『日本のなかの朝鮮文化』二一号・一九七四年）のであって、この先生の学問成果の社会への投げかけに応え、受容した一つが教科書であった。いまだに「帰化人」用語を使用する教科書もありはするが、日本の現実社会のなかに歴史学もあるのだということを考えてほしいと思うし、社会に目を開かない、「ためにする」学問から解放されてほしいと先生もきっと願っておられると思う。

ともあれ中学・高校の大多数の教科書が「渡来人」を使用するに至っているのだが、私はここに先生の学問の真髄を見る。何度も申して恐縮だが、先生が目指されたのは学問の社会化である。象牙の塔などに目もくれず、ひたすら社会の問題として学問を考え、また行動されたのであり、教科書という次代の人々を育てる重要なツールのなかにその成果は永遠に生き続けるであろう。

上田史学の特徴

二〇〇一年一月、宮中歌会始の召人《めしゅうど》になられた。その折に詠まれた歌は

山川も草木も人も共生の　いのち輝け新しき世に

であった。恩師と仰がれた折口信夫《おりくちしのぶ》博士も釋超空《しゃくちょうくう》を雅号とする稀有の歌人であったが（『釋超空短歌綜集』〈一九八七年・河出書房新社〉参照）、先生も生涯で『共生《きょうせい》』（二〇〇一年・大和書房）・『鎮魂』（二〇〇六年・同）・『史脈』（二〇一三年・同）と、三冊の歌集を残されるほどの歌をものされた。学者・研究者で作歌する人は少なくはないが、召人にまで指名される方は多くない。歌人としての先生の評価は私には出来ないが、とにかく多面的な活動が先生の基本姿勢であった。なかの一首、

人の世は毀誉褒貶の渦ばかり　一切は空の自由と自在

に先生の深い境地が偲ばれる。私どもの目には見えない様々な抵抗や挫折も味わわれたと思うが、しかしそれを表に出されることはなく、文字通りに八面玲瓏《はちめんれいろう》、どの活動を見ても美しく、透明だった。

学問ということでは、歴史の表、光ばかりでなく、裏、影にも公平に光を当てられたことも大きな特徴であろう。部落史・芸能史、さらには韓国・朝鮮や沖縄と、先生以前の研究視角を大きく改めさせる学問を拓かれた。それが多くの人々の共感と支持を得られた理由だと思われるが、ひとり学問上の研究視角のみに止

まるものではなかった。それは取り組まれる時の眼差しの柔らかさ、穏やかさであり、声高に唱え、叫ぶのでなく、歴史を見る暖かい目とでも言おうか。これには先生のお人柄もむろん関わるが、「歴史」が声を出し、行動する人によってのみ動き、形成されたのでないことへの確かな視線を持っておられたということを示す。これは口で言うのは易しいし、また学者相手の研究として行なうのもそう難しくはないだろう。

真実はそこから先で、いかにその研究成果を社会に還し、人を、社会をつき動かすかが目差されなければ、真の学問としての意味はない。またそれは〝時代〟を〝状況〟を正しく見つめる能力がなければできない。先生はそれを備えておられたし、そのための努力を惜しまれなかった。

さらにいえば先生は、一九七〇年の旧ソ連が最初のようだが、以後中国・韓国・北朝鮮はむろん、三〇回を越えて海外に足を運ばれ、研究者間・市民間の交流をはかられた。一九九〇年には江上波夫《えがみなみお》博士を会長としてアジア史学会を組織することを主導されたが、欧米に比して東アジアでの研究者間交流の低調さを解消しようとされ、かつ市民をも含めた多面的な交流を目差されたものであって、日本史学者で他にこれほど国際交流に心を砕かれた方を私は知らない。

「共生」と「民際」の提言

先生が大切にされた言葉に、「共生」と「民際」とがある。共生《きょうせい》は今やトレンドとなってもいる言葉だが、これを「ともうみ」と読まれたのである。この読みは、最新版の『広辞苑』(第七版。二〇一八年・岩波書店)

にも登場しない。そういう意味ではまだ市民権を得ているとはいいがたいことはたしかなのだが、また古典にも見いだしえないように思い「先生の造語でしょうか」とたずねたことがある。

するとたちどころに出典を示された。それは『古事記』上巻の国生み段で、そこの伊耶那岐《いざなき》・伊耶那美《いざなみ》二神の「共《とも》に所生《う》みませる」島が「壱拾肆《とおあまりよつ》」とある記載である。原文では「共所生嶋壱拾肆」とあるものだが、この国土誕生の神話記載から発想されての「ともうみ」であった。

つまり「歴史」にすでにある言葉であって、そこに価値を新たにあたえたのが先生なのであった。「共生《きょうせい》」はただ共に生きるだけの、「ともいき」であり、現在の次元にのみ立ってのものであって、前進の視点がない。これを「とも生み」と読めば、まさに国土誕生がそうであったように、ともに何かを生み出すという〝創造〟という未来への視座が生れる。これこそが「生きた歴史」なのであり、「ともうみ」という言葉はまさに先生の真骨頂をものがたるように思う。「歴史」はただ遠くに過ぎ去ってしまった時間なのではなく、現代に引き継がれ、また未来にもつながる。「共生《ともうみ》理論」は、「歴史」というものが、現代を生き、未来を造るツールであり、またエネルギーなのだということをまことによく物語る。

民際のほうは「民際外交」などの用語としてすでに定着しているが、単語としてはなお『広辞苑』（前掲）にも、未だに登場はない。

国交のない国家間の交流、つまり政府機関では不可能な交流を代替することを「民際外交」というように、あくまで国家間交流、つまり国際交流を補完するというか補助的なものとして位置付けられている。そうい

京都府八幡市にて開催された「神仏習合」のシンポジウム。右から　田中恆清石清水八幡宮宮司、山折哲雄（仏教学者）先生、筆者。

「21世紀の関西を考える会」の月例研究会。右から、筆者、上田先生、河上倫逸京都大学教授、小松和彦国際日本文化研究センター教授。

京都都ホテル（現・ウェスティン都ホテル京都）にて開催された「上田正昭先生著作集完結・南方熊楠賞受賞記念祝賀会」。

うことでは「民際」という用語は、先生の〝創案〟にかかるものではないということになるが、しかし先生はそういう意味ではなく、これを民《たみ》と民《たみ》との交わりという観点でとらえられたのである。国と国との関係は時によって大きな揺らぎが生じるが、たとえそのような時でも民と民は交わりを持ち、より良い世界をめざして、民ができることがかならずあるのではないか、民がせねばならないことがあるのではないか。

サスティナブル（sustainable）、あるいはサスティナビリティー（sustainability）という言葉がある。辞書的にいえば「持続可能性。現在の世代の活動が、将来の世代の活動を損うことなく持続できるかどうかを表す概念」（『広辞苑』）ということになるが、先生の言われる「民際」はまさにこれで、過去・現在・未来という時代をこえて受け継がれるもの、受け継がれつづけなければならないもの、として位置づけられたのである。

そうした文字通りに民《たみ》の立場に立った交流の大切さを、「民際」という言葉に見出されたのであった。先生に深く傾倒した洪萬杓《ホンマンピョ》（韓国忠清南道政府アジアチーム長）は、先生の監修をあおいだ著作に『民際―知と文化』（二〇一三年・鼎書房）と、そのものずばりの題名を付している。

先生のご逝去

その日の午前、外出中だったが電話をいただき、すぐに亀岡のご自宅に駆けつけた。直接の死因は「胸部大動脈瘤破裂」とうかがったが、医師の診断では午前七時五四分逝去とのことだった。すでにその病源はご自身でも把握されていて、手術するという方法もあったようだが高齢を考えて避けられ、自然にお任せになっていたと聞いた。そのためもあって、ご自身も予想しておられなかったほど突然の発症だったからだろう、お顔も普段とまるでお変わりなかった。

ただその死を〝準備〟はしておられたようで、これも先生のお人柄をよく物語っている。

まさかの時の連絡先、その電話番号、担当者の名前、およそ二〇数件が自筆でメモされていた。用意周到という言葉があるがまさにそれで、「偲ぶ会」についてもそこに「中心は井上君にお願いして下さい」と書いていただいていた。名誉市民でいらっしゃった亀岡市当局にすべてを取り仕切っていただいたが、とにかくその配慮をされていたことには驚かされるばかりであった。

また墓所のことも考えておられた。四神・風水に基づいた墓の向き、墓石の形や文字、先生は著述にはボールペンを愛用されていたようだが、これはその部分だけを墨筆で書かれており、その文字を刻むようにとのご希望であったのだろう。地元の亀岡市曽我部町穴太《あのお》の、大本教（宗教法人大本《おおもと》）の聖師と称され、この教えを世界規模にまで広げた出口王仁三郎《でぐちおにさぶろう》がかつて修行した高熊山《たかくまやま》の麓の墓地に営まれたが、自らの死を予想はされていなかったが準備はしておられたのであり、まさに先生のお人柄をよく示している。ちなみに出口は旧姓を上田といい、先生地元の亀岡市穴太の出身で、先生がこの地元の教団ともかかわられた動機であった。

オマージュ

『私の日本古代史』（上・下、新潮社・二〇一二年）の出版元広報誌への書物紹介を依頼されたおり、私は、その短文を以下のように結んだ（『波』五一七号）。

古代にけっして沈潜・耽溺することなく、たえず現在におけるその社会化に渾身の力を今もささげ続けている著者の、我も彼もが必ず生きようとする覚悟をこめた文字通りの「必生《ひっせい》」の作品であろう。

ご逝去に際し、また没後には一層その思いを新たにしている。先生の歴史研究が、終戦・敗戦時の「虚脱と懐疑をスタート」とすることをもこの書物で述べておられるが、先生の学問の真実がここにあるように思う。人が共に生き、暮らす世の中が安穏で、平和なものであることを心から願っておられた。まさに「生きた歴史」を、生涯をかけて築こうとされたのである。

対象物としての史料・資料に埋没し、史実の学的追究だけならそれは歴史研究者の誰もがすることであり、特に記さるべきことではない。遠い古代を研究するにしても、たえずそこから現代の課題を学び、さらにその成果を広く社会に還元してこそ真の学問と言える。先生の学問はそうした社会性を持つものであり、その足跡は私たちに幾多の感動を与えてくれる。

「不世出」という言葉がある。先生はまさにそうした方で、けっして大げさではなく今後上田先生のような学者・研究者は出ないのではないか。

シンポジウム　上田正昭とアジア——民際を受け継ぐ——

二〇一七年四月三〇日（日）ハートピア京都

井上満郎

上田正昭先生のことについて、少しお話しさせていただきたいと思います。私自身は、一九六四年だったと思いますが、京都大学に先生が出講しておられます時に教えを受けまして、文字通りの半世紀を越えて現在に至り、今も尚その教えを受け続けているといっても言い過ぎではないくらい、大きな感化を受けました。

―上田史学五つの柱―

先生の業績そのものを簡単にご紹介申し上げることはとても不可能ですので、かいつまんでということになりますけれども、やはり一つは、古代史の研究ということになろうかと思います。日本古代史にとどまらず、東アジア、あるいはもっと広くアジア、さらには世界というところに視野を広げて古代史研究を展開されましたことは、よく知られているところでございます。

二つ目は部落史研究です。まだ一般的な市民権を部落史研究が得られていない段階から先生は熱心に取り組まれました。熱心に取り組まれたきっかけも伺っております。高校の現場に勤めておられます時に高校生から受けた刺激と言いますか、インパクトと言いますか、それを自分のものとして部落史研究を展開しておられました。たくさんの業績の中でも私が個人で印象深いのは一九六三年の部落差別の起因についての人種起源説批判を述べられた「人種起源説の再検討」という論文です。まだまだ部落史研究が市民権を得ていない段階の研究として、日本における被差別部落というものが人種を起源とするものなどではないということを学問的に、空想・想像ではなくて、学問的に、根本的に、実証的に位置づけられた業績は、たいへん大きなものであると思っております。

三つ目が芸能史の研究です。芸能の歴史も先生が着手されたときは、そう市民権を得ている研究分野ではありませんでした。しかし上田先生は芸能史というものを日本の古代史との関わりで考えておられた。芸能の起源については諸説ありますけれども、芸能は服属儀礼というものを一つの起源にしていることは明らかな事実です。そういう観点から芸能というものをただ単に芸態、姿形だけではなくて、その根底にまで深めて研究をなされました。

四つ目は地域史研究です。地域についてのさまざまな研究が上田先生のさらに一つの重要な柱をなしております。地元亀岡市の亀岡市史をはじめとしていくつもの地域史の調査、あるいは地域史の編纂というものに関わられました。いわば、ありふれた言葉ですが、地べたについた歴史や文化というもの、学者の象牙の塔の研究室・大学の中でだけやられる学問研究ではなくて、やはり地べたに張り付いた地域と共に歩んできた、形成されてきた歴史や文化というものに光をお当てになりました。

五つ目は渡来文化研究だと私は思います。これは、上田先生の業績の中では、一般的には非常によく知られた研究分野でして、「帰化人」として習っている世代の方もおられるとお見受けしますけれども、現在の教科書は「渡来人」という言葉が一般的に使われております。五〇歳前後より上の方はたぶん「帰化人」で習っておられるかと思いますけれども、先生は「帰化」いう言葉を学術的・学問的に検討されるところから、ただ言葉がいけないとかそうではないということではなくて、学問的に「帰化人」あるいは「帰化」という言葉にメスを入れられて、「渡来人」、「渡来文化」というかたちで、大きな業績をお上げになりました。

―上田史学の心・学問の社会化―

この五つを私は上田史学の柱というふうに認識しております。それらを通じて、上田先生の学問の中で最大に注目・注意しなければならないのは、学問というものの社会化です。社会のものとして学問を、先ほど申し上げましたように、学者個人の営みに留めるのではなく、また象牙の塔といった大学世界のなかに留めるのではなく、社会のものとして自らの研究というものを投げ返され、社会から課題を学び、それをさらに社会へ投げ返された。それが上田先生の学問の最も大きな特徴であろうというふうに思います。

上田先生のような研究者・学者が今後出るかどうか、私にはもちろん判断はつきませんけれども、上田先生は、社会との接点というものをたいへん大切にされた。社会との接点を大切にされた学問研究というものを、私は、上田史学の最大の特徴として取り上げるべきだろうと考えております。

以上、開会のご挨拶としては長くなりましたけれども、今日は、上田先生の業績をただ単に偲ぶだけではなくて、上田先生の残されました業績・成果というものを現在に、さらに未来に活かすきっかけにできれば大変ありがたいと思っております。

熊倉浩靖

ありがとうございました。シンポジウムの司会を務めさせていただきます熊倉と申します。高麗美術館の評議員の末席に連なりますが、私、本当に、公私共々上田正昭先生には本当にお世話になりました。御恩返しの一端にもなりませんが、今日この会で、私たちは、どうやって上田先生が敷かれた民際の道、あるいは召人に呼ばれて宮中でお詠みになられた先生の「山川も　草木も人も　共生の　命輝け　新しき世に」のお歌の心をどう引き継いでいくかについての進行役を務めさせていただく所存です。

井上先生が上田先生のお仕事を一言でまとめるとすれば「学問の社会化」という言葉であったと言われました。「民際」とか「共生」とか「グローカル」という、時に応じて先生が使い分けられたキーワードがすべて「学問の社会化」と

いう言葉の中に凝縮しているのだろうと思います。

今日のこの会にお集まりくださっている皆さま方は、研究者ばかりではございませんし、亀岡市民、京都市民だけでもございません。韓国関係者の方だけでもございません。本当にあらゆる立場、所属の方々が、あらゆる立場、所属から繋がろうとしている。こんな素晴らしいものを私たちに残してくださった先生の中身をどう伝えていくかということを会の中で意見交換していきたいと思っています。

その点において、皆様方からの多くの質問あるいはご意見等もあろうかと思いますが、それは質問シートという形でお預かりをして、四人の先生方にお話をしていただく、あるいはそれをその後まとめて、高麗美術館の館報の中でご紹介させていただくような形を通して人と人とが繋がっていく、まさに「民際」というものをここからきちっと繋げていくということを求めていきたい。そんなシンポジウムでございます。

では早速ですが、三人のパネリストの方から、上田先生とご自身との関係を踏まえながら、「民際」「共生」あるいは「学問の社会化」をどう受け継いでいくのかのお考えを承りたいと思います。最初は西谷正先生にお願いしたいと思っております。

西谷　正

現在開催されている高麗美術館における「上田正昭と高麗美術館」という特別展を拝見いたしまして、これまでの上田正昭先生のご業績に触れて、改めて先生の偉大さを感じたところでございますが、今日はその記念、生誕九〇周年ということでシンポジウムにお招きいただきました。鄭喜斗事務長から上田先生との関係、何でもいいから話して欲しいと言われたのですけれども、やはり先生には研究者として、研究面でずいぶんとお世話になったたわけですので、その辺りを中心にお話してみたいと思います。

―上田先生との出会い―

私が初めて上田先生にお目にかかったのは六〇年前のことだと思っています。私が一八歳の頃でございました。高等学校三年生の、確か冬休みではなかったかと思います。生まれ育った大阪府の高槻市に弁天山古墳群がございまして、その測量に上田先生がジャンパー姿で現場に来ておられました。鴨沂高校の先生をなさっておられた頃でございます。

その前年に、旧三島《みしま》郡、現在の高槻・茨木・吹田、あのあたりですが、高校の先生方が歴史クラブの生徒と一緒になって、郷土史研究にずいぶんと熱心に取り組んでおられました。その関係で高校二年生の時には、高槻市の天神山という弥生時代の集落遺跡の発掘にもたずさわりましたが、その流れというか、三島地方の高校の先生方や生徒たちも研究の継承としてその翌年に弁天山古墳群の測量に参加し

たわけです。その当時、藤沢長治という先生が主導者で、立命館大学の考古学研究部の方々、その筆頭が田辺昭三先生でしたが、そういう方々が測量されていました。

今は時効なので言っても良いのではないかと思います。私は奈良学芸大学（現・奈良教育大学）に進学したのですが、当時の教授から、教官として上田先生をお招きすることとなったと伺いました。ところが、それは実現せず、上田先生は京都大学の教養部の助教授に就任されました。奈良学芸大学としては非常に残念がっておられたことを今でもはっきりと覚えています。もし上田先生が奈良学芸大学に助教授か何かで着任されておれば、私はそこの学生ということで直接、ご指導いただく機会があったかな思い出したりいたします。そうだったら熊倉さんは教養部で授業を受けておられなかったかもしれませんね。その七年後に、私は京都大学の大学院に進学いたしまして、先生の講義を受講させていただきました。当時、小林行雄先生が、考古学の学生も、文献史学の日本古代史を勉強しておかないと古代史は語れないと常々言われておられましたので、同級生の都出比呂志（現・大阪大学名誉教授）さんと一緒に机を並べて聞いたことを思い出しております。

私が京都大学の大学院に進学したのは、上田先生が教養部に行かれて二年後のことです。その頃、先生は『帰化人』という名著を発刊しておられます。そのサブタイトルが「古代国家の成立を考える」ということでございますので、その時の授業の内容は、おそらく日本古代国家形成史ではなかったかと思います。その後、様々な形で先生のご指導をいただくことになるわけですが、この機会にと思って、急遽、研究面での関わりに関することを整理してみました。私は大きく五つの場面で先生の薫陶を受けました。

―各地でのシンポジウムに加えていただいて―

一つはシンポジウムなどの場面に参加の機会を与えていただき、議論を通して、あまりにも多くのことを学ぶことができました。例えば平成元（一九八九）年に熊倉さんのご出身の高崎市でシンポジウムがございました。観音塚考古資料館の開館記念シンポジウムということで「古代東国と東アジア」というテーマでした。上田先生ご自身はもちろん参加されましたが、考古学側からの出席者がぜひ必要ということで、大塚初重先生、白石太一郎先生とご一緒に、私にも声をかけて下さいました。

高崎市には全国によく知られた古墳が二つあります。名前も似ていて観音山古墳と観音塚古墳。観音塚考古資料館開館記念シンポジウムでしたが、観音山古墳の方が対外交流に関しては顕著な遺物が二つ出ていました。その一つは銅製の瓶です。これと同じ形式のものは東京国立博物館の法隆寺館にいくつか並んでいますけれども、全く同じ形式のものが中国の山西省の厙狄廻洛《こてきかいらく》墓という、墳墓から出土しています。年代的には六世紀ですけれども、北斉の時代の墳墓から出ている銅瓶が日本の古墳の中から出てまいりまして、それは、大変注目されました。現在でも、日本の古墳では唯一の出土品です。大塚先生ご自身が発掘担当者でしたし、このシンポジウムのために、中国・山西省の考古研究所から王克林先生が高崎までお見えになっています。

それと同時に獣帯鏡という銅鏡が出てきました。それを見ると、同笵ではないと思われますが、同型鏡と申しましょうか、ほとんど同じアトリエで作られたと思われるような、獣帯鏡が、有名な百済中期の武寧《ぶねい》王陵から発見されています。大塚先生は、わざわざ写真を持って韓国まで行かれ、武寧王陵出土鏡との比較をされたそうです。

観音山古墳から発見された銅瓶のルーツは遠く中国北部の北斉、そして、鏡は朝鮮半島の百済という、そういう点がラインで結ばれます。つまり、北斉と百済、百済と倭という交流の中で、その両方が東国で発見されたということでございます。その際に、庫狄廻洛墓を発見・発掘された王克林先生から直接生々しいお話を窺ったことを鮮明に覚えています。東国と東アジアという点が線で結ばれるような、そういうシンポジウムで、私にはとても印象的でした。

その年、平成元（一九八九）年には、いちいち細かく申し上げる時間はとてもございませんが、先生のお引き合わせで、姫路市市制百周年記念シンポジウム「播磨国風土記と古代の文化」、京都府京都文化博物館開館一周年記念特別展シンポジウム「海を渡って来た人と文化―古代日本と東アジア」、京都新聞社創刊一一〇年記念国際シンポジウム「古代日本の再発見」に、先生とご一緒させていただきました。京都文化博物館のシンポジウムは井上さんともご一緒だったと思います。京都新聞社のシンポジウムには、中国の安志敏《アンチーミン》先生、韓国の金元龍《キムウォンヨン》先生もご参加されました。

―アジア史学会の設立に参加させていただいて―

二つ目はアジア史学会への参加です。一九九〇年に「日韓古代史の謎」という朝日新聞社主催のシンポジウムがございました。韓国から金元龍先生、李基白《イギベク》先生、韓炳三《ハンピョンサム》先生が参加されましたが、上田先生だけでなく、韓国の金先生、李先生、韓先生も早く鬼籍に入られたことを思うと、何とも感慨深いものがございますが、実は、この年、上田先生が音頭を取られてアジア史学会が設立されています。

東京の読売ホールで設立総会が行われました。会長に江上波夫先生、評議員に上田先生をはじめとして数人の方々がおられましたが、上田先生は、評議員の筆頭として、会長代行に就任されていたように覚えております。私は監事という形で参加させていただきましたけれども、事務局長が井上さん、次長が熊倉さんでしたから、今日のこの巡り合わせは、長い歴史の一コマであるという気がいたします。アジア史学会は、先生が一九六〇年代から、日本古代史・日本史をアジアの視野でアジアの中で考えていくことを強く、強くお考えになって、そのためにはアジア諸国の研究者と共同して交流を深め、あるいは共通認識を高めて、連帯して、こぞってアジアの歴史を解明していこうと、常々おっしゃっていたことの結実であったように思います。そして、アジア史研究の第一人者であり、先生にとっても先達であった江上波夫先生を立ててアジア史学会を設立されたように思います。

一九九一年の夏だったと思いますが、中国・吉林省の長春で第二回の大会が行われました。中国、北朝鮮、韓国、日本、そういった諸国の第一線の先生方がお集まりになって、交流、研究が加速しました。

二〇〇九（平成二一）年に大東文化大学で行われた第一七回大会が、たぶん最後だと思われますが、その一七回にわたる研究交流を通じて、実が上がったと申しましょうか、学術交流が進展いたしました。そして共存意識が芽生え、連帯して今後も展開していこうという方向性が出たのではないかと思っております。

上田先生は、一九九六（平成八）年の第五回北京大会の時に会長に就任され、その六年後に江上波夫先生がご逝去になっていますけれども、そのようにしてアジア史学会が果たしてきた役割は非常に大きなものがあったのではないかと思っております。

【アジア史学会研究大会一覧】

回	会場	年月日	テーマ	主要参加者
1	日本・東京	一九九〇・三・一六～一八	東アジア世界の再発見—五世紀を中心として	江上波夫・上田正昭・大塚初重・鈴木靖民（日本） 王仲殊・王健群（中国）、金廷鶴・申敬澈（韓国）
2	中国・長春	一九九一・五・二五～二六	東アジアの再発見—四世紀を中心にして	江上波夫・上田正昭・西谷正・田中俊明（日本） 王仲殊・王健群（中国）・盧泰敦・崔秉鉉（韓国） 朴晋煜・姜仁淑（北朝鮮）
3	日本・宝塚	一九九二・一〇・二八	古代東アジアと日本再発見	江上波夫・上田正昭・大塚初重・井上秀雄 尾形勇（日本）、王仲殊（中国）
4	韓国・ソウル	一九九三・一一・二〇～二二	東アジアの再発見—三世紀を中心にして	江上波夫・上田正昭・林紀昭・高倉洋彰（日本） 王仲殊・王巍（中国）、李基白・崔鐘圭・李賢恵（韓国） N.Ishjamz・G.Sukhbaatar（モンゴル）
5	日本・大阪	一九九四・一〇・二	六、七世紀東アジアの再発見	江上波夫・上田正昭・大塚初重・町田章 木下礼仁（日本）、王仲殊・安家瑶・王巍（中国） 韓炳三・李基東・申敬澈（韓国）
6	中国・北京	一九九六・九・一八～一九	三～七世紀東アジアの再発見	江上波夫・上田正昭・山尾幸久・岡内三真（日本） 王仲殊・馬得志・王岩（中国）、全榮来・李成（韓国） 朴晋煜・曺喜勝（北朝鮮）、N.Ishjamz・D.Navaan（モンゴル）
7	日本・斑鳩	一九九七・九・一四	古代史国際シンポジウム	上田正昭・杉本苑子・西谷正（日本） 王仲殊（中国）、尹武炳（韓国）、李廷冕（アメリカ）

8	日本・前橋	一九九八・一二・一九	東アジアから見た東国の成立	上田正昭・白石太一郎・千田稔（日本）、王仲殊（中国）、姜仁求（韓国）
9	日本・那覇	一九九九・一一・二七～二八	アジアの中の沖縄	上田正昭・外間守善・高宮廣衛・井上満郎・當眞嗣一・上原静・田名真之（日本）、王仲殊（中国）、任東権・任孝宰・崔吉城（韓国）、李廷冕（アメリカ）、フランソワ・マセ（フランス）
10	中国・北京	二〇〇一・三・七～八	新世紀の古代学をめざして	上田正昭・木下礼仁・伊藤玄三・横田禎昭・井上満郎（日本）、王仲殊・安家瑶・李裕群・安志敏・王巍（中国）、李廷冕（アメリカ）
11	日本・浜田	二〇〇二・一一・一二～一三	環日本海文化の再発見―東アジア青銅器文化と古代出雲	上田正昭・大塚初重・横田禎昭・外間守善・松本岩雄・丹羽野裕（日本）、王仲殊・王巍（中国）、全榮来・姜仁求（韓国）、許宗浩・曺喜勝（北朝鮮）、李廷冕（アメリカ）
12	韓国・高敞	二〇〇三・一〇・二三	東北アジア支石墓の起源と展開	大塚初重・田村晃一・中山清隆（日本）、王嗣洲（中国）、全榮来・許権・李榮文・河仁秀・金承玉（韓国）
13	中国・北京	二〇〇四・九・二六～二八	古代東アジアの歴史と文化	上田正昭・大塚初重・外間守善・網干善教・西谷正・木下正史・井上満郎（日本）、王仲殊・安志敏・王巍・龔国強・姜波（中国）、全榮来・徐榮洙（韓国）
14	日本・福岡	二〇〇五・一一・一九～二〇	古代東アジアの国際関係	上田正昭・木下正史・鈴木靖民（日本）、王仲殊・王巍（中国）、任孝宰・徐栄洙（韓国）、曺喜勝・金松現（北朝鮮）
15	日本・堺	二〇〇六・一一・二八～二九	東アジアの巨大古墳シンポジウム	上田正昭・白石太一郎・西谷正・水野正好（日本）、王仲殊・王巍・劉慶柱（中国）、崔秉鉉・林永珍（韓国）
16	日本・太宰府	二〇〇七・一二・二	古代東アジアの交流―東アジア史から見た宗像・沖ノ島と津屋崎古墳群の世界的意義	上田正昭・小田富士雄・西谷正（日本）、王仲殊・王巍（中国）、禹在炳・朴広春（韓国）
17	日本・東松山	二〇〇九・六・二七～二八	古代東国研究の新視点―東北アジアの歴史動向の中で埼玉古墳群の形成を考える	上田正昭・小林敏男・金井塚良一・西谷正・鈴木靖民（日本）、王仲殊・王巍（中国）、金世基・朴天秀（韓国）

─先生編纂の論集等に書かせていただいて─

三つ目の話題としては、上田先生に論文とか、あるいは啓発的な書物などの執筆をご推薦いただいて、そのお陰で論文などを書く、そういう研究の機会を与えていただいたということも、私にとってはその後の研究の展開に大きな役割を果たしているところです。

ご紹介させていただきたい論集の最初は一九九一年の論文で、「朝鮮三国時代の土器の文字」というものです。これは、先生の京都大学退官記念の論文集『古代の日本と東アジア』が編纂されるというので、それに書かせていただきました。続く一九九七年の「象嵌技術の系譜」という論文は先生の古希記念の論文集『古代の日本と渡来の文化』に執筆させていただいたものです。

さらに二〇〇三年には、古代学協会の角田文衞先生とご一緒に編纂されたものですが、『古代王権の誕生Ⅰ　東アジア編』の中に二本の論文を書かせていただきました。世界の古代王権の誕生という、非常にスケールの大きい編纂事業が行われた中の東アジア編のところで朝鮮半島における王権の性質の問題を書かせていただきました。おそらく前にも後にもこういうテーマの論文はあまり見ないと思いますが、こういう形で、非常に多くの勉強の機会を与えていただいたというように思っております。

それから、執筆関係では、上田先生が監修・編集もなさった『日本古代史大辞典』という旧石器時代から鎌倉時代の成立までのものを扱った一冊の大部な辞典にも編集委員の一人として、井上さんと共に参加させていただきました。

私の専門は考古学でございますので、古代史の大辞典とはいえ、考古学、それから朝鮮半島の関係、さらには上田先生から北海道や沖縄についても項目設定にあたっては気を配るようにとのご指示の出た幅のあるものでした。

そういった形で、いろいろな機会に執筆の機会を与えていただいたということが、私の勉強にとって非常に大きなきっかけを作っていただいたと思っております。

―朝鮮民主主義人民共和国への学術文化交流団に加えていただいて―

四番目の問題として一九八六（昭和六一）年の八月に朝鮮民主主義人民共和国（北朝鮮）へ日本学術文化交流団が初めて出ました。その一員に加えていただきました。その時も上田先生は江上波夫団長の元で副団長を務められました。団員は、考古学の森浩一先生・網干善教先生、歴史学の佐伯有清先生、朝鮮史の永島暉臣慎《きみちか》先生、作家の黒岩重吾先生と江上先生の私設秘書とおっしゃられる実業家の広瀬一隆さんと私でした。

初めて朝鮮民主主義人民共和国に日本の学術交流団が出たということはアジアの歴史研究にとっても画期的なことでございました。こういう関係を継承していくことが必要だと思っておりまして、私は、日本考古学協会の会長をさせていただいた折に、日本考古学協会は民間の学術団体ですので、そういう交流を今後もやってほしいということを退任の挨拶文の中でも触れました。

私自身は、その後も度々、朝鮮民主主義人民共和国に研究交流に伺っております。昨年（二〇一六年）のちょうど今頃も平壌に参りました。一九八六年の最初の学術文化交流団の訪朝から三〇周年目ということで平壌へ参りました。私の平壌訪問は八回目になりましたけれども、その方向性というか必要性を痛感したのが、まさに最初の学術文化交流団に加えていただいた時のことです。その折も、いわば井戸を掘られた江上波夫先生と共に上田先生のお蔭で、非常にスムーズに研究交流が進みました。

一九八六年当時の北朝鮮・社会科学院の先生方の末席におられたのが靑喜勝《チョ・ヒスン》という先生でした。その後、この方は歴史研究所長になられましたけれども、昨年行きましたら、任期が来たので引退されたと聞かされました。それで「今はどうしていらっしゃるんですか」って聞きましたら、朝鮮歴史学会の会長になってお られました。里帰り問題とか日本人遺骨の発掘収集なんかで、この方は受け入れ側の責任者をやっておられる関係で、一昨年でしたか、日本にシンポジウムで来られるところを日本政府が入国を拒否したという、そういう方です。残念なことでしたが、最初の学術交流の時の社会科学院の先生方の末席の方が、今や北朝鮮の歴史学界の指導者となっておられるということです。一九八六年当時の歴史研究所長は孫永鍾という先生でしたが、その息子さんが孫秀浩《ソン・スホウ》という方で、今、考古研究所長をなさっています。このように、直接あるいは間接に北朝鮮側の指導的研究者との交流が続いています。それは、三〇年前の江上団長、上田副団長の代表団の恩恵をこうむっているのだと思っております。

―福岡アジア文化賞学術研究賞国内部門を受賞いただいて―

最後に五番目の話題として取り上げたいと思いますのは、上田先生は、一九九八（平成一〇）年に福岡アジ

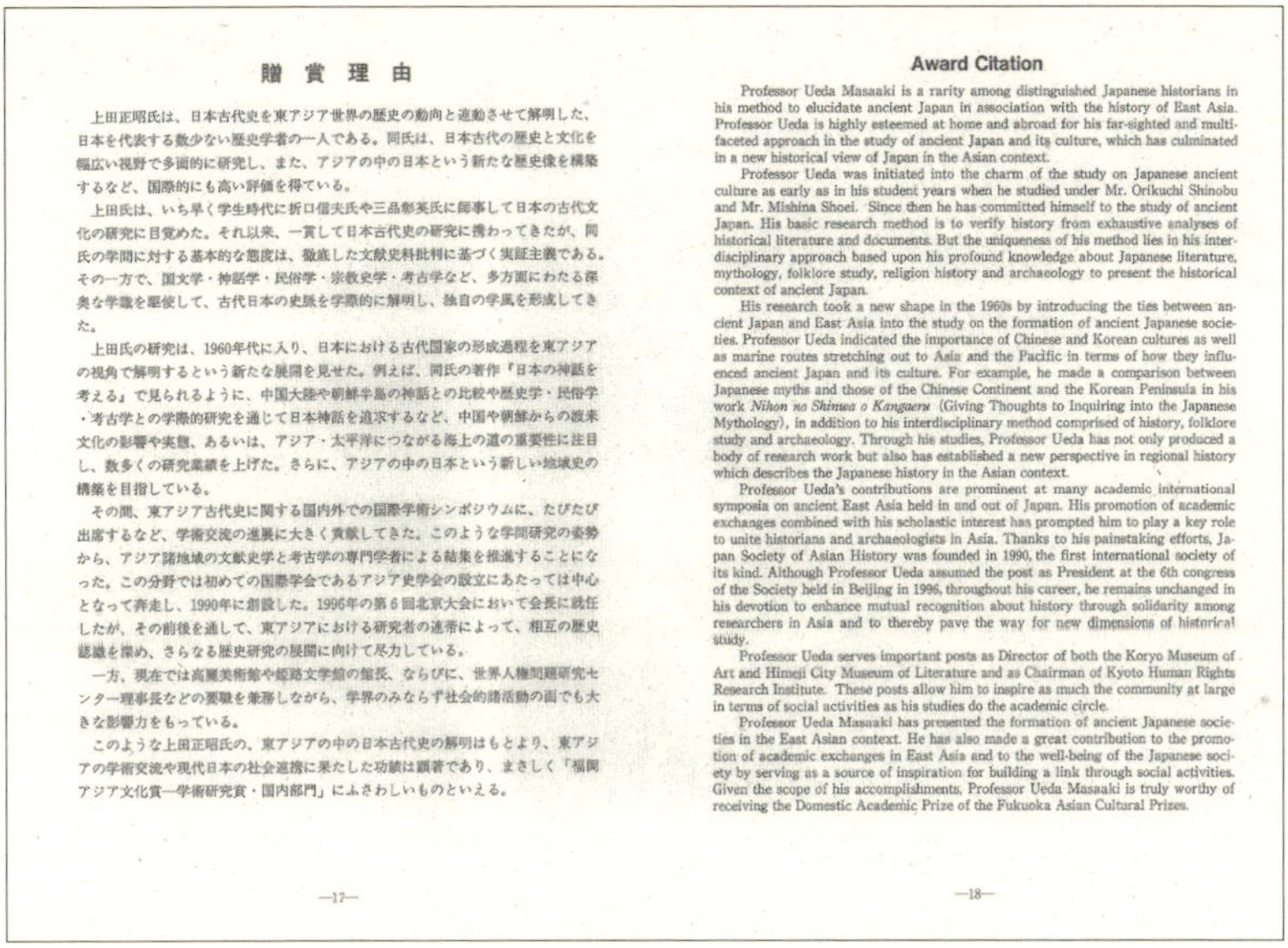

贈　賞　理　由

上田正昭氏は、日本古代史を東アジア世界の歴史の動向と連動させて解明した、日本を代表する数少ない歴史学者の一人である。同氏は、日本古代の歴史と文化を幅広い視野で多面的に研究し、また、アジアの中の日本という新たな歴史像を構築するなど、国際的にも高い評価を得ている。

上田氏は、いち早く学生時代に折口信夫氏や三品彰英氏に師事して日本の古代文化の研究に目覚めた。それ以来、一貫して日本古代史の研究に携わってきたが、同氏の学問に対する基本的な態度は、徹底した文献史料批判に基づく実証主義である。その一方で、国文学・神話学・民俗学・宗教史学・考古学など、多方面にわたる深奥な学識を駆使して、古代日本の史脈を学際的に解明し、独自の学風を形成してきた。

上田氏の研究は、1960年代に入り、日本における古代国家の形成過程を東アジアの視角で解明するという新たな展開を見せた。例えば、同氏の著作『日本の神話を考える』で見られるように、中国大陸や朝鮮半島の神話との比較や歴史学・民俗学・考古学との学際的研究を通じて日本神話を追求するなど、中国や朝鮮からの渡来文化の影響や実態、あるいは、アジア・太平洋につながる海上の道の重要性に注目し、数多くの研究業績を上げた。さらに、アジアの中の日本という新しい地域史の構築を目指している。

その間、東アジア古代史に関する国内外での国際学術シンポジウムに、たびたび出席するなど、学術交流の進展に大きく貢献してきた。このような学問研究の姿勢から、アジア諸地域の文献史学と考古学の専門学者による結集を推進することになった。この分野では初めての国際学会であるアジア史学会の設立にあたっては中心となって奔走し、1990年に創設した。1996年の第6回北京大会において会長に就任したが、その前後を通して、東アジアにおける研究者の連帯によって、相互の歴史認識を深め、さらなる歴史研究の展開に向けて尽力している。

一方、現在では高麗美術館や姫路文学館の館長、ならびに、世界人権問題研究センター理事長などの要職を兼務しながら、学界のみならず社会的諸活動の面でも大きな影響力をもっている。

このような上田正昭氏の、東アジアの中の日本古代史の解明はもとより、東アジアの学術交流や現代日本の社会連携に果たした功績は顕著であり、まさしく「福岡アジア文化賞―学術研究賞・国内部門」にふさわしいものといえる。

—17—

Award Citation

Professor Ueda Masaaki is a rarity among distinguished Japanese historians in his method to elucidate ancient Japan in association with the history of East Asia. Professor Ueda is highly esteemed at home and abroad for his far-sighted and multi-faceted approach in the study of ancient Japan and its culture, which has culminated in a new historical view of Japan in the Asian context.

Professor Ueda was initiated into the charm of the study on Japanese ancient culture as early as in his student years when he studied under Mr. Orikuchi Shinobu and Mr. Mishina Shoei. Since then he has committed himself to the study of ancient Japan. His basic research method is to verify history from exhaustive analyses of historical literature and documents. But the uniqueness of his method lies in his interdisciplinary approach based upon his profound knowledge about Japanese literature, mythology, folklore study, religion history and archaeology to present the historical context of ancient Japan.

His research took a new shape in the 1960s by introducing the ties between ancient Japan and East Asia into the study on the formation of ancient Japanese societies. Professor Ueda indicated the importance of Chinese and Korean cultures as well as marine routes stretching out to Asia and the Pacific in terms of how they influenced ancient Japan and its culture. For example, he made a comparison between Japanese myths and those of the Chinese Continent and the Korean Peninsula in his work *Nihon no Shinwa o Kangaeru* (Giving Thoughts to Inquiring into the Japanese Mythology), in addition to his interdisciplinary method comprised of history, folklore study and archaeology. Through his studies, Professor Ueda has not only produced a body of research work but also has established a new perspective in regional history which describes the Japanese history in the Asian context.

Professor Ueda's contributions are prominent at many academic international symposia on ancient East Asia held in and out of Japan. His promotion of academic exchanges combined with his scholastic interest has prompted him to play a key role to unite historians and archaeologists in Asia. Thanks to his painstaking efforts, Japan Society of Asian History was founded in 1990, the first international society of its kind. Although Professor Ueda assumed the post as President at the 6th congress of the Society held in Beijing in 1996, throughout his career, he remains unchanged in his devotion to enhance mutual recognition about history through solidarity among researchers in Asia and to thereby pave the way for new dimensions of historical study.

Professor Ueda serves important posts as Director of both the Koryo Museum of Art and Himeji City Museum of Literature and as Chairman of Kyoto Human Rights Research Institute. These posts allow him to inspire as much the community at large in terms of social activities as his studies do the academic circle.

Professor Ueda Masaaki has presented the formation of ancient Japanese societies in the East Asian context. He has also made a great contribution to the promotion of academic exchanges in East Asia and to the well-being of the Japanese society by serving as a source of inspiration for building a link through social activities. Given the scope of his accomplishments, Professor Ueda Masaaki is truly worthy of receiving the Domestic Academic Prize of the Fukuoka Asian Cultural Prizes.

—18—

贈賞理由

ア文化賞を受賞されています。これは、福岡市が、アジアのノーベル賞を目指して創設した文化賞でして、第一回の受賞者には、黒澤明さんとか、イギリスのニーダム先生らが受賞されています。私は、最初の五年間は選考委員長で、その後は選考委員を続けていますが、第九回の折、上田先生に福岡アジア文化賞学術研究賞の国内部門を受賞していただいております。その時、私、選考委員として、賞をお贈りする理由を書いたわけですけれども、言ってみれば、これは、長年にわたって先生にお世話になったご恩返しの一つになったのではないかと、私一人秘かに納得しているところです。

　そういう長い歩みの中で、私は、上田先生によって育てていただいた。そして、今日があるとそういうことを感じる今日この頃でございます。ありがとうございました。

熊倉　ありがとうございました。西谷先生ご自身に即しながら、上田先生の学問とまさに社会化がどういうプロセスとどういう場面で伝わっていったかということがとてもよく分かったと思います。

先ほどアジア史学会の話がございまして、西谷先生が一九九一年に長春で大会があったとお話をされました。北朝鮮からも直接中国に先生方が鴨緑江を鉄路で渡って入ってくださいました。

その時のことが今もって忘れられないのですけれども、韓国の考古学・歴史学の第一人者であった金元龍先生と当時北朝鮮の研究者のトップの一人であった朴晋煌《パクチヌ》先生の、お二人が鴨緑江を背にして、抱き合って泣かれた。

西谷先生もその場面を覚えておられると思いますが、韓国の研究者も北朝鮮の研究者も日本人研究者も中国の先生方も、みんなそこで、もらい泣きをしてしまった。今思い出しても、胸が詰まるんですが、そういうことをさりげなくなさって、それが当たり前になる世の中を作っていくために学問はあるのだということを、身をもって示され続けたのが上田先生だったのだと思います。西谷先生が長春のお話をしてくださったので、思い出しました。幸い、その光景が、いま高麗美術館で展示されてございます。

その前に、好太王碑を背に、江上波夫先生、上田先生、そして金元龍先生、朴晋煌先生、四人一緒にお写真を撮ることができました。その時に、本来であれば会長である江上先生が真ん中に立つところを、北朝鮮の先生を真ん中にして韓国の先生が隣に並ばれることを勧められたのが上田先生ご自身でした。その時の写真も、いま高麗美術館「上田正昭と高麗美術館展」のなかに展示されてございます。

こういう世界が当たり前にくる世界を私たちは創っていくということが、「民際」を受け継ぐというなかで、とても重要なことなのだと思いますが、先生はさりげなく、そのことをなさっていた。

高句麗好太王碑の前で。（1991 年 5 月）
左から韓国・金元龍先生、北朝鮮・朴晋煌先生
上田先生、江上先生

続いて、古代から時代が少し新しくなりまして、朝鮮通信使に関わっての上田先生の先駆性、受け継ぐべき考え方を、朝鮮通信使研究の第一人者で高麗美術館理事である仲尾宏先生からお聞きしたいと思います。上田先生との関わり、そして、今年「世界の記憶」に登録されることが期待されています「朝鮮通信使に関する記録」（二〇一七年一〇月三一日登録）についてもお話を賜りたいと思います。

仲尾　宏

ご紹介いただきました仲尾宏でございます。ご紹介の言葉にもありましたように、私は古代史の研究者ではございません。それから私は大学は同志社大学出身でして、直接に大学で上田先生からご指導、ご薫陶をいただいたということはなかったのです。

―雨森芳洲がつないだ上田先生との縁―

ところが、朝鮮通信使、わけても雨森芳洲《あめのもりほうしゅう》のことに関わって、上田先生と深くお知り合いになったと言うか、ならせていただいたと言うか、薫陶を受けたということになります。

その辺の経過を少し申し上げますと、一九六〇年代末だと思いますが、上田先生はこんなことをよくおっしゃってました。「京都大学の桑原武夫先生から『江戸時代の中期の学者であり六代将軍家宣のブレーンであった新井白石を少し調べてくれないか』という依頼があった。そして新井白石のことを調べているうちに雨森芳洲という人物に出会った。どういう人物か調べると、滋賀県の湖北、今の長浜市高月町《たかつきちょう》に先祖の出身であったということがあり、そしてそこにどうも資料が残っているらしい」と。

それで高月町に行ってみられたそうです。すると、そこの古びた土蔵の中に雨森芳洲関係の資料がたくさんあった。この資料はずっとそこにあったのではなく、実は、雨森芳洲が藩儒として仕えていた対馬にあったのですが、大正年間に郷土の先哲・偉人をあちこちで活用しようという動きがあって、滋賀県も例外ではなかった。湖西ではまず中江藤樹だ。では湖北ではどうか。これはやっぱり雨森芳洲だ、そういうことが分かって、地元の人がご子孫と交渉して、残されていた芳洲関係の大切な資料を譲られて、そして、その土蔵の中にしまっておかれたという経過があったようです。

それで上田先生は、土蔵の中をひっくり返してみると、芳洲の代表的な著作である『交隣提醒《こうりんてんせい》』に出合われた。「交隣」は「隣と交わる」ですね。「提醒」の「提」は提案の提、「醒」はさますという字です。「交隣」、つまり朝鮮との関係を続けていくについて、しっかりとした意見を持っていなければならないという想いから、芳洲が現役を引退した時に藩主に対しての指南書というような形で書かれた。それが動機でありますけれども、それをご覧になって大変感銘を受けられた。

とりわけ感銘を受けられた言葉としては、いまや有名な言葉になっております「互《たが》いに欺《あざむ》かず争《あらそ》わず、真実を以て交り候を、誠信とは申し候」という言葉であったということを、後に何度もおっしゃっていました。

―東アジア交流ハウス雨森芳洲庵と上田先生―

ところが、そこのその土蔵は、私もその前後に何度か行ったんですが、本当に古ぼけた土蔵でした。そのことを、上田先生は心にかけておられまして、その後、隣の、これもかなり老朽化していた保育所を取り壊して、土蔵も修復して、今は「東アジア交流ハウス雨森芳洲庵」という施設になっております。

それがどうしてできるきっかけとなったかというと、上田先生は、ご生前に「当時の武村正義滋賀県知事と交渉して県の補助をいただいたのだ」ということを言っておられました。

それで実は先々週、私は、今日のこの会があるということで、武村さんに面会して参りました。元官房長官、大蔵大臣だった方ですが、上田先生が付き合われ時は滋賀県知事でした。その前、武村さんは八日市市の市長でした。八日市で、武村さんは市民との接点を常に考えていなければ政治というものは駄目なのだということを常に思っていた。それで市民大学というものを八日市で作った。初代の学長は末川博先生。ところが末川先生はまもなくお亡くなりになって、二代目の学長を上田先生にお願いしたところ、快諾をいただいた。そうした中で、やがて県知事に武村さんはなるわけですが、八日市時代の想いを込めて、「小さくともキラリと光るまちづくり」ということを積極的に県として推奨し表彰しようじゃないかということを考え出された。

高月町の雨森という集落は、きれいな水路があって、小さな水車が回っている。本当にきれいなまちです。当時、町民全部が挙げてきれいなまちづくりをしておられた。これを第一号として選定したいと思っておられた。

そこに上田先生のお話が入りまして、高月町出身の方にはこういう優れた先人がいると言って雨森芳洲の話を持ち出された。それで武村知事も、今回の表彰は単に町をきれいにする環境問題だけではなくて、どういう点が偉いかという点を含めてまちの歴史や先人も顕彰すべきであるということをすぐ思い立った。そこで、県としても、武村さんの言葉を借りると、「金額は忘れたけれども、かなり膨大な額であった」お金を出して、芳洲関係の資料の保存や展示と共に高月町の町民の会館としても利用される会館を造られた。つまり地域と共にある歴史資料館であるとおっしゃっていました。そうした経緯で、「東アジア交流ハウス雨森芳洲庵」が一九八四年に開館されました。

その間に朝鮮通信使に対する関心が、かなり高まってきまして、大阪におられました辛基秀《シンギス》先生という方がたくさんの資料を発掘された。文書もありますが、大部分は絵画です。そういったものの影響を私も受けましたし、辛基秀先生と一緒に作業をした経験もありますが、一九七九年のことだったと思います。この、現在、私たちがおりますハートピア京都のこの場所に勤労者福祉会館という京都府の施設がございました。年配の方はご存知だと思いますが、ここで朝鮮通信使の映像資料、辛基秀先生が作られた映画を上映しようということがあって、私も参りました。そして上田先生の講演と映画会の後に、会場に来ておられた雨森芳洲のご子孫の方々に全部壇上に上がっていただいて、ご紹介された。そういうことを今も鮮やかに覚えております。そんなわけで、上田先生と雨森芳洲というのは切っても切れない関係があって、その後も絶えず「なんとか本にしたい」ということをおっしゃっておられました。

朝鮮通信使というものは戦前からも研究者がいないわけじゃなかったけれども、その頃はまだ戦後の研究も実ってはおりませんでした。関西大学の泉澄一先生が『雨森芳洲の基礎的研究』を出版されたのは一九九四年のことであります。もっとも先人としては、調べてみますと一九六八年に奈良本辰也先生が中央公論社の『日本の歴史』のなかの『町人の実力』という巻の中に雨森芳洲と新井白石のことを過不足なく論じておられた。それが朝鮮通信使紹介の先鞭だったと思いますが、その頃はまだ通信使という言葉は一般的ではなくて、関係の史料から取った「来聘使」、朝鮮国からお招きした来聘使であると、そういう記述で書かれておりましたけれども、ともかくも少しずつ朝鮮通信使、江戸時代の日朝関係の真実が判明しつつあった、そんな時期であります。

そういう早い時期に雨森芳洲に着目されて、朝鮮通信使の史的意義に大きな刺激を与えていただいたのが上田先生でありました。

―二一世紀を人権の世紀に―定住外国人の人権問題としっかりと向き合って

もう一つ、上田先生のことについて触れておかねばならないのは、今から二二年前、一九九四年のことですが、平安建都一二〇〇年という催しが京都市・京都府を中心に、この京都の地でさまざまな企画・行事が展開されておりました。

その中で、次の世紀、二一世紀は、二〇世紀のような戦争の世紀ではなく、人権の世紀にしなければならない。こういう動きが高まってまいりまして、公益財団法人である「世界人権問題研究センター」ができました。初代理事長は林屋辰三郎先生、副理事長が上田先生でした。そして先ほどのお話にもありましたように、その中で同和問題、部落問題を研究の対象として取り上げようということが上田先生を中心にまとまりつつありました。

その時私は、やはりもう一つの「日本人の大きな課題である在日コリアンの人々の人権問題を研究の対象に入れないと具合が悪い」と思って上田先生に力説しましたら、即座に「それはよくわかった」ということで定住外国人の人権問題という研究部会も併せて作っていただくということになり、私も理事の一人に加えていただきました。

上田先生と被差別部落の方々との出会いについては、先ほどご紹介がありましたように生徒との出会いでした。定住外国人である在日コリアンの二世の方々との出会いも、やはり上田先生が鴨沂高校の非常勤講師をしておられた時のことで、そこで、在日コリアン二世の子どもたちとの出会いを通じて、初めてその実態・実像を知ったとおっしゃっていました。

上田先生は、運動の第一線に立つ実践家ではございませんけれども、人権問題・被差別問題について、「絶えず現場から学ばねばならぬ」という信念がおありで、それがいろいろな研究の蓄積と同時に研ぎ澄まされていったということになったのではないかと今では思っております。そのような慧眼の先生とご一緒に仕事をさせていただいた、あるいはご指導いただいたことには、とても感謝しております。

―朝鮮通信使に関する記録「世界の記憶」登録は日韓民際で―

それから先ほど熊倉さんが言われた、今年の秋に「朝鮮通信使に関する記録」がユネスコ「世界の記憶」

に登録されるかもしれないということでございますが、一昨年、二〇一五年の三月から、日韓共同で民間団体が申請母体になって推進し、作業が進み二〇一六年に、ようやくまとめられました。政府がやると、やはり政治情勢と言いますか、政治問題に絡まって妨害が入るおそれがあります。だからこれは民間でやろうではないか、しかもこれは日韓あるいは日本と朝鮮半島との共通の遺産ですから、共同申請しよう。そういうことになりまして、作業を進めました。

いろいろな曲折があり、厳しい討論も経ながら昨年三月にまとめたものが、今ユネスコの事務局の方に届いております。おそらく九月頃には諾否が決まると思いますし、申請は受け入れられるであろうと予期して今年秋の一一月には京都市の国際交流会館とロームシアターでその祝賀を兼ねたイベントを開催するように、今、京都市やその他の方々と折衝をすすめているところであります。ぜひご注目いただければ、ありがたいと思います。（注記：二〇一七年一〇月三一日登録決定）

簡単ではございますが、上田先生との関わり、特に雨森芳洲との関わりについてお話を申し上げました。最後に申し上げますが、上田先生もおっしゃっていることでもありますけれども、近世を通じて、あるいは日本史を通じて、稀有な史観を持たれた雨森芳洲という偉人のおこなったこと、想っていたこと、それを私たちは受け継いでいかなければならないと思っております。そのバトンが上田先生から私たちに渡されたと思っております。

熊倉　ありがとうございました。「朝鮮通信使に関する記録」が「世界の記憶」に登録されますと、高麗美術館にあります何点かの朝鮮通信使関係の作品、絵巻物とか馬上才の絵とかが人類共通の宝として、きわめて高く評価されるようになります。

今回の「上田正昭と高麗美術館」の展示にも、意識をしてそれを出してございますので、好太王碑や長春大会時の写真と合わせて、ぜひご覧ください。

一九九〇年五月韓国大統領来日の際の宮中晩餐会の席上、今上天皇、つまり平成天皇がご自分の出身にも関わって日本と韓半島との関わりについてお話をされた時に、当時の韓国の大統領であった盧泰愚《ノテウ》大統領が雨森芳洲の話を出されて、日韓両国には、このように「民際」を通じて人と人とが繋がった歴史がありました。それを二一世紀にこそ広げていかなくてはなりませんと返された。見事な応酬でした。

このことを改めて思い出しました。あの時、あの会場にいた日本の国会議員の大半は全くそれを知っておりませんでした。私も、友人の何人かの国会議員の秘書から「雨森芳洲とは一体何者だ?」と言われました。そういうことを私たち日本人がしっかり知っていることが日韓両国、そして両地域の「民際」にとってとても重要だと思います。ますます高麗美術館、私たちの研究活動が大切になると思いますので、改めてそのことを申し添えたいと思います。

そして、そうした活動を高麗美術館ができる前から、上田先生と高麗美術館創設者・鄭詔文《チョンジョムン》さんが中心になって、日本中を歩き回って作ってくださいました。それが日本の中の朝鮮文化をたどる旅でした。その場に居合わせた方も多いかと思いますが、その当時から上田先生、鄭詔文さん、あるいは周りの皆さん方を取材し続け、そのことを広めてくださったお一人が今からお話をいただきます藤野さんです。共同通信の文化部長であった藤野さんから次のお話を受けたいと思います。

藤野雅之
―上田先生を語る時、忘れてはならない人・鄭詔文さん―

今、紹介に与りました藤野と申します。他のパネリストの方々は、皆様、歴史学者なのですけれども、私は学者でもなんでもなくて、一新聞記者です。正確に言うと「でした」。定年退職してもう二〇数年になります。そういう人間です。

私事になりますけれども、上田正昭先生は、お生まれは兵庫県城崎温泉で、中学一年までそちらにおられて旧制の豊岡中学に一年だけいて、それでこちらの京都の方に養子で行かれたということであります。私はその豊岡の出身で、旧制豊岡中学が戦後豊岡高校になりましたから、先生は高校の先輩でもあるという、そういう関係になります。そこで上田先生を語る時、私は、高麗美術館の創設者である鄭詔文さんのことを切り離しては考えられないという思いが大変強くあります。お二人の交友を見ていて、人間の友情、真の友情というものはこういう形で表れるものだなと言うか、これこそ理想の友情の形ではないかという思いがしきりにしています。

また私は、共同通信社の文化部で仕事をしていたものですから、座談会に出ていただいたり、原稿を書いていただいたりという関係は多少ありましたけれども、私が実際に上田先生と親しくなるには、鄭詔文さんと知り合ったことが大きい。

一九七三年だったと思いますが、初めて鄭さんの京都のお宅に取材でうかがいました。

その前の一九六九年に季刊雑誌『日本のなかの朝鮮文化』が創刊されて、すでに数年経っていたのですが、この雑誌がユニークで面白いと思ってきたので、新聞で紹介しようと思って、京都の、今は高麗美術館に建て替えられている鄭詔文さん宅に初めてお訪ねして取材したのです。その頃は鄭詔文さんと兄の貴文さんのお二人でこの雑誌を出しておられました。共同通信は全国の地方紙に記事を配信しているのですが、記事が

掲載された各地の新聞をお送りしたら「日本のマスコミがこういう私たちの活動を高く評価して報道してくれたことで、大変勇気づけられ、心強い応援になった」という言葉をもらったのです。

雑誌『日本のなかの朝鮮文化』は、タイトルにあるように、日本の歴史的な文化の中には朝鮮渡来の要素が多くあり、それを明らかにすることが目的でした。編集委員に作家の金達寿さんがなっておられたが、この同じタイトルで金さんは、

雑誌に歴史紀行文を連載されており、私も愛読していました。連載は、金達寿という作家個人の作業でしたが、これを雑誌にすることで、しかも、執筆者のほとんどが日本人の学者や研究者とすることで朝鮮文化と日本文化との関わりの歴史を日本人に対しても明らかにするというのが趣旨でした。これに上田先生はじめ多くの日本人学者や作家、知識人が応援するというものでした。その代表的な人を挙げれば上田先生のほかに歴史学者の林屋辰三郎さん、法学者の末川博さん、随筆家の岡部伊都子さん、作家の司馬遼太郎さん、考古学者の森浩一さん、哲学者の鶴見俊輔さんなど、名前を挙げればきりがありません。

―鄭詔文コレクションを秘匿していた上田先生―

ところで、鄭詔文さんは京都府の在日朝鮮人団体の幹部でもありましたが、鄭さんはこの活動を始めたことで、その組織から批判されるという状況にあったというのです。私は当時そういうことを知らずに取材し記事を書いたのですが、後になってそのことを教えられました。そして、その鄭さんを親身になって応援されたのが上田先生だったのです。鄭さんは朝鮮の古陶磁器をはじめ、書画、家具、骨董などのコレクションをしておられたのですが、それに万一のことがあっては、とその多くを上田先生が預かられたのでした。こうして二人で力を合わせて難局を切り抜けられたと聞きました。

最初は雑誌の発行が中心でしたが、その後間もなく「朝鮮文化遺跡巡り」という催しが始まりました。これは主として上田先生と金達寿さんが臨時講師となって日本各地の朝鮮に関わる歴史遺跡を訪ね、二人から解説というか話を聴くというものです。私も古代史には興味があったので、この遺跡巡りに参加するようになったのです。一九七四年だったかの遺跡巡りが、私の郷里の豊岡であり、出石神社の祭神であるアメノヒボコをテーマにしたシンポジウムも開かれました。私は、たいへん興味を持ってこれに参加し、そのレポートを再び記事にしたのです。それでこれが縁となって鄭さんから「藤野さん、毎回という訳にはいかないかもしれないが、遺跡巡りに参加してくれているのだから、都合の良い時に、この雑誌にその同行記を書いてくれませんか」と頼まれたのです。私に異論のあろうはずもなく、二つ返事で引き受けました。当時は高松塚古墳の発見による古代史ブームともいうべき時代で、遺跡巡りは大変な人気でした。開催前に朝日新聞の文化欄に数行の案内記事が出るだけで、観光バス二台から三台分もの参加者が集まるのです。

―遺跡巡り同行記で学んだ対等の歴史観―

金達寿さんに上田先生、あるいは森浩一先生が講師を務められ、鄭さんの司会で遺跡の現場で説明を受けるのです。先生たちの近くで聴いている人はいいんですが、ちょっと離れてしまうと、参加者の意識が話に集中できない。そこで同行記が雑誌に載ると、参加者はあそこではこういう話をされていたのかとわかるんですね。それで結構読者からファンレターが来たりしました(笑い)。同行記には、先生たちが話される歴史的な事実だけをそのまま書いてはいけないんです。どんな風景だったとか、途中の道端にどんな花が咲いていたかといった描写を話の合間に入れるんです。そうすると、それをきっかけに現場の状況を思い出せるのですね。そうして自分が遺跡巡りで体験したことを改めて浮かび上がらせることができる訳です。遺跡巡りに参加されるのは当時の五〇代から六〇代の人が多かったと思います。こういう年配の人には、戦争中の皇国史観の教育を受けた人が多い。ところが、遺跡巡りで語られる説明はそれとは全然異なる訳です。自分たちが学校で学んだ歴史と今語られることのすごい落差に気づかされて、そういう世代の人には、ここで語られる歴史は実に新鮮に感じられたのではなかったでしょうか。

『日本のなかの朝鮮文化』の遺跡巡りの成果だと思うことは、次のように考えることもできます。それまでの日本の歴史は実際以上に良く見せようという歴史観で形成され、すべてのことが日本中心で、しかも身勝手に判断していたと思うんです。例えば、皇国史観では「朝鮮征伐」などという言葉を平気で使ったりする。これは朝鮮の人から見れば「なんで我々は征伐されるのか」と疑問を持つのは当然です。人間の関係、民族の関係、何を見るにしても対等な価値観で見なければいけない。そういう歴史を対等に見ていこうという意識を日本人に広めていったのが、上田先生や鄭さんたちの活動だったと私は思います。そして、そのことが非常に新鮮に受け止められていったのだと思います。だから遺跡巡りの参加者もどんどん増えて行きました。上田先生の業績を語る時、私はこの朝鮮文化遺跡巡りのように、一般の人に向けて歴史を語るということを上田先生は生涯を通して実践されていたように思います。古事記を読む会などを地域で開催されていましたし、何よりも上田先生の書かれた歴史書は、文章が平易でわかりやすいことが特徴です。このことはきちんと評価されて良いように思っています。

話を戻しますが、上田先生と鄭さんの友情について別の話をしたいと思います。七〇年安保の余韻がまだ残っていた頃、教養部長は一九七八年のことなので、それ以前のことと思います。学生との大衆団交というのがあって、上田先生が学生に対応されることもある訳です。鄭さんは大衆団交の日には必ず大学に行って、会場の後ろに陣取っていたというんです。上田先生が学生に吊るし上げられたり、暴力を振るわれるようなことがあったら、鄭さんは自分が飛んで行って、学生を取り押さえようと思って、毎回出かけていたというんです。これは鄭さんから聴いた話ですが、これもまた上田先生と鄭さんの関係を示すいい話だと私は思っています。だから、上田先生と鄭さんが私にはどうしても一緒になって思い出されてしまうのです。

―韓国のビザが下りない中で―

それからお二人と私自身に関わるエピソードがあります。一九七六年、朴正熙《パクチョンヒ》政権の時に韓国政府が慶州と扶余を開放して観光客を誘致したいということで、日本の大手マスコミ各社の記者を招待したことがあります。共同通信からは私が行くことになったのですが、私だけついにビザが下りず、行けませんでした。どうしてビザが下りないのか気になって、出発予定日が近づいた時に、東京の韓国大使館に問い合わせました。そうしたら「藤野さんは作家でしょ」と言われ、さらに「韓国政府としては藤野さんには今回の取材の協力はできません」と言われたのです。なぜ韓国大使館が私のことを作家だと言い、取材協力できないと言われたのか、理由を考えました。思い当たることが一つだけありました。それは私がアジア・アフリカ（以下、ＡＡ）作家会議という団体の会員だったことです。ＡＡ作家会議は野間宏さんが議長をされていた文学団体で、野間さんは『青年の環』という長編小説で国際ＡＡ作家会議のロータス賞を、それから韓国の詩人金芝河さんがロータス特別賞の受賞が決まっていました。当時、金芝河さんは「五賊」という韓国の政治状況を批判する詩を発表して反共法違反容疑で獄中にありました。金さんへの賞は日本ＡＡ作家会議が預かり、機会を見て金さんに渡すことになっていました。私がそのメッセンジャーだと疑われたのかどうかは別にして、そういう状況があり、当時の韓国大使館は日本ＡＡ作家会議の名簿を入手して、私のビザを出さない判断したのだと思われます。

このことで、私は少々精神的に落ち込んでしまいました。経過を鄭さんに話したら、「京都に来ませんか」と誘われたのです。次の土曜日だったか、京都駅に降り立つと、鄭さんが車で迎えに来ておられて、その車には上田先生も乗っておられました。そのまま草津市だったかと思いますが、「天日槍祭り」というのがあって会場へ行き、上田先生がそこで講演されるのを聴きました。京都に戻って三人で会食し、いろんな話をしました。その夜は鄭さん宅に泊めていただきました。これが機縁となって上田先生、鄭さんと非常に親しくしていただくようになりました。滋賀県高月町に建設中の雨森芳洲庵・交流ハウスを上田先生が見に行かれるのに鄭さんと同行したりしました。

『日本のなかの朝鮮文化』に協力された先生方と鄭さんとで、春は平野神社での花見の宴、年末には祇園の富乃井さんでの忘年会なども今は懐かしい思い出です。

上田先生の鄭さんとの出会いから始まったこの活動は、上田先生が生前よく言われていた「国際より民際」

を日本の中で実践する素晴らしい実例ではなかったかと、ほとんどの先生方が亡くなった今になって改めて考えさせられています。

公開座談会

熊倉　ご希望に沿って後半は公開座談になります。と、言うか、上田先生ご自身が、朝鮮文化をめぐる会の中で、ご講演されると同時に、お集まりの皆さんと色々と親しくお話をされながら一緒に学ぶというスタイルを常にとっていらっしゃいましたので、ここもまあ、パネルディスカッションとか公開座談というよりは、いただいた質問シートにお答えする形で、みんなで学び合う形を取りたいと思います。

　まずは、ずばり答えていただける質問から始めましょう。「宗像大社も世界遺産登録を申請されたのではないでしょうか？　宗像地域との交流なども教えてください」という質問です。

　西谷先生ずばりの質問でございます。

―「神宿る島」宗像・沖ノ島と関連遺産群はなぜ世界遺産か？―

西谷　いいご質問をいただきまして、ありがとうございます。正式には『神宿る島』宗像・沖ノ島と関連遺産群」という名称で、去年、二〇一六年の一月に日本国がユネスコに推薦書を出しました。それで九月にユネスコの依頼を受けてイコモス（ICOMOS：International Council on Monuments and Sites「国際記念物遺跡会議」）が現地調査に入りました。

今、イコモスで審査が行われていて、今年六月の始めにはイコモスの中間報告が出ます。登録、あるいは保留とか色々ですね。私たちは非常に期待をしているのですけれども、その勧告を受けて七月にポーランドでユネスコ世界遺産委員会があります。そこで正式に審議されて、決定します。日本の案件が審査にかかるのが七月の第二週あたりなので、そこで決まると種々の準備を整えています（二〇一七年七月九日登録）。

今後の見通しは、いま申し上げた通りですが、お聞きになりたいのは、そして申し上げたいのは、その内容です。

四世紀の後半から九世紀にかけて約五百年間にわたって、玄界灘の真っただ中に浮かぶ、周囲四㎞ほどの沖ノ島という島で古代の祭祀が行われて、その遺跡が手つかずの状態で残っています。戦後の昭和二九（一九五四）年から四六（一九七一）年にかけて、その間三次の学術調査が行われまして膨大な報告書が出ております。その時に発見された様々な文物約八万点が一括して国宝に指定されています。

五百年間にわたって祭祀が行われていますので、当然時代的な変遷があります。奉納品にしても時代性を表した違いがあります。出土品を見ると、四世紀の後半から九世紀にかけての、その時代、時代の一級品、もしくは超一級品が、宗像の神に惜しげもなく奉納されています。そうしたところから、ただの一地方の祭祀ではなくて国家的な祭祀、つまりヤマト王権が祭祀に関わっいたのではないかという解釈ができます。

そこで歴史を振り返りますと、四世紀の後半に祭祀が始まった頃は、高句麗が南に勢力を拡大してきて、百済を圧迫しています。そこで百済と倭は友好関係にありますので、倭は百済を支援します。そういう時期に、五世紀に入ると、一方では、倭の五王の最初の大王が使者を中国南朝に派遣します。つまり讃、珍、済、興、武という五人の大王が使者を中国南朝に派遣し続けるわけですが、最初の大王の使者が派遣される前あたりから沖ノ島での祭祀は始まっています。

ですから、沖ノ島における祭祀の始まりには、高句麗の南下に伴う百済支援、そしてもう一つ、中国南朝との交流という背景があるのです。そういう国家的な対外交流が背景にあって、無事に百済へ、あるいは南朝に出かけていくために、航海の安全を祈る祭祀を行ったわけです。帰ってきた時は、無事に帰国できたということで、お礼のお参りをしますが、その都度、とっておきの文物が奉納されたのです。

七世紀ごろになると、遣隋使、遣唐使、さらには遣新羅使という外交使節団が派遣されます。外国交渉が上手くいくように祈願することもあったでしょう。

祭祀は四世紀後半から九世紀まで続いています。そして結局、沖ノ島における祭祀が終わるのは、遣唐使や、遣新羅使の廃止がきっかけです。しかし、そのような国家祭祀は終わりますけれども、その後は宗像という地域の神として、引き続き信仰が継続されます。それが現在まで続いているのです。古代の祭祀が現代まで続いているという文化遺産は、世界的に見ても類を見ないということが挙げられます。

古代祭祀という一つの文化・文明の存在、それが現在まで継承されているという問題、そして国家祭祀を行う背景には国際交流が渦巻いてました。倭国は当時の朝鮮半島や中国大陸と交流して、先進的な技術や文化を導入しながら、日本の古代国家を建設、形成していくわけです。また、たとえば金の指輪に新羅も倭も同じ価値観を見出すというような価値観の交流とかも見られます。そういう理由を幾つか挙げまして、世界遺産に推薦しています。今申しましたように、間もなくその当否が正式に決まりますが、私どもは、これだけの文化遺産は世界的に見てもどこにもないということで、そのまま登録されると信じております。

「神宿る島」宗像・沖ノ島。これは何と言っても古代における国家祭祀の考古遺跡です。そして、関連遺産は何なのかと申しますと、神社と古墳です。

宗像三女神が誕生して、沖津宮《おきつぐう》・中津宮《なかつぐう》・辺津宮《へつぐう》にそれぞれ祀られたということが、『古事記』、『日本書紀』に書かれています。八世紀の初めにできた『古事記』、『日本書記』にそう書いてあるということは、その頃か、あるいはそれをちょっと遡って、それまでは沖ノ島の巨岩周辺での自然崇拝、すなわち巨岩に神様が降りて来られる磐座《いわくら》・依《よ》り代《しろ》と考え、それに対して祭祀を行っておりました。七世紀の後半から八世紀の頃には神社という社殿が造られたと思われます。『西海道風土記』(逸文)によると紫の玉とか青い玉、あるいは鏡などを御神体としてお祀りしたという記録がありますので、自然崇拝から社殿における祭祀へと変遷していくと考えられますが、その社殿が、変遷しつつ現代に至っているわけです。

現在の社殿は中世末から近世にかけてのものですけれども、最近、琵琶湖の北端の塩津の港で奈良時代の神社の遺構が見つかったり、平安時代の祠《ほこら》の一部も見つかったりしていますので、私の個人的な考えでは少なくとも八世紀の初めには社殿が造られていたと考えています。大木とか巨岩に神様が降臨される依り代における祀り、そのような自然崇拝から、社殿における祭祀へと変遷していき、現在に至っているのです。そこで宗像神社の三社、つまり沖ノ島と大島と田島にあるそれぞれの神社も関連遺産群の一つとして含めたわけです。

もう一つ古墳につきましては、『古事記』『日本書紀』に宗像の神を奉斎したのは宗像君《むなかたのきみ》らであると書かれています。ヤマト王権の命を受けて、宗像君が中心となって、実際の祭祀を執り行うわけですね。その『古事記』『日本書紀』に記されている宗像君の存在を裏付けるものは何かと言うと、宗像地域に残っている古墳群ということになります。

そういうことで古墳群も関連遺産群として含めています。古墳群の最終段階は宮地嶽《みやじだけ》古墳と言いまして、宗像君徳善《むなかたのきみとくぜん》の墳墓と考えられます。徳善の娘の尼子娘《あまこのいらつめ》が大海人皇子《おおあまのみこ》。後の天武天皇に嫁いで、高市皇子《たけちのみこ》を生むという天皇家との婚姻関係ができるわけです。大海人皇子が天武天皇になった後の施策をみていますと、新羅との交流に力を入れています。そのためには宗像をしっかりと抑えておかねばならないということから、あるいは宗像一族の海人《あま》族の航海技術に頼らざるを得ないことから、婚姻関係によって中央王権と宗像という地域の豪族との関係ができました。天武天皇も宗像君の海人としての航海術に頼って新羅との交流を深めたのではないかとみています。

そのように、メインは「神宿る島」宗像・沖ノ島ですけれども、関連遺産群として、沖ノ島での自然崇拝から変遷して生まれた神社群、そして実際にお祀りをした豪族の宗像君の存在証明として古墳群を挙げています。実際、古墳から出土する遺物と沖ノ島から出て来るものは全く同じものですので、そのように考えております。

熊倉

ありがとうございました。またホットなニュースでございました。先ほど仲尾先生の方から高麗美術館にも、所蔵品の一部がある「朝鮮通信使に関する記録」が今年の夏から秋にかけて「世界の記憶」というユネスコの一つの宝と言うか、登録になる予定です。全く同じ年に「神宿る島」宗像・沖ノ島と関連遺跡群が「世界文化遺産」として登録される。実は、私も関わっております「上野三碑《こうずけさんぴ》」も同年に「世界の記憶」に登録をめざしております。何とも時の符合を感じますが、いずれも、価値をしっかり見直し人類の宝として守り学んでいこうということを最初に話され、常に語り続けておられたのは上田先生でした。

アジア史学会でも二〇〇七年に宗像大社と関連遺産群を見学させていただき、大会を開いたことがあります。韓国の先生方はもちろん中国の先生方にも加わっていただいてシンポジウムを開き、「これは日本だけではなくて、本当に東アジアの宝として、世界遺産になるべきだ」ということを皆さんがおっしゃったのが漸く実を結んでいく感慨にとらわれているのは私一人ではないと思います。研究者レベルでございましたけれども、国家を超えて、まさに民際の仕事が一つ、いま実を結ぼうとしています。

そこで、もう一つ、私たちにもっと親しい「朝鮮通信使に関する記録」の問題について仲尾先生に少し補足をいただきながら、関連した質問も紹介いたしますので、それにもお答えいただければと思います。「私は裏千家を学んでおります。茶道具には唐物《からもの》と呼ばれるものがあります。漢字では「唐」と書きますが、もともと「唐物」は韓国の南部中央部の「加羅《から》」から来た茶道具という意味でしょうか」という質問です。

―朝鮮通信使に関する記録「世界の記憶」登録の基準―高麗美術館所蔵作品はなぜ選ばれたか―

仲尾　茶道のことについては全く蘊蓄がなく、お答えできるか不安ですので、最後に少し触れさせていただくとして、朝鮮通信使に関する記録の「世界の記憶」登録を中心に話したいと思います。

「世界の記憶」という公定訳が出来たのは昨年、二〇一六年で、もとは「Memory of the World」という英文です。以前は「世界記憶遺産」と訳されていましたが、「世界の記憶」という言い方になりました。これは、世界文化遺産や無形文化遺産とはカテゴリーを異にいたしまして、ユネスコの事務局に申請して、事務局がしかるべき学識経験者に相談をかけて決定していくというプロセスを取ります。イコモスの決定とは関わりなく、決められるということで、それだけ申請が容易だという意味もありますが、逆に言うと難しさも入ってくるかもしれません。

【馬上才図】

いずれにしても、朝鮮通信使を取り上げた理由というのは、二百年にわたって東アジアの平和と安定に大きく貢献した、そしてまた、その過程で両国・両民族の文化交流が実現した、ということで、これを取り上げようということになりました。そして「世界の記憶」は、各国の民間団体でも申請できるという条件と複数の国が共同で申請してもよいという付け足しがありましたので、それを逆に活用しようではないかということから、日韓の民際での申請となりま

【宗対馬守護行帰路行列図】

した。まさに上田史学と同じ立場を推進するということになりました。

当然、私は、上田先生にもご相談したところ、それでは大いにやろうということで、日本側の学術委員会を組織しました。上田先生には顧問になっていただき、私が日本側の学術委員長をお受けしたのですけれども、結論として、日韓両方の推薦が一一一件三三三点という数にまとまりました。

この三三三点というのは、両国の研究者が集まって何となくそうしたのではなく、色々と条件をつけました。まず内容としては、第一に外交記録。中身は国書やそれに準ずるもの。第二に旅の記録。朝鮮通信使が日本に来た時には、毎日のように日程を細かく記録しているものが四十数編あります。その中で現存しているものでほぼ完形をとどめているもの。第三に文化交流の産物。ここには先ほどの雨森芳洲の『交隣提醒』なども含まれております。

登録申請の判断基準は、一つは、日本の場合、国宝・重要文化財、市町村の指定文化財という指定の基準があって、国なり地方自治体が専門家を交えて厳密に審査した結果、指定しているものですから、まずこれを優先しようということが一つ。それからもう一つは、ユネスコはあくまで真正性、真実性を求めていますから、写し、写本はだめ。あちこちの寺社に掲げられてい

る扁額も、「写し」ですからダメとなります。そういうことで選んでいきました。

そうなってくると、文化財としては指定されていないけれども、絶対これは入れるべきだというものが出てきます。それを区分けするのにどうしたらいいか。いろいろと議論した結果、高麗美術館のようにしっかりとした管理体制が取られていて保全・保管がほぼ完全にできていて、いつでも公開する準備があるものは入れようとなりました。公開もユネスコ側の条件ですから、そういったものも対象に挙げました。

今、京都全体で申し上げますと、京都大学総合博物館に「国書」があります。朝鮮国王からの国書がありまして国の重要文化財に指定されている。それを取り上げようということになりました。それから、東山《ひがしやま》の泉涌寺に「朝鮮通信使歓待図屏風」という屏風絵があります。これは狩野益信という画家が描いたものですが、制作年代も明確であるし、京都市の指定文化財にもなっている。それを入れました。それからもう一つは相国寺の慈照院という塔頭《たっちゅう》にあります朝鮮通信使の使臣と当時の慈照院の別宗祖縁《べっしゅうそえん》という住職との間に取り交わした交流の資料です。それから、漢詩・漢文そういったものがほぼ完形で保存されているので、それも入れることにいたしました。

ただし、それぞれの所蔵者の了解が要ります。いくら立派なものがあっても個人蔵で出したくないというもの、あるいは博物館として出したくないというものがあった場合に、それらは割愛せざるを得ないということになります。残念ながら京都の地域にもそういったものがございました。高麗美術館の所蔵品は、先ほども言いましたように、ほぼユネスコの要求している保存・保管・公開についての準備ができているということから取り上げました。

行かれた方はご存知だと思いますが、馬上才という朝鮮通信使に同行してきた馬のサーカスを、二代目鳥居清信が描いた「馬上才図」が一つ。これはほぼ完全に保管・保存されております。それと「宗対馬守《そうつしまのかみ》護行帰路行列図」。朝鮮通信使が江戸から逆に京都・大坂、そしてソウルへと戻っていく時の帰着図、帰着の行列図が二通りございます。それも入れました。これは一七一一年の記録画でして、幕府が対馬藩に作成を命じたものです。対馬藩がお抱えの画家を動員して描いたものです。だから、これは、先ほどの「馬上才図」のような観賞用の絵画ではなくて、当時写真がありませんから、次の通信使が来るときの参考例として藩の御用画家が末端の画家まで総動員して、スケッチさせた行列図を巻物に仕立て上げたものです。そういうものが入っております。いずれも、先ほど私が述べてきましたような条件を満たしているので、これは指定文化財ではないけれども、それに準ずものであるということの判定をいたしまして、それで韓国側の学術委員側の了解も得て取り上げることにしております。まだ行かれていない方、それからうっかり見落としたという方は、ぜひとももう一度行って、とくとご覧ください。

―「唐物」とは何か―唐でも加羅でもなく…―

最後に、ご質問にあった唐物の話。その「から」の語については「唐人《からびと・とうじん》」「唐子躍《からこ》り」という言い方もあります。前近代、特に近世においてもそういう言葉はよく使われております。

これは一体どういうものを指すのか。「唐」とありますから、もちろんこれは古代の中国の唐という王朝名から来ているわけですけれども、ところが中・近世は、もう唐王朝とは関係がない。唐王朝そのものがない。けれども、そういった名称だけがひとり歩きして、中国風の唐子であったり、それを真似たような踊りがあったり、あるいは装束があったりというようなかたちで、そういう言葉として存続しておりました。

例えば淀《よど》（京都市伏見区）へ行きますと、「唐人雁木之碑《とうじんがんき》」という石碑が残っています。これは唐人がそこへ上陸したという意味を指しているのですが、江戸時代、唐人つまり中国人は万福寺の僧侶を除いて京都へは来ていません。ですから、これは、朝鮮通信使の上陸地点が淀でしたから、淀での唐人雁木が朝鮮通信使を指していることはまず間違いありません。

それから通信使の一行が通った牛窓《うしまど》（岡山県瀬戸内市牛窓町）では、唐子踊りというものがございます。これも朝鮮通信使が連れて来ていて童子と呼ばれた青年に、旅のつれづれにその踊りをさせた。それを真似たのだろうと言われておりまして、それもほぼ納得できるかなと思います。ですから、先ほどのご質問にありましたお茶の中の「唐《から》」というのは、私は、中国の唐でもなければ、古代朝鮮の一国である「加羅」とも違うと思います。加羅が栄えていた時代、まだお茶は日本には伝わっておりませんし、それから、朝鮮半島でもはたして栽培されていたのかどうか、これはたいへん疑問があります。だから、むしろ先ほど私が申しましたような一般的な意味での東アジアのお茶とか人とか物とか、そういう物に対して付けられた名称がお茶の中にも入り込んでいるのではないかと考えた方がいいのではないかと思います。

熊倉　ありがとうございました。「舶来物＝唐物《からもの》」という言葉になってしまったと考えた方が良さそうですね。

仲尾　そうです。

井上　今のご質問の「唐物」という言葉は非常に早い時期から日本の歴史上に出て参ります。若干今の話と筋道がそれるかもしれませんけれども、平安時代にはまさしく「唐物《からもの》」という物がありまして、当時の日本人にすごく珍重されています。日本で良い品物があるのに、唐物の方を日本人は優先して、それればかり買い付けていると言って、当時の政府が抑制、抑圧している記事まであるくらいでした。

もともと「から」と言いますのは、対馬から見える韓国・釜山の周辺です。そこが、日本が最初に接触した外国です。その場所を「加羅《から》」と呼んでおりました。したがって、「から」と日本で呼べば、それはイコール外国のことです。

それがさらに広まって中国大陸をも「唐《から》」と呼ぶようになって、その唐物は平安時代に大変珍重されています。これは基本的には中国の産品です。遣唐使が廃止されてからも日本と中国との間は非常に頻繁な交流交渉がありました。遣唐使が廃止されて日本と中国との関係は完全に断絶したと思っておられる人たちがいらっしゃるかもしれませんが、全くそうではありません。遣唐使廃止以後の方が頻繁に日本と中国との間、民間貿易という言い方で良いかは議論もあるでしょうが、非常に頻繁な交流がありまして、それを通じて入って来た物品、舶来品、それが「唐物」と評されて、すごく珍重されました。

—上田先生の授業とそのスタイルから学んだこと—

熊倉　ありがとうございました。『源氏物語』の中にも実に多様な唐物が載っておりまして、それをみんなで愛でていますし、、昔から日本人って舶来物に弱いんですかね。

実は次に井上先生にご指名で質問があります。「今回の展覧会で一九六三年一二月一九日の京大教養部の講義ノートに労農派と講座派の流れが展示されているのでびっくりしました。講座派の野呂栄太郎『日本資本主義発達史』一冊を読了することに困難した者にとっては驚きです。まして労農派の論客の著作を読破されてのこと、当時の講義をお聞きになられた感想をぜひともお話いただきたい。」とあって井上先生にご指名なのですが、質問シートをお見せしたところ、井上先生から「自分は教養部の授業を聞いていない。文学部の授業しか聞いていない。一〇年ほど後だけど、君は教養部の授業聞いているだろう」と話を振られました。先輩の厳しい御指導なので、私の方から何とか答えたいと思います。

振られました時、ふと思いましたのは、当時、と言っても一〇年ほど後のことですが、上田先生は、石母田正先生の「古代貴族の英雄時代―『古事記』の一考察」で投げかけられた英雄時代論争の、その原論文を教養のゼミで我々に配られました。当時ですから、今のような良いコピーがないのに、先生は全部コピーされてきて、学生に配って、これを読んで議論をしろと言われました。考えてみると、先生ご自身が関心のある問題に関して、その背後にある著者、研究者のロジック、論理や実証の過程、表現の方法を、こうした原論文を使って、きちっと論理の再構成を図って検証するということ、ご自分が再検証されると同時に学生にもそういう学び方というのを教えるためにこういうノートをお作りになったのではないかと思います。

先生は、確かに戦前の皇国史観を批判なさると同時に、戦後の非常に硬直化したマルクス主義の原理主義的な議論にも批判的でした。先ほど「鄭詔文さんが、団交の際、心配して待機していた」という、お話が藤野さんからありましたけれど、どちらかと言うと新左翼贔屓でした。私もその仲間で、角棒持ってたりして、よく先生に叱られましたし、ある教養部長を「君、徹底してやり込めていただろう、ちょっと考えろ」と怒られたことがあります。先生は、リベラルな左派でした。ですから、民際ということとか日韓両国の対等関係ということを真剣に考えられたのだと思いますが、そういう中で、論理が硬直してしまうのはどうしてなのか、逆に事実からどうきちっとした論証に耐えうる論理を組み立てていくかを、学生自身で考えろと思って、大変な原論文を出された。先生ご自身が、改めてノートをお作りになられながら、我々を試し鍛えられたのだと思います。講座派・労農派の論争に至るそれぞれの原論文のノートを作られたのも、そういうことだろうと思います。

それと一度、とても興味深いお話をされたことを思い出しました。先生が最初國學院に進まれて折口《おりくち》信夫《しのぶ》先生の高弟となられたことは御存知と思いますが、折口先生の講義を一処懸命聞いていた。ところが授業が終わった途端に折口先生が「今日の授業は間違っていました。私はみんなに話をしながら自分の論理がどこかでおかしいと思った。今日の講義はなかったことにする」と言って黒板を消して帰られた。で、先生自身もああいう授業がしたいとおっしゃった。それが本当に心に残っています。

そういう影響を井上先生はどういう形でお受けになられたのか。フォローしてください。

井上　質問として非常に難しい質問でございまして、熊倉君は、学生運動の最前線に立っていた一人ですから、先生の授業に政治思想的な側面を感じたかもしれませんが、私はいわゆるノンポリの典型でしたから、そういう印象はありません。ありませんが、上田先生の授業は、どういうテーマを触れようが非常に深い話であったことは鮮明に記憶にあります。

大学に移られてからの講義だけではなくて、鴨沂高校で授業を聞かれた人の話も複数聞いておりますす。異口同音に「すごく面白かった。非常に深い、味わいのある授業をなさった。ただし教科書を全然読まはらへんから、受験では役に立たへんかった」というコメントが付きましたけれども、先生の授業は高校時代から有名であったそうです。大学でも全くそうです。教養部というのは結構難しい授業をするんです。

と、言いますのは、上田先生が定年退職された後、十数年、私も京都大学教養部（後の総合人間学部）で一般教養の授業を担当しました。国史学基礎論というような科目でしたが、一般教養の授業ですから、いろいろな学部の学生が来るんですね。文科系の学部、文学部・経済学部・法学部も来ますけれども、医学部や理学部や農学部も来ます。ですからそこにも分かってもらえるような授業をしなければなりません。だからと言って、高校の教科書に載っているような通りいっぺんの話では皆さん全然満足してくれません。そこのところをどう折り合いをつけながら、深い話を、興味や関心を惹きつけるかというのは、すごく苦労した覚えがありますけれども、そういうことで上田先生の授業は非常に面白かったということだけは鮮明に覚えております。恩師だからと言って褒めまくっているわけじゃあありません。本当に深くかつ広くそういった授業の達人だった記憶が今でもあります。実際、自分で大学、特に一般教養の教壇に立ってみて、それがいかに難しいことかと、つくづくと分かって反省した記憶があります。

熊倉　仰るとおりですが、ここで井上先生に、お二人の方のご質問に関連して、お話いただきたいと思います。「上田先生がアジア的視点で、古代史研究を取り組まれたきっかけをご教示ください」というご質問と「先生の日本文化論、東アジアの比較論等において、特質と共通というのはどういうことでしょうか」という質問です。冒頭の井上先生のお話と重なる点もありますが、改めてお答えいただければと思います。

―ルート論を大切にしたアジアを背景とした日本古代史研究―

井上　上田先生がアジア的規模で学問を、古代史を考え始められた直接的なきっかけはもちろん存じませんが、アジア、特に朝鮮半島と中国大陸を視野に入れた日本古代史研究は、戦前からなかったわけではありません。ありませんが、いま私どもが引き継いでおりますアジア的な背景を持つ日本史研究、日本古代史研究というのは一九六二年から直接的には始まります。

何から始まるのかと言いますと、熊倉さんも名前を出された石母田正先生の「日本古代における国際意識について」という論文が出されたのが一九六二年。その同じ年に東洋史の研究者の西嶋定生先生が「六〜八世紀の東アジア」という論文をお書きになりました。奇しくも一九六二年という同じ年でした。この二つの論文が、日本古代史研究者がアジアというものを真剣に、新たに考え始めることになった第一歩です。そして現在まで引き継がれている大きな伝統の源流となりました。

それは何かと言いますと、この東アジア地域には、中国を宗主国とし、朝鮮諸国や日本が、それに、いわば従属する構造がある。朝貢する体制となっている。中国がただ一つのまさに天子の国であり、天子は天命を与えられた統治者支配者であり、周りの朝鮮半島諸国や日本列島はいわば従属している国という、中国本位の考え方です。これはもちろん理屈だけのことで、現実がどうかはまた別の問題ですが、日本列島は日本列島の中でだけ歴史と文化を形成してきたのではなくて、中国を中心に東アジア諸国がそれぞれ連携を持ちながら、東アジア的な枠組みの中で歴史や文化というものを形成してきたということが大きく取り上げられるようになったのが一九六二年です。

それで考えてみますと、先生の『帰化人』という書物は一九六五年の刊行ですから、先生の東アジアをベース、背景とする、一連のご研究も、決して先生が個人で、独力で建設された訳では決してありません。先生の学問も、今申し上げましたような流れの中で、それを上昇・昇華させられて行われた学問だということをやはり注意をしておかなければならないと思います。

その時に、上田先生の学問の最も大きな特徴を一つ挙げろと言われましたら、ルートを大切にする方法論と言えると思います。ルーツ論ではなく、ルート論を大切にしなければならないということを強く強調されました。

言葉としてはそれだけのことですが、現実の日本列島や東アジアにおける歴史を考えてみる場合、ルートというのは非常に大事でして、例えば漢字は、日本起源ではもちろんありません。中国に生まれ朝鮮半島を経由して日本列島に入ってきます。そのルーツが中国、朝鮮半島にあるというのは、それは分かります。分かりますけれども、どう具体的なルートで入ってきたのかということも明らかにしなければならないという提言は、日本の歴史学に対する非常に重要な提言でした。

具体的なルートというものは記録の上に残らないものが圧倒的に多いわけです。もともとは朝鮮半島にあった漢字が日本列島に伝わった。それは分かったけれども、具体的にどういうふうに伝わってきたのかというルートを明らかにすることによって、日本列島が、日本人が、日本社会が、日本列島外の文化をどのように受容してきたのかが分かる。記録の上に、文献の上に表れないものも歴史ですから、それをも明らかにしなければならないということを強調された。先生は、そんなに声高におっしゃられたわけではありませんが、大変大切なことだと思って、私は今でも大切にしております。

私がもし一つ、上田先生の古代史研究、東アジア史研究の大きな特徴を挙げるとすれば、ルート論を大切にすることによって、文献の上で見えてこない日本の歴史や文化の姿だというものを明らかにした点にあると思います。先生の渡来人研究でも、そのことがポイントとなっています。

それともう一つ、上田先生があまり取り組まれなったアジアがあります。それはインドです。南アジアです。いつだったか、記憶が明確ではありませんが、上田先生を主賓とする何かの会の時に、山折哲雄先生が「何でインドをなされないのですかね」とスピーチをなさいましたことを覚えております。残された課題と思います。そういった上田先生がやり残されたことも含めて、先生のアジアを背景とする日本古代史研究というものを受け継いでいきたいと思っております。

熊倉

ありがとうございました。力強い先輩の決意表明でございましたが、これは学者だけではなくて、本当に、国民というか日韓両国の民が継承しなければならない、まさに民際を受け継ぐということはこういうことなのだろうと思います。

それでとても厳しい質問が一つございまして、「上田先生や皆さん、大変努力されているにもかかわらず、日本国民全体に対する影響がまだ少ないのではないか。現状の日本人意識はどうでしょうか」というご質問があります。それは我々、共有なのですけれども、こういう質問は、やはり藤野さんにお答えいただくのが一番良いと思います。お願いいたします。

―「おかしい」ことには、学問的に厳密な批判を分かりやすく重ね続けること―

藤野　いやー、これは答えるのが非常に難しいですね。現状は、いま質問された方が指摘している状況にあるということは、多くの方がそう思っておられると思います。残念ながら、昨今の世の中を見ていると、上田先生や我々みんなが目指しているような流れとはちょっと違う方向に行っているような気がします。

政治的な話はしたくないのですけれども、常識として思っていることと正反対のことが起こっている。例えば、ヒトラーの『我が闘争』を学校で教えてもいいということを言い出す政治家さえいる。ドイツでは完全に禁止です。学校では絶対に認められない。それが世界の常識だし、そうあるべきだと皆さんもお考えでしょうが、それを学校で教えてもいいのではないかと言い出す政治家が出て来ている。何か、そういうことの中に、一つの嫌な流れがあるように思われます。何かどんどんおかしな方に進んでいるのではないかと、不安や懸念を持たれているのは、質問いただいた方と私だけではないと思います。

それで、何かおかしいと思ったら、おかしいと思うことをきちんと考え批判していくしかない。そこを上田先生は、学問的な背景をもって厳密に批判された。「おかしい」と指摘された。ここが大切だと思うのですが、しかし、厳密な学問的な批判、指摘は、普通の人にとっては分かりにくいという点もある。

上田先生は、そこから、どうやって我々、普通の人間にも分かりやすく伝え共感を得られるかに力を注がれたと思います。一般の人にも読める多くの本を書かれ、講演をなされ、市民向けの公開シンポジウムを重ねられた。日本のなかの朝鮮遺跡巡りでの臨地講師は、その中でも特に重要な営みだったのではないかと思います。

私は新聞記者ですから、本来、その役割を果たさなくてはいけないと思いつつ、同行記を書かせていただきました。「おかしい」と思うことの批判、指摘を多くの方に分かりやすく書き、伝えていくというのがメディアの役割だろうと思います。そう思うのですけれども、なかなか、そうはいっていない。自分としては忸怩たる思いばかりです。ですから、このご質問は非常に答えにくい難しい問題ですけれども、上田先生に習って、これからみんなで考え共有し伝えていかなければいけないのだろうと思います。どうしても一般論になってしまいますが、そういうふうに言うしかないということでご勘弁願えればと思います。

そこで、発言の機会を得られたことを機に、話し残したことを加えさせてください。

高麗美術館に関することです。鄭詔文さんは、五歳か六歳の時に日本に来られて、苦労して、戦後、事業を始められて白磁の壺と出会われた。これは有名な話となっていますが、古門前《ふるもんぜん》（京都市東山区）の骨董屋さんに置いてあった白磁の壺を見て、最初それが朝鮮のものだと分からなかった。だから店に入って李朝の白磁、朝鮮の白磁だということを聞いて、そこから詔文さんのコレクションがはじまるわけです。そして、この高麗美術館の設立に心底から協力してこられたのが上田先生です。上田先生がなぜそれほどまでに思いを入れて協力されたのかを考えると、その理由の一つがコレクションのジャンルの広さにあると思います。高麗美術館にあるのは、高麗青磁や李朝白磁だけではありませんね。家具から絵画から石仏・石像、そのほか仮面や古文書。さらには家具や衣類など生活の細々したものまで実に多様なものがコレクションされているわけですね。

これは何なのだろうか。骨董趣味とかいう言葉では説明できません。一つのポイントは、鄭さんが集められたコレクションは全部日本国内で集められたということにあると思います。韓国で買ってきたものではありません。朝鮮半島で買ってきたものではありません。鄭さん自身が六歳の時に日本に来られたように、これらの朝鮮美術品も明治以降に日本にやって来たものです。やって来るには様々な場合があったでしょう。日本人による略奪的な物もあったでしょうし、買い叩かれた物もあるでしょう。逆に高額で求められた物もあるでしょう。日本にやってきた物に鄭さん自身が、自分の運命と言うか人生を重ねて見ておられたのではないかと、私は感じています。だから、朝鮮の暮らしや、文化に関わるものだったら何でもという強い思いを

【鄭詔文さんが出会われた白磁の壺】

持って集めておられたのではないかと思います。

要するに、それらは、鄭詔文さんという在日朝鮮人のアイデンティティ、存在の証明なのです。このコレクションは、お金持ちが趣味で集めたものとは全く異なるものです。そこには高麗美術館が、他の美術館にはない存在意義があるのです。おそらく上田先生も鄭さんとそのコレクションをそう思って見ておられたのではないかと思います。そのことを最も深く理解されていたのが、上田先生だったのだと思います。

熊倉

ありがとうございました。確かにこの質問は難しい質問で、かつ、私たち一人一人に向かっている質問ですけれども、だからと言って我々は無力でもないし、時の流れが悪いのでもなくて、私たち自身がまさに上田先生の志を受け継ぐ一人一人として、研究者は研究者として事実をきちっと明らかにして、分かりやすい言葉と論理を持って皆さんにお伝えすると同時に、まさに民のなかでそれを共有することによって力にしていく必要があります。

我々は決して孤立しているわけでも非常に弱い存在でもないということをお互いが知り合っていくことが必要だと思います。それをアジアのなかに広く広げていくということが大切なのだろうと思います。それで高麗美術館をひとつのベースにしながら、今は休眠状態ではありますが、アジア史学会をもっと民際的な学会に広げながら、研究者だけではなくて、日韓両国をはじめとする市民の方々にご参加をいただくような、そんな形で活動を起こしていくことも必要かと思います。そういう形の中から多くのものが見えてくるのだろうと思います。

上田先生の引き際は実に見事だったと思います。今年ユネスコに登録されるであろう「朝鮮通信使に関する記録」にしろ「『神宿る島』宗像・沖ノ島の関連遺産群」にしろ、私が今関わっている「上野三碑」にしろ、その種を最初に蒔いてくださったのは先生でした。

でも、「それを刈り取る時には、お前らが刈り取れよ。そして次の種を蒔けよ」と、ご自分は神の世界に旅立たれてしまった。だからこそ、私たちは、その種を受け継ぐものとして繋げていかなければいけないのだということを今日改めて感じさせていただきました。

そのためには、様々な立場から、それらの宝が語る意味をもっともっと話し合って、朝鮮文化遺跡をめぐる旅や、懇親会というか野外での踊りの会のような楽しみをもって、みんなが繋がっていくことのなかに次の未来があるし、先生はそういうことを待ち望んでいらっしゃるのだということを今日の全体を通じて感じることができました。会場の皆様方も同じ感慨をお持ちになられたのではないかと思います。

実は最後に私が答えなければならない質問が一つあります。「『越前武生《たけふ》』の『武生』は何に由来しますか。それは新羅系ですか百済系ですか」という質問です。全く恥ずかしい話ですが、直ぐには十分な回答はできません。確かに武生宿禰《たけふのすくね》という氏族《うじぞく》は存在します。『新撰姓氏録《しんせんしょうじろく》』という平安時代初めに出来た基本史料によれば文宿禰《ふみのすくね》つまり西文氏《かわちのふみうじ》の一族とありますから百済から招かれた王仁《わに》という学者の後裔と書かれていますが、その氏族がそのまま越前武生の地名となったのかは、残念ながら私には分かりかねます。武生は越前国府の地で継体大王とも深い関わりのある地ですので、渡来文化や渡来系氏族との関係で考えなければならない地点ですが、このように、日本全国、各地で深めていかなければならない課題は多いと思います。

逃げになりますが、そうした疑問を一つ一つを明らかにしていくことが地域を世界に繋ぐということだということを上田先生は盛んに言われていました。いわゆるグローカルという考え方です。真にグローバルなことはローカルでもある、グローバルとローカルから先生とユネスコが作り出した思想です。そこを共有することが、先の時代の「おかしさ」への指摘、批判とその共有にもなると思います。

私への宿題ですが、全員の宿題でもあると思います。まさに上田先生の「民際」の志を継承する、グローバルの思想を継承するのは、この機会に集まったすべての人々が共通に持つ宿題であるという共通理解をもって今日の会を閉じさせていただきたいと思います。

ありがとうございました。皆様のお力をいただきまして、ここにシンポジウムを閉じさせていただきます。最後に、閉会の辞を高麗美術館事務長の鄭喜斗君からお願いいたします。

鄭喜斗

いま高麗美術館では「上田正昭と高麗美術館」という展示をしております。見どころの一つは、入口正面に展示されている『残日録』という上田先生がお亡くなりになられる前日まで書かれていた日記です。ご遺族の方から貴重な資料をお借りして展示させていただいております。上田先生がその原稿を書かれ始めたのが、おそらく昨年、二〇一六年の二月の頭くらいからです。

上田先生の最後の御著書は、藤原書店から出された『七〇年の古代史研究』です。刊行は昨年の六月。上田先生がお亡くなりになられて、二ヶ月半後です。

しかし、最後の原稿はお渡しになった翌日、いや、当日からお亡くなりになられる前日の夜まで原稿を書いておられて、それが合計一八七頁あります。まだご遺族の方から許可をいただいていないので中は読んでいませんが、最後の一頁だけ、皆様に読んでいただけるようにと展示してあります。

日付が三月一三日と書いてあります。お亡くなりになられた当日の日付です。ご遺族の方にお聞きしたところ、前日に翌日の書かれる文の三行だけ書かれてお眠りになられた。そして朝旅立たれたそうです。最後の三行はものすごく胸を打つような言葉で終わっています。それを、私たちがみんなで受け継いで、その文章を完成させていかなければと思いながら、展示させていただいております。ぜひ高麗美術館でご覧いただきたいと思います。

古代の飛鳥といえば、多くの人びとは奈良県の明日香村を中心とする地域と思うが、古代の飛鳥はほかにもあった。

今日は本当にありがとうございました。

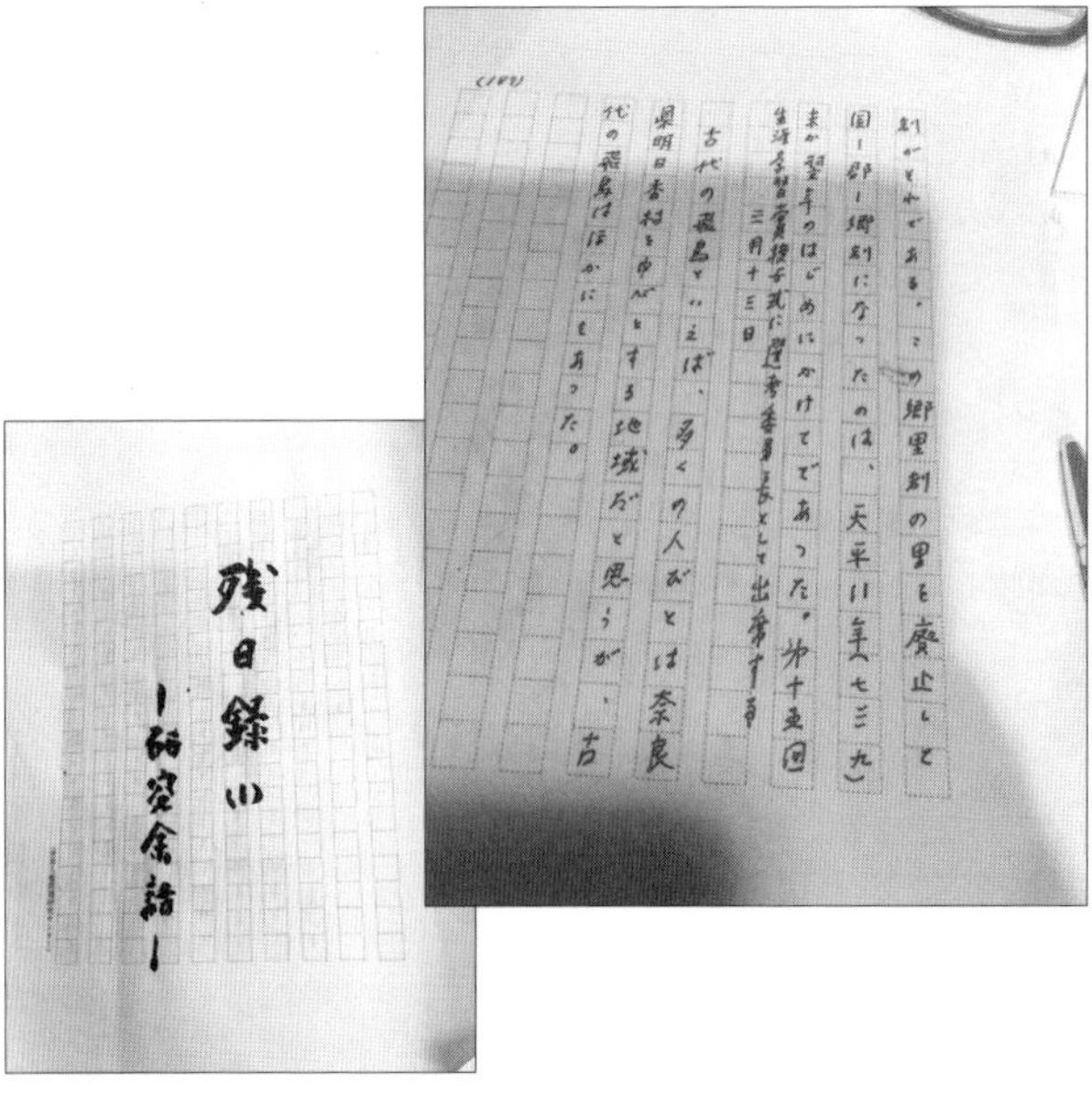

上田史学と朝鮮通信使

仲尾　宏

上田史学と渡来人

上田正昭先生が中公新書で『帰化人』を世に問われたのは一九六五年のことであった。

そのころの日本の史学界の主たる動向についていえば、第二次世界大戦に至った戦前の日本の学界のありようを省みて、いわゆる「皇国史観」を追放し、今後よって立つべき史観によって研究をすべきだ、という立場が主流だった。古代史においても石母田正、藤間生大らの手による研究や、論文の発表が世を賑わしていた頃である。古代史においては近隣の考古学や史料の批判、地域史の掘り起こしが次第にすすんでいたものの、文献史学においては本格的な資料調査やいままでの方法論のどこに問題があったのか、という問い掛けが十分でなかった時代であった。またそのことと関連していたであろうが、研究のテーマも経済史や農村史が中心であったように思う。その中で古代日本の国家構成の根幹にかかわるテーマに正面から切り込んでいこう、として取組まれたのが学界のみならず、この頃なお日本人の一般的な常識とさえなっていた「帰化人史観」への真正面からの切り込みをはかったものが前述の著作である。こんにちでは学校で用いられている教科書でも「帰化人」史観は否定されて見事に消滅している。しかし一九八三年に初版刊行の『国史大辞典』の項が存置された「帰化人」の項では次のように叙述がなされている。（関晃の述）

なお最近では「帰化人」の語が中国で本来持っていた中華思想的な発想を嫌って「渡来人」という新語を用いられているが、日本に住みついて日本人の一部となった者という意味が含まれなくなるのであまり適切な語とはいえない。

上田先生はこのことについて、新書では十分に展開できていなかったこの用語に関して一九九九年刊行の『著作集』第五巻「東アジアと海上の道」の第一章「海上の交渉の史脈」で十分にその論旨を展開している。つまり単に帰化人という用語を感覚的に拒否しているのではなくて、『古事記』や『風土記』において「渡来」、「参渡来」の用例が圧倒的で、その八年後に編纂された『日本書紀』においてはその用語がほとんど「帰化」などに代えられていることに着目して、その問題点を詳細に論証している。

私にはこのことがとても衝撃的であった。今の時点では驚くにたらぬことかも知れないが、この「帰化」と「渡来」のやりとりは単なる用語の選択の問題ではなく、歴史学はどんな事例であれ、まずは実証に裏付けられた研究が求めていることを改めて知らされたことであった。思えば戦中に津田左右吉の実証に基づく日本古代史上の所論が「皇室の尊厳を冒瀆した」として起訴された事件を想起する。『古事記』『日本書紀』の史料としての限界を明らかにしつつ、そこに述べられている真実を掴み取ることの必要性を津田の著述は明確にし、上田先生が学んだのだ。他にも例はある。韓国や朝鮮で「日本海」の呼称が一方的である、ということの論争が日韓間で論議がおきた時、上田先生はその海域については『出雲国風土記』では「北ツ海」という用例があり、そのような呼び名も実際に用いられていたとし、「日本海」という呼び名が歴史上、絶対無二の用例ではないことを紹介した。

この二つの例をみてもわかるように上田史学は日本の歴史学者でありながら、その史眼は絶えず東アジアの中の日本、という視点が明瞭であったことである。それはとくに中国や韓国・朝鮮側の史料を駆使しなくても、容易に収集、論証できる史料が手元にいくらでも存在するではないか、というわけである。とはいえ、一九九六年からはアジア史学会会長をつとめ国内、中国、韓国・朝鮮、モンゴル、旧ソ連など各地にシンポジウムや調査旅行にも高齢にもかかわらずたびたびでかけられた。とりわけ、中朝の国境地域にある古代の高句麗の「好太王碑」の碑文調査には中・朝の学者とともに長い時間をかけて調査された。国内でも、研究のため、とあれば時間を惜しむことなく各地の史跡や研究機関をたずねる旅をつづけられた。さらに現代の部落差別、在日朝鮮人差別の現場、当事者とのかかわりも大切にされた。それらのすべての行動が上田史学を形作っている背景にあることも私たちは知っておく必要があろう。

もうひとつの視点は、さきの「帰化人」と「渡来人」の問題の建て方についていうならば、古代史において重要な視点の提起である。それは古代において留意しなければならないことは、日本国という国家がある日、突然にできあがったものではなく、また最初から整った法制度のもとに人々が集まり、暮らすことを前提として生きていたのではない、という点である。さまざまな契機から人々はより暮らしやすさを求めて集まり、社会を形成し、国家に包摂されてきたのであり、時には海を越え、または峻険な山嶺をものともせず暮らしといのちのために集まり、あるいは移住をしてきた。時代が古いほど国家に包摂される速度も様式も多様であった。そのような古代社会の成り立ちを考慮しながら民族の移動や形成を考える視点が上田史学にはある。とりわけ地理的にも空間的にも移動が比較的に容易であった東アジアではそのような見方も必要であることも提起している。

朝鮮通信使研究の研究のあゆみ

「朝鮮国通信使之碑」（長崎県対馬市厳原市）。通信使が最初に日本の土を踏んだこの地に建立されている。背景の建物は復元された対馬宗氏の金石城跡。

朝鮮通信使の研究がはじまったのは戦前の時期に端を発する。

一九一〇年の韓国併合により、日本は朝鮮半島の永久支配を目指してその支配のためのさまざまな体制をつくりあげた。朝鮮総督府は天皇の「直隷」のもとにただちにその支配体制を整備した。一九一一年には学務局に編修課をもうけて広範な分野の資料収集をはじめた。そしてその吏僚には日本本土から多くの研究者を赴任させ、歴史の研究でも先史時代から近世にいたるさまざまな資料を京城（現ソウル）に集める作業を開始した。それらの資料の多くは解放後も幸いに散逸をのがれて幾つかの機関に保存されている。現ソウル大学校の圭章閣文庫やその他の大学、研究機関に現存するものがそれらの資料である。国史編纂委員会にある大量の古代以来の資料もそうである。対馬にあった「宗家《そうけ》文書」の一部がそこにあるのも、当時の日本人学者が上司の命により自己の研究の一端に利用しようとして日本から移動させたものとみられる。その史料が朝鮮王朝時代の朝鮮通信使研究がはじめられることになった発端であった。

そのうちの研究者のふたりが同課所属の修史官であった中村栄孝《ひでたか》であり、朝鮮史編修会主任の田保橋潔《たぼはし》であった。前者の研究は解放後、日本本土に帰国してからも継続されて一九六六年に大著『日鮮関係史の研究』上・中・下三巻にまとめて刊行された。後者は英祖国王代以降の『近代日鮮関係の研究』上・下巻でこれも大著であり、幕末から明治初年の日朝関係の推移を知る上での基礎的研究である。いずれも朝鮮に伝承する基本史料をもとにした実証的な研究である。ここに用いられた諸史料は総督府の編集した『朝鮮史』にも用いられ、また総督府の『朝鮮王朝実録』の影印本の刊行にも助けられたが、それらの刊行本の促進をも促したかとも思われる。

そのほか戦前の研究として池内宏『文禄・慶長の役』正編第一があるほか、幣原坦や松田甲などの著もあり、また戦前に刊行された日本各地の県、郡、町村の地域史にも断片的に通信使の記述がみられ、各地でその史料の保存と発掘がそれなりにあったことを物語っている。

しかし国定教科書には通信使は登場せず、僅かに新井白石の項に彼が朝鮮通信使の接待を簡素化した功績のみがあったに過ぎない。従って一般の日本人の多くは通信使を知る術はなかった。

戦後「大日本帝国」の解体とともに日本の歴史学界も大きく変容した。日本国憲法のもとで、基本的人権が保証され、学問研究の自由が確保されたものの、学界の大勢はさきに述べたように、唯物史観の直接的な引写しに終わるか、あるいは研究者の関心は欧米との関係史にひかれる場合が多かった。また明治初期に福沢諭吉がかつて唱導した「脱亜入欧」の再来と言うべき言説と思想が一時流布した。そこへ中国の革命が成功し、またソ連の経済的、軍事的成功が伝えられると人々の関心はさらに実証的な学問研究から離れてしまう傾向にあった。

それらは外的要因であるが、そのような傾向に反比例して、戦中・戦前の日本帝国主義のアジア諸国、とりわけ最近隣の中国や朝鮮に対してきた歴史を正面から直視して問題を建てようとする意識は薄れていった。古代については第一部で触れたように古代の日朝関係の現実を過不足なく直視した研究を上田先生のような人々が着目されたが、中世や近世についての日朝関係への関心はまだまだ薄かった、と言わざるをえない。従って学校教科書にも中・近世の歴史的事実は登場する余地はなかった。登場したとしても、「蒙古襲来」や「豊臣秀吉の朝鮮出兵」という個々の事象のみで、そのような事態を生んだ背景に触れたものはなく、また日本が相手に与えた損害や諸民族の複雑な絡まりを解きほぐすものではなかった。従って、朝鮮通信使の史料探索や調査は手付かず同然であった、といってよい。

しかしごく一部の研究者は地道に通信使のことに関して研究を進めていた。

その例をあげると、中世では田中健夫の膨大な研究がある。日本敗戦後、早くから対外関係の研究に手を染めていた田中は中世の対外関係の全般に目をくばり、若手の学者とも連携して多くの業績をあげた。その編である『前近代の日本と東アジア』(一九九五年・吉川弘文館)に当時発表された諸氏の論考が集められているが、それには関周一、村井章介、高橋公明、紙屋淳之、石井正敏、鈴木信昭、鶴田啓、木村直也など、のちのこの分野の主流をなす多くの人々の名が登場している。そのうちの一人、村井章介氏は、一九八八年に『アジアの中の中世日本』（校倉書房）を刊行して、東アジア地域史の構想、中世外交の多様性と重層性などについて所論を全面展開した。その後も多くの論者によって意欲的な論考が次々と発表されて中世対外関係史はおおいに進歩をとげつつある。

田中健夫はこれらの諸研究の跡を辿りつつ、『対外関係史研究のあゆみ』として江戸時代も視野に入れ、諸研究の総括をした。（二〇〇三年・吉川弘文館）

また室町時代については、宋希璟の『老松堂日本行録』（村井章介校注）や申叔舟『海東諸国紀』（田中健夫訳注）が八〇年代後半から九〇年代にかけて岩波文庫版で公刊されたこともより広い関心を呼び起こすことになったたろう。

江戸時代についての諸論考や研究の進展は別のところでその概略を紹介したが、何といっても通信使研究史上の金字塔は一九八六年刊の三宅英利『近世日朝関係史の研究』（文献出版）である。同書は通信使の使行を①初期形態、②徳川幕藩体制と朝鮮通信使、③幕藩体制安定期の通信使、④新井白石の制度改革と通信使、⑤幕藩体制展開期の通信使、⑥幕藩体制衰退期の通信使、と時期区分をした上で各回の使行を原史料をもとに精密に取り上げて、その個別の特徴を詳述したものである。それは朝鮮側の史料も用いて日本側に対する対応、国書の文言、使行節目と使行の準備、往復の旅路の実際と日本見聞の記録、聘礼儀式の実態、各回の使行の意義を詳細に論じたものである。その時期区分や、各回の日本の政治情勢の分析にはやや平板な点も見受けられるものの、これほど全時代を網羅して詳細に研究した類書はない。長く記念碑的労作として位置づけられるべきものである。

他にもそれぞれの主たる研究の分野に応じて朝鮮通信使の研究が個別にすすめられた。

その例は新井白石の業績にかかわる宮崎道生の諸研究、前述の中村栄孝、泉澄一《ちょういち》、李元植などの研究であり、泉の場合は一九九六年に『雨森芳州の基礎的研究』として、李元植の場合は『朝鮮通信使の研究』（一九九七年）として刊行された。また一般的な書物としては奈良本辰也の『日本の歴史』（中央公論社）の「町人の実力」の一章に「来聘使」として過不足なく紹介されたことが手始めであった、といえよう。（初版一九六六年）

一般向けといえば一九八〇年代はじめころには朝鮮通信使が寄港、または道中宿泊あるいは立ち寄った町などから通信使にかかわる古文書、絵図などがあることを知られ、それを記念して各地で自治体や専門家が中心となって展覧会や講演会、そしてシンポジウムなどが開催された。一九八五年には東京、大津、そしてソウルで大規模な展覧会が開催される。そして一九九五年にはそれらの通信使にゆかりのあった自治体が手を結んで「朝鮮通信使縁地連絡協議会（縁地連）」が結成された。この会はのちにＮＰＯ法人となり、二〇一七年には通信使をユネスコの「世界記憶遺産（世界の記憶）」に登録する運動の母体となった。韓国側では財団法人の釜山文化財団が韓国側の推進母体となり、日韓共同学術委員会を設けてこの推進事業にあたった。そして登録は二〇一七年一〇月に実現した。

ユネスコ世界の記憶登録

ここで「ユネスコ世界の記憶」の登録の経過と登録された朝鮮通信使に関する史料について若干の報告をしておきたい。この登録の条件とは次の様なものに限られる。

まず第一にその史料が人類にとって普遍的な価値を有するもので世界で唯一無二の史料であること。従って、いかに有益であっても、例えば写本や刊行物は審査の対象外である。そしてその保管・保存の体制が確立されていること、そして必要に応じて公開し得るものであること、即ち、所有者または保管者の公開に関する了解がいつでも可能なこと、などである。

そして他の世界遺産と異なり、複数の国家による申請が可能であり、また国家機関に限らず、民間団体もしくは個人による申請も可能であること、審査はユネスコの事務局長が統括している審査委員会での審査に委ねられること、などである。

その審査をパスして現在までに登録されたものの例をいくつかあげると、たとえば『アンネの日記』『マグナカルタ』『フランス革命の人権宣言』『アンデルセンの童話の初版原稿』『ベートベンの交響曲第九番の初めの楽譜』『マルクスの資本論の初版原稿』などである。また現代の史料としては、一九八八年九月にバルト三国の市民が旧ソ連からの独立を求めて二〇〇万の市民が六〇〇キロメートルにわたって作った「人間の鎖」の記録などで、この独立運動そのものは一九九一年九月にその目的を達成することができた。

日本では福岡県田川市の炭鉱作家・山本作兵衛の一連の絵画を手はじめに、藤原道長の『御堂《みどう》関白記』『東寺百合文書《ひゃくごう》』『慶長遣欧少年使節の記録』、京都府舞鶴市の舞鶴引揚記念館の『舞鶴への生還 一九四五―一九六五 シベリア抑留日本人の本国への引き揚げの記録』等の諸史料が申請していずれも審査をパスして登録されている。

朝鮮通信使の記録は先述のように日韓の民間の両団体が申請母体となって作業を開始したのだが、二〇一二年には先のバルト三国の申請団体の代表を釜山に招請して手順や留意点を聴取することから始まった。そして一方では縁地連加盟の自治体や諸団体に呼びかけて費用分担と協力を仰ぎつつ、日韓合同学術委員会を計一一回開催して申請史料の選定作業を急いだ。

この間、委員による史料の現地調査や鑑定作業を平行しつつ協議を重ねたが、まず委員会の総意としては、既に国の重要文化財、あるいは自治体の指定文化財として登録されている史料を優先してリストアップし、次いで今後近いうちに登録が見込まれる史料や各地の公益法人の運営になる博物館、資料館などによって史料の保管体制が確保されている史料を申請史料として取り上げた。選定の過程では日本側の推薦史料のいくつかに対して韓国側の委員から異議が申し立てられたものもあった。その異議は主として壬辰倭乱時の侵略当時者の評価に関するものであり、その結果、韓国側の要望を受け入れることで決着した史料もあった。他方では韓国では朝鮮通信使に関する研究が日本の植民地支配の時期には研究の自由もなく、解放後も研究者の関心は日帝時代に目が向かい、また通信使の史料の存否を調査する余裕もなかったことから、申請作業が少々立ち遅れていたこともあった。また通信使自体の評価、つまり約二〇〇年にわたって当時の日朝関係を

	日本	韓国	合計
①外交の記録	3件　19点	2件　32点	5件　51点
②旅程の記録	27件　69点	38件　67点	65件　136点
③文化交流の記録	18件　121点	23件　25点	43件　146点
合計	48件　209点	63件　124点	111件　333点

安定させただけでなく、東アジアの平和に大きく寄与したことの評価をめぐっても日韓の委員間で見解の差異も見られることもあった。

しかし最終的には一致した見解として統一した文書で申請書を作成することができ、二〇一七年三月三一日の申請書完成にこぎつけることができた。そして翌年の秋に登録が認定されたのであるが、この時、奇しくも江戸時代中期に通信使とかかわった人物が関与した群馬県の「上野《こうずけ》三碑」が同じく登録認定となった。

この登録に搭載された史料は、①外交の記録、②旅程の記録、③文化交流の記録の三分野に分類した。そして日韓双方が提出し、認められた史料の数は、前頁の表の通りである。

なお、これらの数字は件数、点数とも両国に現存する史料の概数を意味するものではない。第一に先に述べた申請の条件に見合い、また学術委員会で日韓委員の合意に達したものの件数であり、点数である。これ以外に優れた価値を持つ史料も少なからず存在しており、未発掘の史料も存在する。そして残念なことの一つには「宗家文書」については、朝鮮通信使の研究には不可欠の基本史料であることから、それを欠いたリストアップはこの登録の意義を薄めるものではないか、というもっともな意見が日本側委員の中からもあった。しかしいくつかの宗家関係資料の目録も刊行されているとはいえ、宗家文書の全容をかぎられた時間内で精査することは不可能であることから、宗家文書を「世界の記憶」に搭載する意義は十分に認めるものの、宗家文書の申請は別の機会に譲る、とすることで委員全体の意見の一致をみた。

またもうひとつの問題は委員が現物の実地調査をしたり、すでに指定文化財として登録されている物件でも所蔵機関や所蔵者の了解が得られず、本登録に含められない史料がいくつか生じてしまったことである。従って、本登録は朝鮮通信使の史料の全体数でもなく、上記の条件にこの時点で両者の評価が合致した史料のリストであることを付記しておきたい。

さて、雨森芳洲と上田史学との関わりは、どのようにして始まったのか。そのことに触れる前には現在、滋賀県長浜市高月町《たかつきちょう》にある芳洲の関係史料の伝世に触れる必要があろう。

芳洲は対馬にて八七歳で没した。当時としてはかなりの長命だった。対馬藩致仕後も筆墨とは縁の切れなかった芳洲は最晩年までさまざまな著述や和歌の詠草を続けていた。そして、彼の生涯のほとんどは対馬に居住していた。したがって遺著・遺墨類も、彼の嫡孫であった連《むらじ》や他家の養子となっていた他の子孫に伝えられていた。明治維新後、東京へ移った子孫の場合は、芳洲が遺した資料の多くも散逸することなく伝えられていた。そして一九二〇年代に入ると、各地で郷土の先覚者の顕彰運動が起こったとき、当時の伊香《いか》郡北《きた》富永村《とみながむら》の北富永小学校の校長だった藤田仁平が芳洲の顕彰を思い立った。それと同時に芳洲の残した関係資料を芳洲の先祖の地である近江の地に集めて、地元の人々に周知させ、故郷の愛着と誇りを持たせようと考えてその運動が始まった。幸い、その運動は大方の賛同を得て、一九二四年に芳洲は「従四位」を追贈された。そして芳洲の関係資料は幸いにも散逸することなく一九二四年に地元に設立された芳洲会が一括して管理することとなった。

そして第二次大戦後には旧高月町の有形文化財とされた。そして一九八四年に開館した「観音の里高月町歴史民俗資料館」に移されて一括保管されている。この芳洲関係資料は一九九六年には国の重要文化財（歴史資料）に一括指定されて現在に至っている。

またこのようにして芳洲関係資料が滋賀県教育委員会の手で一九九一年より、専門家の手によって三年間の調査が行われて一九九四年に報告書が刊行された。

この間、平行して対馬藩と雨森芳洲の研究に精力を注いでいた先述の泉澄一『対馬藩藩儒・雨森芳洲の研究』が一九九四年に刊行された。同じく『対馬藩の研究』とともに芳洲研究の先駆的業績として記憶されねばならない。

上田先生と雨森芳洲との出会い

上田史学と雨森芳洲との出会いはよく知られていることかも知れないが、次のような偶然ともいえる出来事があった。

一九六八年の出来事である。京都大学人文科学研究所の桑原武夫所長から新井白石のことを調査するようにとの依頼を受けて上田先生は白石と交流のあった雨森芳洲ゆかりの地を尋ねることを思いつき、当時の高月町の雨森芳洲の「芳洲庵」をたずねることになった。

まだ「東アジア交流ハウス」が存在しなかった時期である。芳洲の先祖の地と伝えるその高月町の雨森の

「誠信交隣之碑―雨森芳洲先生顕彰碑」（長崎県対馬市厳原町）。
芳洲は、この地で 1755 年に 87 歳の生涯を閉じた。
墓は同市にある。

集落には小さな土蔵があり、その横には古びた木造の保育園があった。対馬や東京の遺族から託された芳洲の資料類はその土蔵に保管されていた。地元の人の案内でほどなく『交隣提醒』の原本を発見された上田先生の驚きは大きかった。そこから上田史学の「史脈」のもう一つの流れが始まったのである。この大切な資料群をこのまま放置しておくわけにはいかない。そこで上田先生はそのころ滋賀県知事であった武村正義さんに資料館の建設とそこが市民との交流の場になるように提言した。

知事は即座にその提言を考慮に入れ数千万円の県費を投じて現在の「東アジア交流ハウス」が完成し、大切な芳洲の資料はＪＲ駅にほど近い「観音の里高月町歴史民俗資料館」に安住の地を得たのである。このことを武村元知事は現在も明瞭に記憶している。資料館と交流ハウスの完成は一九八四年のことであった。

芳洲をめぐっては次のような出来事もあった。一九九〇年に当時の韓国の盧泰愚《ノテウ》大統領が訪日したとき、宮中晩餐会で彼は芳洲の事跡にふれた。しかしその時に列席していた日本人はほとんど芳洲の名を知らなかった。上垣外憲一《かみがいとけんいち》氏の『雨森芳洲』（岩波新書）が世に出たのが一九八九年であったから当然ともいえる結果だったかも知れない。地元ですら朝鮮通信使のことは知られていなかった。地元でもわずかに一部の集落で通信使のための年貢負担の記録の文書が伝えられているに過ぎず、また芳洲会の人々による勉強会が続けられている程度であった。しかし朝鮮通信使縁地連絡協議会が対馬を中心に結成されて毎年、関連自治体に参加を呼びかけて旧高月町も加盟した。そして旧高月町はそれに積極的に参加するだけでなく、副理事長役を継続して勤め、大会を数度、高月町で開催している。

なお芳洲会は滋賀県長浜市に所在して地元の人々によって継続した研究活動が現在も続けられているが、対馬にももう一つの芳洲会があって、対馬の芳洲に関心を寄せている地元の人々の研究会が活動している。また二〇一五年に「朝鮮通信使地域史研究会」が西日本の研究者を中心に組織されて、毎年の縁地連大会での定例研究会の開催のほか、現在までに「研究紀要」を二号まで発行している。これらの活動に関しても上田先生は顧問を引き受けて時宜に応じて適切な助言をいただいた。また二〇一七年の通信使のユネスコ世界の記憶登録についても日本側の学術委員会の顧問も引き受けていただいた。

上田先生がこのように朝鮮通信使の事跡の顕彰や市民に対する啓発、啓蒙活動に積極的に参加されるようになったのは、京都にある高麗美術館に理事(後に館長に就任)として参画されてからのことである。いやそれ以前の同館設立と「日本の中の朝鮮文化」を知る会の活動と機関誌への積極的な参加にさかのぼることができる。同会はこの美術館初代の理事長だった在日朝鮮人の鄭詔文との出会いから始まり、金達寿、司馬遼太郎などとの交流がそもそもの機縁であった。そして館設立後は「市民に開かれた美術館」をめざして公開講座を館外で開催、その記録は一九五五年に刊行された。

また二〇〇一年には京都新聞社創立百周年記念行事として京都文化博物館で「こころの交流―朝鮮通信使展」が大々的に開催された。この発案も上田先生である。このようにして朝鮮通信使はすこしずつ市民の間に知られるようになった。また一方では在日の文化人が積極的に通信使の研究を進めて『季刊三千里』『青丘』などに論文を掲載、また若い研究者の論文などの発表の場として紹介されたこともう一つの契機となった。さらにその一人であった辛基秀企画の映画『江戸時代の朝鮮通信使』の完成と各地での上演運動の成功である。そのころ他方では通信使の行列絵巻の発見が相次ぎ、マスコミの紙面を賑わした。この映画は一九七九年に最初の上映会が開催されて大きな話題をよんだが、この映画の主人公は全長一二〇メートルにおよぶ絵巻で、これは先述の高麗美術館の鄭詔文が入手していたものである。

これら在日の在野の研究者たちの通信使研究や資料紹介の動機に共通しているものが一つある。それは戦後の日本において、在日の人々が法的に無権利状態におかれ、また日本人からの差別と蔑視にさらされる中で在日の子どもたちが日本社会で生き抜く勇気を獲得してゆくためには、彼・彼女たちに過去に日本と朝鮮が友好の時代を形成していた時が存在していたことを知ること、現代の日本でもそれが可能であることを教示し、また日本人にも積極的に知らせる必要を痛感したからであった。辛基秀、李進熙《りじんひ(イジンヒ)》、姜在彦《カンジェオン》らの手によって書かれた通信使関連の著作や紹介のための数々の論考はその点でも注目すべきものがあった。

また数年の準備期間をへて、一九九四年から刊行されて四年後に完結した『善隣と友好の記録・大系朝鮮通信使』全八巻は通信使の来日年次ごとの絵画資料や遺墨の写真資料と図版の紹介（辛基秀）、各年次の主たる「使行録」の掲載とその解題と旅程そしてそれらの解説（仲尾宏）、主要遺墨の解説（李元植）を網羅した大作であった（明石書店刊）。このうち使行録とその解題の部分は、後に再編集・増補されて『徳川幕府と朝鮮通信使』と題して明石書店から刊行された（一九九七年）。また李元植の大著『朝鮮通信使の研究』が刊行されたのも同じく一九九七年のことであった。また平凡社の東洋文庫からは申維翰『海游録』（姜在彦訳）が一九七六年に刊行されたが、この書中には通信使の江戸往復に随行した雨森芳洲の実像がいきいきと描かれている。そのほか他の年次の江戸紀行では金仁謙の『日東壮遊歌』が一九九九年にいずれも翻訳、刊行されて一般読者にも通信使の肉声を身近に感じ取られるようになった。また芳洲の主著といってよい『交隣提醒』が田代和生《かずい》の校注により同じく平凡社東洋文庫より二〇一四年に刊行されたことは芳洲の思考と生涯をたどる上で格段の便宜を提供してくれている。

ここで雨森芳洲に絞って入手が容易な書を挙げておくと、対馬の郷土史家・永留久恵《ながとめひさえ》『雨森芳洲』が一九九九年に、東アジア交流ハウスの平井俊彦氏が二〇〇四年に同名の書を刊行している。また信原修氏は長年芳洲とほぼ同年代で、朝鮮王朝側の外交官吏である「訓導」として、対馬藩の「裁判」（全権公使役）として困難な交渉にあたった玄徳潤との交流を主テーマとした『雨森芳洲と玄徳潤』（二〇〇八年刊）はあらたな視点からの芳洲論として注目されるべきものである。

さて、上田先生の晩年の著作となった『雨森芳洲』は、著者がはやくから公刊の意図がありながら、多用のために延び延びとなっていたものをミネルヴァ書房より「日本評伝シリーズ」の一環として公刊したいとの要望を受けて取り組まれたもので、二〇一一年に陽の目をみたものである。上田先生はこの著のなかで芳洲は江戸時代の対馬藩にあってすぐれた藩儒であったとどまらず「朱子学、歴史学、言語学、思想家、外交家、文学者という言葉で表現してもはみだすほどの全人であったと評価する。そして『誠信の外交』『善隣友好』とは何か。そのあるべき姿を、今の世に改めて問いただす巨峰である」と位置づけてその論を展開している。以下、その要点に触れながら要旨をを紹介する。

まず第一にとりあげられていることは先に述べた『交隣提醒』との感動的な出会いである。そして日本と朝鮮との「嗜好風義のちがい」を知ること、すなわち日本のそれを以て朝鮮人のことをはかっては「必ず了簡違《りょうけんちが》」いになることをいましめている。そのことは後に詳しく述べる。

朝鮮国王より追贈された三具足。
日光東照宮の徳川家康廟（栃木県日光市）。

ついで秀吉の壬辰倭乱について、京都の鼻塚のことを引き合いにとりあげて「豊臣家無名の師《いくさ》を起し、両国無数之人を殺害せられたる事に候へハ、其暴悪を重ねて申し出す事に候」と指摘していることである。すなわち、あの倭乱は何の名分も意味もない侵略であって、兵士だけでなく、両国の無数の「人民」に耐えがたい犠牲を強いたものでしかないことを喝破している。

第三には、本書の副題にも取り上げているように、日朝の交わりは「互いに欺かず争わず真実を以て交り候を誠信とは申し候」と述べたことを最大の着目点とする、という見解である。これには少しの説明を要する。「誠信の交わり」という用語は芳洲の発案したものではない。「倭乱」のあと、日朝両国が復交の際に交わした両国の国書や朝鮮側の関係部署である礼曹と日本側の執政、すなわち老中との間で交わした文書の中でしばしば用いられた用語であった。芳洲はそのことを熟知していて「人々申す事に候へども、多くはその字義を分明に不仕事《つかえざる》これあり候」として、外交の現場ではかならずしも実態がそうではなかったと指摘する。従って改めて人々にその大切さを強調しているのであった。

芳洲が第一に強調している点は今日の用語では、「多文化共生」の大切さであろう。『交隣提醒』の中で芳洲は様々な例をあげてそのことを強調している。朝鮮と交わるには相手の国情、制度、立場をよく知った上で交わることは勿論、人々の風俗、社会の制度やものの感じ方にも理解をする必要があることを繰返し述べている。

本書の中で強調されているもう一つの点は「朝鮮通信使の時代」の項において、江戸時代は「鎖国」の時代ではなかったこと、そして通信使の一二度の往来を通じて、朝鮮の主要な外交官や文人と幕閣や藩の要路の人との交流だけでなく、沿路の各地で民衆が異国人の行列を見物したり、通信使関係の用務に動員されたことも含めて異文化にふれたことである、とする。

とくにそれは通信使往来の後半から、とするが、江戸時代の前半は一般的にも現存する資料が後半に比して少ないためにそのような見方が生じたものとも思われる。

「鎖国」については荒野《あらの》泰典などがすでに『近世日本と東アジア』（一九八八年）などで展開してきた所論

であり、江戸時代は日本的な「華夷秩序」が形成されていた、という論点を含めて、今後さらに考究すべき課題である。具体的な課題としては、江戸時代の対外関係をいわゆる「四つの窓口」の相互依存関係と近世日本の全国的商品流通の問題、明治以後の歴史学における「脱亜入欧」史観のよってきたる思想のありか、などがこれからの課題の一つであろう。

最後に雨森芳洲についていえば、彼の対馬藩における貴重な仕事のなかで見ておく必要のあることは、彼は藩内で藩主の近くで用務をこなしていたが、決して儒学者としての倫理感のみで朝鮮をみていなかったことである。一つの例をあげると、彼の晩年の一七五三（宝暦三）年に藩主に宛てた書簡に「通信使ヲ停止ニ被成度被思召候」という文書がある。（高月町観音の里歴史民俗資料館蔵）その要旨をかいつまんで紹介すると大要は、次のようである。

対馬藩は朝鮮貿易が順調であった元禄年間を境にして藩の財政は「さざえの袋」のように尻すぼみとなり、一八世紀に入ってからは、そのつど通信使を迎えるための費用も幕府から借財してきた。

今ではその返済のメドもなく、このままでは将来の見通しもたたないので通信使の迎接業務を中止したら如何、という指摘である。しかし公儀（幕府）に対しては朝鮮との「御隣好」はハッキリと相立てた上で、江戸まで罷りこすことはやめるべきであるとする。但し此の件は公儀から意見を求められた時に申し立てればよいので、対馬から先に言うべきではない、というものである。芳洲は、この後まもなくこの世を去るが、通信使の江戸での聘礼はこの後一度で止み、一八一一（文化八）年の対馬易地聘礼となった。芳洲の対朝鮮観は単なる理念的感覚からのものではなく、当時の対馬や近世日本のおかれた国内、国際的立場をも見通した上での所論であった。

雨森芳洲に関する上田先生の所論はその本来の研究分野とは異なるものの、歴史研究者として必ず弁えていなければならない対象に対する敬意とその時代に対する視野、そして史料に対する冷厳で、かつ史料の持つ意義に対しての評価法を弁えた点で他の同時代に関する研究者に勝るとも劣らない歴史眼の持ち主であった。

それとともに強調しておかなければならないことは、それぞれの時代の民衆に対する敬愛の念の持ち主であったこと。それがもう一つの上田史学の輝きであった。

古代の宗像から学ぶ

西谷　正

はじめに

去る二〇〇七(平成一九)年一二月二日に、九州国立博物館において開催された国際会議は、上田正昭先生が会長であられたアジア史学会の全面的な協力のもとで進められた。その契機は、福岡県教育委員会(後、福岡県)・宗像市・福津市が中心となって進めていた、「『宗像・沖ノ島と関連遺産群』を世界遺産に!!」という登録推進運動の一環として行われた。そこで統一テーマは、「東アジアの交流―東アジア史から見た宗像・沖ノ島と津屋崎古墳群の世界的意義―」が掲げられた。その際、上田先生は、基調講演で「宗像三女神と沖ノ島祭祀遺跡」を取り上げられ、胸形三女神信仰の特質を記紀をはじめとする種々の文献史料と、沖ノ島祭祀遺跡という考古資料の両面から解明しようとされた。そのような上田先生の宗像論を後進として受け継ぎ、さらに発展させねばならないと思う。

「神宿る島」宗像・沖ノ島と関連遺産群

このタイトルが、二〇一七年七月の世界文化遺産登録時の正式名称であるが、ここでまず、その概要を略述しておく。

■沖ノ島の古代祭祀遺跡

九州本土から北に約六〇㎞の玄界灘の真只中に浮かぶ絶海の孤島・沖ノ島に古代の祭祀遺跡はある。この遺跡に対する学術的で本格的な発掘調査は、戦後の昭和二九（一九五四）年から昭和四六年までの間に、宗像神社（昭和五二年に宗像大社と改称）復興期成会が主管し、九州考古学界が挙げて取り組んだ画期的な事業であった。その結果、のちの平成二八年に世界文化遺産候補として現地調査に当たったユネスコの諮問機関・イコモス（国際記念物遺跡会議）の調査官をして、「古代祭祀の考古記録を保存する類い希な宝庫」と絶賛させるほどの、きわめて重要な成果をもたらした。

出土遺物で、国宝に指定されている約八万点の神々への奉献品を見ると、祭祀は四世紀後半の古墳時代前期後半から、九世紀末の平安時代前期までの約五〇〇年間にわたって齋行されたことが分かる。その祭祀は、標高二四三・六ｍの一ノ岳山頂の西南斜面で、標高八〇～九〇ｍ付近のやや平坦なところに堆積した巨岩群付近を祭場として執り行われた。祭場は岩上から岩陰、半岩陰・半露天を経て露天へと、四段階の変遷をたどることが確かめられ、周知の事実としてよく知られるところである。このように、祭場が変遷した理由については、私見ではあるが、沖ノ島の巨岩群付近での祭祀への参列者もしくは参拝者が、霊験あらたかなゆえに時とともに増加したことに伴って、より広い空間を求めて祭場を移したと考えたい。

四段階を経て変遷した祭場において、神々に捧げられた奉献品は、折々の時代性を反映した文物である。その代表的なものをごく一部挙げると、青銅製鏡、金製指輪、金銅製の馬具・龍頭やミニチュアの紡織具、唐・奈良三彩陶器など、新羅・唐からの舶来品を含む、当時としては質量ともに一級もしくは超一級の豪華な文物である。それに加えて、神功皇后の征新羅の役に際しての宗像大神による神助（『日本三代実録』貞観一二年（八七〇）二月一五日の条)、かと思えば新羅を征討しようとする倭王を、宗像神が誡めて中止せしめたこと(『日本書紀』雄略天皇九年三月の条)や、第一七次遣唐使の往還の間、宗像社の度僧に平穏を祈らせたこと(『続日本後紀』承和五(八三八)年の条)などの伝承、あるいは記事から見ても、沖ノ島における祭祀はヤマト王権や律令国家が齋行した国家的祭祀であり、北東アジアにおける国際関係の歴史が大きく係わっていることが浮かび上がって来るといえよう。

すなわち、朝鮮半島南部では、四世紀後半から五世紀初めにかけてのころ、ヤマト王権は新羅へ進出する一方、高句麗の南進に伴い百済が危機を迎えると、ヤマト王権が百済を支援するという緊張状態が生じた。続く五世紀前半には、讃(四二一年)に始まり、五世紀後半の武つまり雄略大王(四七八年)まで、いわゆる「倭の五王」が中国大陸の南朝・宋への使節を派遣して、後ろ盾を得ようとした。やがて六世紀末から七世紀初のころ、中国で隋・唐が、また七世紀後半に朝鮮で新羅という統一国家がそれぞれ誕生すると、日本列島の倭は、遣隋使・遣唐使や遣新羅使を派遣して、大陸・半島の先進的な技術・文化の受容に努め、律令国家の形成を成し遂げた。その間に沖ノ島で齋行された祭祀は、航海の安全のみならず、外交交渉の成就や、時には戦勝を祈願したことなどもあったであろう。

■宗像大社　沖津宮《おきつぐう》・中津宮《なかつぐう》・辺津宮《へつぐう》

沖ノ島の巨石群周辺において、巨石群を神々が降臨する依り代と見立てて齋行された自然崇拝による祭祀は、『古事記』『日本書紀』の記載内容から推して、八世紀初めまでに、いわゆる宗像三女神を祭る三宮における信仰、祭祀へと変遷した。つまり、天照大神と素戔嗚尊との間で交わされた誓約《うけい》を通して、田心姫神《たごりひめのかみ》・湍津《たぎつ》神《かみ》・市杵島姫神《いちきしまひめのかみ》の三女神が誕生し、それぞれ沖ノ島の沖津宮・大島の中津宮・田島の辺津宮に祭られた。この三女神の信仰の成立は、沖ノ島における露天祭祀の段階であるが、露天祭祀は沖ノ島だけではなく、同時期に大島と田島でも執り行われたことが、大島の御嶽山《みたけさん》遺跡の発掘と田島の下高宮での遺物採集から判明している。これらの三ヶ所における共通した奉献品は、露天祭祀と相関しながら三宮が成立していったことを思わせる。つまり、自然崇拝から社殿祭祀に至る信仰形態の変遷を見ることができるのである。

■新原《しんばる》・奴山《ぬやま》古墳群

律令時代の宗像郡とほぼ重なる宗像地域は、現在、宗像市と福津市に分かれている。ここには、ヤマト王権あるいは古墳時代の墳墓が二八〇〇基以上知られる。その中には、宗像地域の首長墓系列に位置づけられ、ごく初期の古墳として、宗像市の徳重本村《とくしげほんそん》2号墳があり、また、沖ノ島での祭祀が始まる四世紀後半のものに、同じく宗像市の東郷《とうごう》高塚古墳がある。これらは釣川《つりかわ》上・中流域に立地するが、続く五〜六世紀には、沿岸部に当たる福津市の津屋崎古墳群に分布の中心が移り、七世紀前半から中頃にかけて築造された、同じく福津市の宮地嶽《みやじだけ》古墳や手光波切不動《てびかなみきりふどう》古墳をもって終焉を迎える。

これらの古墳群は、『古事記』に胸形君、『日本書紀』に胸肩君として、それぞれ登場する宗像地域の有力豪族もしくは首長層の築造によることはいうまでもない。その胸形（胸肩）君が沖ノ島における祭祀を直接に司祭したことも、記紀が伝えるところであり、また、疑う余地がないところである。ちなみに、沖ノ島での祭祀に奉献された銅鏡・土器などと共通する文物が、福津市の勝浦峯ノ畑《かつうらみねのはた》や手光不動など、いくつかの古墳に副葬されていて、両者の密接な関連性が認められる。言い換えると、祭祀を司祭した胸形君の存在を裏付けるものが古墳群である。そのうち、航海技術に長け、玄界灘を熟知した胸形君、その墓域として海辺に立地し、目の前に大島をはじめとして生前の活躍の舞台である海域を見下ろせるところに築かれた、福津市の新原・奴山古墳群を代表的かつ典型的なものとして位置づけた。

このように、沖ノ島における古代祭祀の遺跡を中核として、一方では神社への発展性と、他方では祭祀を直接担った胸形君の古墳群の存在は、全体として、一つの文化を形成するものである。

宗像社の起源

上述の通り、沖ノ島における祭祀の最終段階に当たる八〜九世紀のいわゆる露天祭祀は、それまでの沖ノ島だけではなく、新たに大島と本土部の田島でも行われた。つまり、この段階では、三ヶ所で露天祭祀が斎行されたのである。一方、『古事記』と『日本書紀』には、それぞれ胸形之奥津宮・中津宮・邊津宮と、遠瀛《おきつみや》・中瀛・海濱《へつみや》と記載されている。そこで、三ヶ所の露天祭祀と三宮の関係を検討する中で、沖ノ島における自然崇拝から小祠の誕生へという、信仰もしくは祭祀の実像と社殿の成立の問題を取り上げる。

露天祭祀の実像　沖ノ島における祭祀形態の特徴は、いうまでもなく巨岩群周辺を祭場としている点にある。このことはつまり、巨岩を磐座《いわくら》として、そこに神々が降臨されると考え、その神々に祈りを捧げるという、いわば自然崇拝の形態をとっている。

それに対して、前述の三宮の成立は、天照大神と素戔嗚尊との間で交わされた誓約《うけい》の結果、田心姫神・湍津姫神・市杵島姫神という三女神に象徴される人格神が誕生したことと密接な関係にあるように思われる。そして、三宮の宮という以上は、何らかの建造物たとえば小祠を意味すると考える。この点についてはすでに、『古事記』に宮號がみえてゐるのは、同書の編纂された奈良時代初期には『宮』と呼ばれるにふさはしい神祠があったであろうことを推察せしめる」という指摘がなされている。[1]

ここで、宗像神社沖津宮に関する社記、つまり寛政六（一七九四）年に黒田藩の警備役として沖ノ島に渡った国学者・青柳種信《あおやぎたねのぶ》の『防人日記』[2]の中に、『風土記』逸文に当たる筑前国宗像郡の記述がある点が参考になる。すなわち、「西海道風土記に曰はく、宗像の大神、天降《あまくだ》りまして埼門山《さきとやま》に居給ひし時、青蕤《あおに》の玉〈一本に八尺蕤紫玉とあり。〉を奥津宮《おきつみや》の表《かたち》に置き、八尺瓊《やさかに》の紫の玉を中津宮《なかつみや》の表《かたち》に置き、八咫《やた》の鏡を邊津宮《へつみや》の表《かたち》に置きて、この三《み》つの表《かたち》を神體《かみ》の形《みかたち》と成して三《み》つの宮に納め、すなはち納隠《かく》り給ひき。因りて、身形《みなかた》の郡といふ。後の人改めて宗像といひき。」[3]と見える。この記事からは、奥津宮・中津宮・邊津宮のご神体がそれぞれ青蕤玉・八尺瓊紫玉・八咫鏡であったことを意味しよう。そして、それら三つのご神体を納める三宮、言い換えると三つの小祠が誕生していたことを示すと考える。この点についても、すでに「これらの神體を奉安するに足る社殿（或は寳殿）が、構造の大小は別としても、恐らくは奈良時代、否それ以前において存したであらうことは推測するに難くない[2]」という指摘がある。ここで小祠というのは、現在、沖ノ島の沖津宮拝殿の南に一〇m付近の地点に建ち、天照大神を祠る末社のような小規模な建造物を具体的にはイメージしている。

そこで、沖ノ島における露天祭祀の1号遺跡を見ると、祭場の中心部と見られる3―C調査区から2―C区にかけて大石が存在し、そこに続く3―B、2―D、2―E区では葺石状の角礫を敷き、やや大形の石を並べて区画が形づくられている。そのことから、斜面の低い側では葺石して祭壇の輪郭を形づくっていたと考えられるにいたった[4]。これらの大石や敷石などを遺構と考え、祭壇と解釈することは一つの考え方である。しかし、筆者はそれらの遺構に、むしろ小祠の基壇の可能性を考えたいのである。

社殿の成立。いま述べたような小祠が、どのようにして現在に見るような社殿の成立へと発展するのであろうか。宗像大社における現存最古の社殿建築は、中津宮のそれで、室町時代末期の永禄九（一五六六）年にさかのぼるともいわれる一方、建築史的には裏付けが取れない[5]。現状で確実にいえるのは、辺津宮の本殿で、天正六（一五七八）年の建造になる。ちなみに、九州最古の例は、太宰府天満宮末社の志賀社《しかしゃ》であり、志加大明神と綿津見《わたつみ》三柱神《みはしらのかみ》を祀るが、室町時代中期の長禄二（一四五八）年の建造である。

一方、文献史料で見ると、まず、『令集解《りょうのしゅうげ》』所引の養老七（七二三）年一一月一六日の太政官の処分によると、宗像郡が神郡つまり宗像一郡が宗像社の神戸《かんべ》となっている。このことから、社殿の構造はかなり具備していたと推測される[2]。ついで、『宗像社造営代々流記』は宝亀七（七七六）年に、「廃所社」つまり既存の社《やしろ》が荒廃したので新たに改築されたと記す。『宗像社造営代々流記』はまた、天仁二（一一〇九）年の社殿焼失を記すが、平安時代末期の元永二（一一一九）年に宮司によって社殿が造営されたという。『中右記』はまた、長承二（一一三三）年五月二八日の条に見える長承元年九月二一日の社殿の再度の炎上を伝える。[6]

　このように見て来ると、まず、八世紀前半に社殿が成立していた可能性がある。ところが一方、一二世紀初に社殿は焼失している。それまでの四〇〇年近い間には、老朽化に伴う改築、台風などの自然災害や、記録には残っていない火災などによる被災なども想定されるが、史（資）料的には知る術がない。

　ここで、社殿一般の成立に関して、文献史料を広く渉猟すると、古くは『日本書紀』の欽明天皇一六（五五五）年二月の条に、「神の宮《みや》を修《つくろ》ひ埋《おさ》めて、神の霊《みたま》を祭《まつ》り奉《たてまつ》らば、國昌盛《くにさか》えぬべし。[7]」とある神の宮つまり社殿の修理に関する記事がある。ついで、同じく『日本書紀』の斉明天皇五（六五九）年の条に、「出雲《いずも》の国造《くにのみやつこ》〈名を闕《もら》せり。〉に命《おほ》せて、神《かみ》の宮を修厳《つくりよそ》はしむ。」と見える。この神の宮について、かつて出雲郡の杵築《きづき》大社（出雲大社）とされたが、すぐ次に於友郡《おうのこおり》があるので、その後、意宇《おう》郡の熊野大社に当てられている。さらに、『日本書紀』天武天皇の条では、神社に関する記事が少なからず散見できる。まず、天武天皇三（六七四）年八月三日の条の石上《いそのかみ》神宮、同一〇月九日の条の伊勢神宮、六年五月二八日の条の天社地社、一〇（六八一）年正月一九日の条の「畿内及《うちつくにおよ》び諸国《くにぐに》に詔《みことのり》して、天社地社《あまつやしろくにつやしろ》の神の宮を修理《をさめつく》らしむ。[7]」の記事、そして、一三（六八四）年一〇月一四日の条に見られる、「人定《ゐのとき》に逮《いた》りて、大《おほ》きに地震《なゐふ》る。……諸国《くにぐに》の郡《こおり》の官舎《つかさやかず》及《およ》び百姓《おほみたから》の倉屋《くら》、寺塔《てら》神社《やしろ》、破壊《やぶ》れし類《たぐひ》、勝《あげ》て数《かぞ》ふべからず。[7]」の記事は、七世紀後半に入ると、社殿がかなり定着していたことをうかがわせる。そして、八世紀に入ると、たとえば『肥前国風土記』[3]では、「『この土地《くに》に神あり、甚《いた》く御鎧《みよろひ》を願《ほ》りせり』と申しき。天皇《すめらみこと》、宣り給ひしく、『實然《まことさ》る事あらば、神の社に納め奉らむ。』因りて永世《ながよ》の社《やしろ》と號《なづ》く。後の人、改めて長岡《ながをか》の社《やしろ》といふ。」とか、姫社《ひめこそ》の郷《さと》に関連して、「ここに亦織姫《おりひめ》の神《かみ》もやがて社を立てて祭りき。」と見えるように、社殿の存在を物語るといえよう。

その他、大分県宇佐市の宇佐神宮は御許山《おもとさん》における自然崇拝を起源とする。それが、和銅五（七一二）年の鷹居社《たかいしゃ》や、霊亀二（七一六）年の小山田社《おやまだしゃ》への遷座に際し、それぞれ社殿が建てられている。そして、神亀二（七二五）年に現在の亀山の地に宇佐神宮が造営されたのである。

ところで、現存する最古の社殿は、京都府宇治市にある宇治上《うじがみ》神社の本殿の中央内殿で、平安時代後期にさかのぼる。建造年代に関しては、古くは延喜元（九〇一）年の醍醐天皇創建説がある一方、新しくは治暦三（一〇六七）年に後冷泉天皇行幸時における離宮明神への神位伝承などが参考となる。最近では、建築部材に対する年輪年代測定が行われ、一〇六〇年頃という結果が出ている。

以上のように、文献史料と現存建築から社殿の成立の問題に接近してみたが、ここで考古資料から検討を加えることにしたい。

祭祀に関わる建造物は、早く弥生時代にさかのぼる可能性がある。たとえば、鳥取県米子市の稲吉角田《いなよしすみた》遺跡出土の弥生土器には、舟・建物・木や鹿などが描かれている。その様子はあたかも絵物語のようであり、祭場の風景[8]のようでもある。絵画のうち、棟を高く上げた二棟の建物は、神宿る神殿もしくは祭殿に当たるのかもしれない。そして、穀霊や祖霊などの神々の依り代とも考えられる木偶や土偶・石偶も知られる。そこで、このような偶像が、神殿・祭殿などに信仰の対象として、言い換えれば、ご神体として祭られていたと考えるのは、想像が過ぎるであろうか。

八世紀に入った律令時代以後の社殿の起源に当たる遺構は、古墳時代にさかのぼって少なからず認められる。鳥取県の長瀬高浜《ながせたかはま》遺跡(8)の場合、四世紀後半頃に当たるが、深さ六〇㎝ほどの方形竪穴の中に、直径五〇㎝の主柱四本が五m間隔で立っている。南側には階段を支えた柱穴も見られる。外側の前方後方形の溝の中にも小さな穴が狭い間隔で立ち並ぶのは、玉垣のような柵(8)の遺構と思われる。さらにさかのぼって、四世紀前半頃の遺構は、奈良県御所《ごせ》市の秋津《あきつ》遺跡でも最近になって知られるようになった。ここでは、独立棟持柱を持つ掘立柱建物が認められ、伊勢の神宮の社殿に通じる建造物を彷彿とさせる。ついで、五世紀終わり頃に位置づけられるのが、兵庫県の松野遺跡で知られる。長辺（桁行）五・一m、短辺（梁間）四・一m規模の建物で、短辺中央の柱（妻柱）の外側に独立した棟持柱が立つ構造(8)になっている。

奈良〜平安時代で、八世紀前半に位置づけられる島根県出雲市の青木遺跡や杉沢Ⅲ遺跡は、比較的早い調査例である(9)。八世紀前半頃の滋賀県東近江《ひがしおうみ》市の金貝《かなかい》遺跡は、京都の賀茂社本殿との共通性からも注目される(10)【図1】。八世紀中頃から九世紀にかけての遺構は、群馬県の鳥羽《とりば》遺跡において認められる【図2】。ここでは、四・五㎡の身舎《もや》に縁《えん》をめぐらし、周囲には一四㎡の玉垣状の柵が取り囲む。さらに、その外側では東側に出入口を持つ幅五mの溝が取り巻く(8)。九州でも、同じ頃の遺構は、福岡市の金武城田《かなたけじょうた》遺跡に置いて検出されている(11)【図3－1・2】。すなわち、基壇状施設と、二重の溝、礫敷、柵に囲まれた梁間三・八m×桁行六・〇

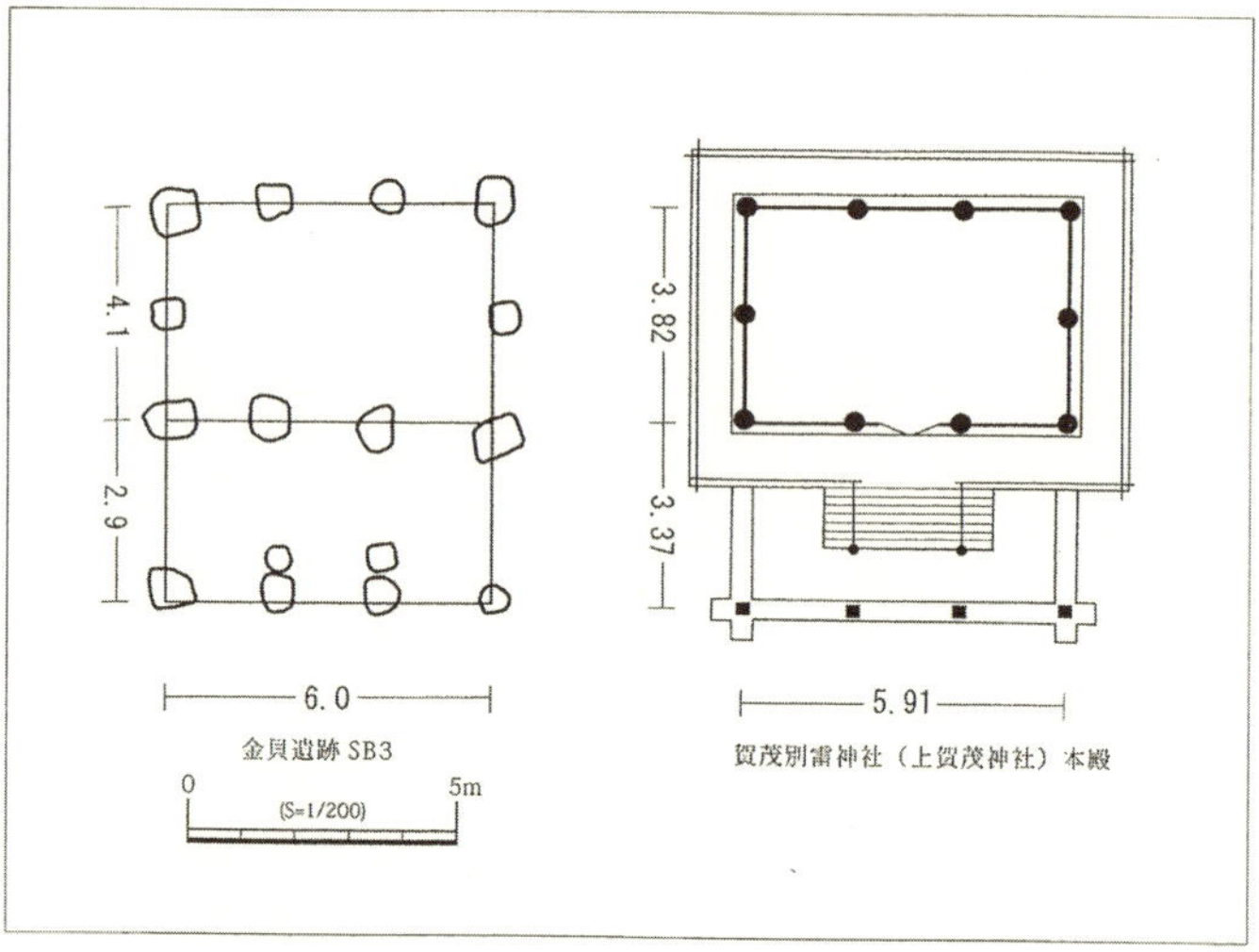

【図 1】金貝遺跡・賀茂社本殿との比較（松尾充晶、2016 年による）

【図 2】鳥羽遺跡　発掘調査で明らかになった神殿跡（上）と
神殿復元図（下）（大阪府立弥生文化博物館 1992 年による）

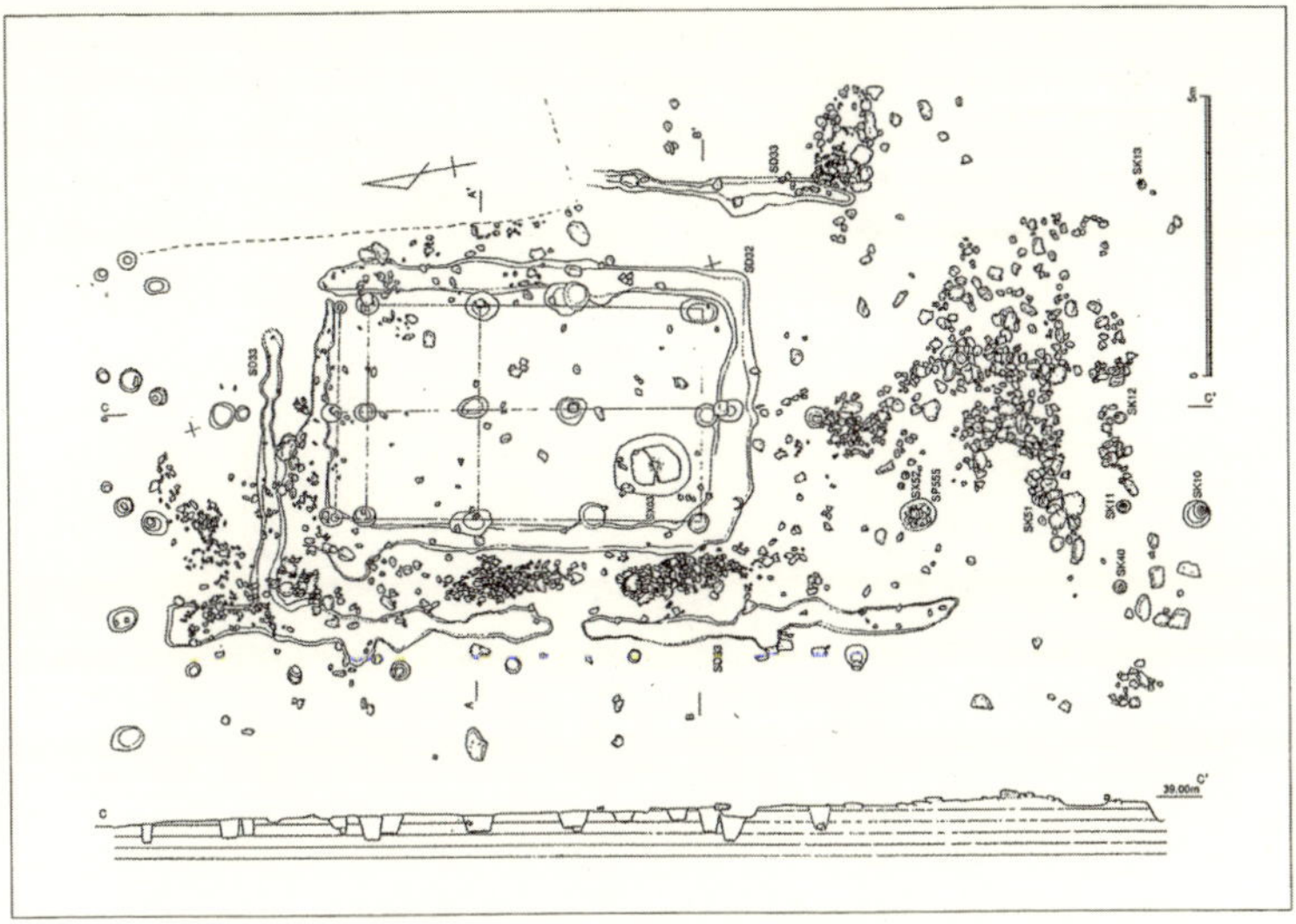

【図 3-1】金武城田遺跡　墓壇状施設（吉留秀敏ほか、2007 年による）

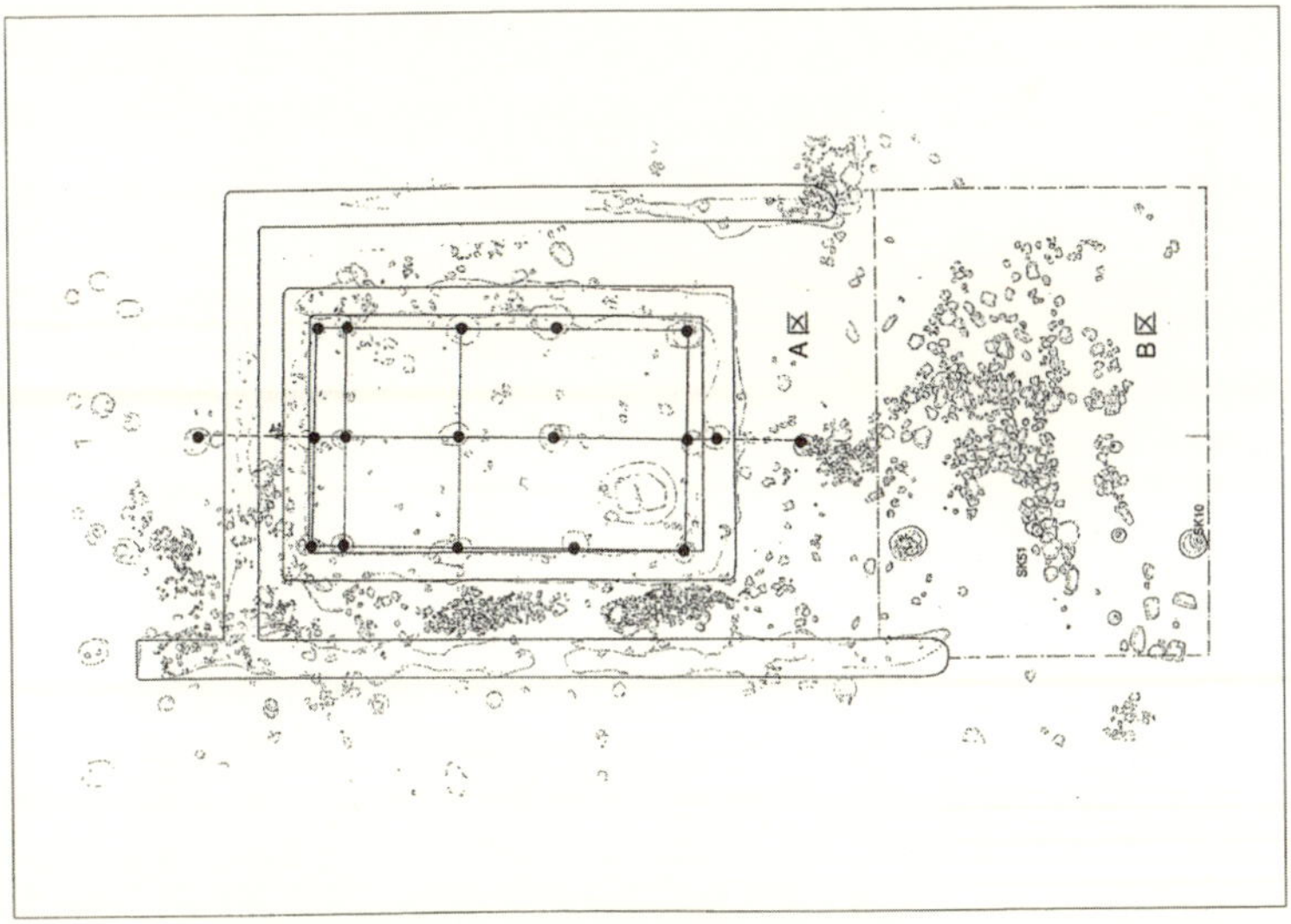

【図 3-2】金武城田遺跡　古代「神社」遺構復元図（吉留秀敏ほか、2007 年による）

mの小規模な総柱の掘立柱建物である。これらの遺構に対して、九世紀前半頃の「神社」神殿と解釈し、その南側全面（A区）を拝所と推定されている。

その他、富山県小矢部《おやべ》市の桜町遺跡における建物遺構と「長岡神祝」・「祢宜」墨書須恵器や、東広島市の西本6号遺跡の建物遺構群なども重要である。さらに、最近の滋賀県長浜《ながはま》市の琵琶湖北端に位置する塩津港《しおつこう》遺跡における発掘調査の成果は注目される。まず、平安時代後期の一一世紀末～一二世紀末頃と推定されるが、神輿ほどの小型の神殿の一部と見られる懸魚《げぎょ》・垂木や欄干などの建築部材が出土した。つぎに、保延三（一一三七）年の起請文を内容とする長大な木簡が多数出土した。専門の運送業者が琵琶湖を縦断する積荷の確実な輸送を神に誓ったものである。平安時代後期の木彫り神像五体も出土したが、女神三体と男神二体を示している。そして、遺構としては、奈良時代にさかのぼり、社殿建築の可能性のある掘立柱建物も検出されている。

以上のように、文献史料と考古学の発掘資料の両面から考えて、沖ノ島における露天祭祀段階に沖ノ島・大島・田島の三ヶ所で、小祠もしくは原初的な社殿が成立していたと推測する。

宗像神社と鎮国寺

現在の宗像大社という呼称は、昭和五二（一九七七）年に宗教法人化されてからのことであるが、時代とともに変遷もして来た。さらにさかのぼって古代には、宗像社・田島邊津宮・宗像宮などと呼ばれた(12)。

『令集解』一六に選叙令国司主典の条所引の養老七（七二三）年一一月一六日の太政官処分には宗像社と見える。一方、『類聚国史』五、八幡大神の項では、延暦一三（七九四）年三月四日の条において「宗形神社」と見える。奈良時代に「宗形」と「宗像」は併用もしくは混用されていることと、古代において宗像社と宗像宮は併用されているので、ここでは宗像神社の呼称を用いる。

さて、前出の『類聚国史』には「少僧都傳燈大法師位等定等を筑前国宗形神社他二社に遣し、神前に読経せしめ、度僧を置く」とある。この点について、「これ当社に僧侶の附属せしめられたる嚆矢なり」と注記する。ここにおいて、宗像神社と仏教との神仏習合を見ることになる。神仏習合に関連する伝承は、空海が第一六次遣唐使船で延暦二三（八〇四）年に入唐したが、大同元（八〇六）年一〇月に帰国すると、まず最初に宗像宮に礼拝していることでも知られる（『鎮国寺略縁起』）。また、承和五（八三八）年三月二七日の詔勅によると、大宰府の監以上をして、国毎に一人、国司講師を率いて、国分寺および香椎宮・八幡大菩薩宮・宗像神社・阿蘇神社の神宮寺において、遣唐使の往還の平安を祈らせている（『続日本後紀』）。ちなみに、中世の辺津宮の正平（一三四六〜一三七〇）年中行事を見ると、宗像神社の神宮寺である鎮国寺は、氏寺の興聖寺とともに、社僧も揃って、大宮司邸に年初の慶賀を申すために出頭する。その際、大宮司は直垂を着て、この儀式を受けたとされる。

ところで、現在、宗像大社に所蔵、保管されている資料群の中に、「田島宮社頭古絵図」がある[13]【図4】。この絵図は、大宮司氏貞が天正六（一五七八）年に造営した当時の絵図の書写を、元和三（一六一七）年に沙

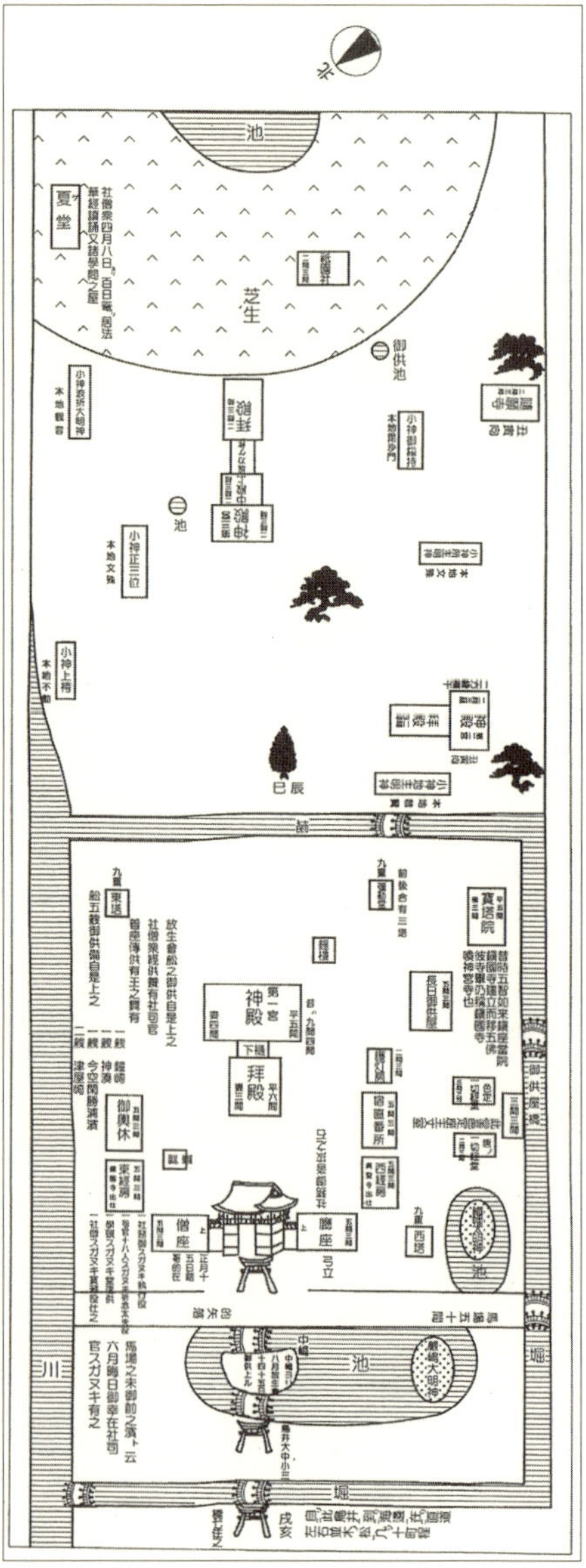

【図4】田島宮社頭古絵図トレース図
（山野善郎、2012「日本のおける社殿の成立と宗像神社」『「宗像・沖ノ島と関連遺産群」研究報告書』II－1より）

彌宗仙が撰した『宗像記追考』に所載したものである。この絵図を見ると、現在の本殿に当たる神殿第一宮の北西端と南東端付近に、それぞれ九重の西塔と九重の東塔が見られる。また、神殿の南西線上に鐘楼と九重の弥勒堂が配置されている。神門の東・西両側には、それぞれ僧座・庁座が、そして、神門をくぐると、東・西にそれぞれ東経房・西経房がある。東・西の経房にはそれぞれ鎮国寺・興聖寺出仕という注記もある。西経房の南西には、色定一切経堂が記され、これらの堂宇が、一切経を書写した色定法師縁りの建物群であったことが分かる。ちなみに、宗像神社の座主を務めた色定法師は、名を良祐とも呼んだが、晩年に色定と改めた文治三（一一八七）年から一人で四一年間を費やして、一切経全五千巻以上を書写して宗像社に献納した。

さらに注目すべき建物として、神殿の南西隅付近に宝塔院が位置する。そこには、かつて五智如来が鎮座していたが、鎮国寺を建立して五仏を移した、鎮国寺は神宮寺であると注記する。このことと関連して、鎮国寺文書などによると、弘長三（一二六三）年三月一五日、大宮司長氏は鎮国領を寄進し、僧皇鑒を長老としている。

さて、鎮国寺[14]は空海との縁りも深い。つまり、前述のとおり、空海が遣唐使で唐に向ったが、渡海の途中で大暴風雨に遭遇した。そのとき海の守護神・宗像三女神に安全祈願をしたところ、波間に不動明王が現われて風雨を鎮めたので、無事に入唐できた。その際に祀られたのが身代わり不動明王立像で、秘仏として現在の護摩堂に安置されている。平安時代後期の制作といわれる。ところで、空海が帰国後に宗像神社に礼参したとき、神社東方の屏風山に瑞雲が棚引くのを見て、奥の院の岩窟で帰国後はじめて修法した。そこで、大同元（八〇六）年、この地こそ鎮護国家の根本道場たるべき霊地と悟り、鎮国寺を創建したと伝える。

現在、鎮国寺境内に立つ本堂には、五体の本地仏が鎮座する。これら五体は、前述の宗像神社の宝塔院から移されたものであることはいうまでもない。ちなみに、五体仏は、宗像五社の本地仏として、沖津宮の田心姫神は大日如来、中津宮の湍津姫神は釈迦如来、辺津宮の市杵島姫神は薬師如来、そして、織幡神社の竹内宿禰は如意輪観音、許斐権現神社の三所権現は阿弥陀如来などの仏や菩薩が当てられている。なお、これら諸像は鎌倉時代から南北朝時代にかけての制作によるものといわれる。

宮地嶽古墳と倭国

七世紀後半に入って間もなくした頃、北東アジアにおいて諸地域を二分する勢力間で国際紛争が勃発した。中国大陸の唐と朝鮮半島の新羅の連合軍と、同じく朝鮮半島の百済と、百済を支援する日本列島の倭の連合軍が激突した白村江の戦いである。結果的には、百済と倭の連合軍が敗退するが、倭の支援軍もしくは水軍の派遣に当たっては、北部九州沿岸部の諸豪族が地理的・歴史的位置から考えて、たとえば先鋒をつとめるなど重要な役割を果たしたことは推測に難くない。時代はさかのぼって、欽明天皇一七（五五六）年に、百済世子・恵が帰国を願った際に、阿部臣・佐伯連・播磨直を遣わし、筑紫の水軍を率いて送り届けた。『日本書紀』は、別に筑紫大君が勇士千人を率いて百済王子・恵を本国に護送したとも記す。この場合は、白村江の戦いのときのような戦時ではないが、平時における外交の一齣として、共通した水軍の編成の様相を知ることができよう。

そのような場合、倭はかねて霊験があらたかな胸形神を奉斎する祭祀を沖ノ島で行って、まずは航海の安全を祈り、そして、白村江の戦いにおける戦勝を願うことも考えられるが、史（資）料は何も語ってくれない。しかし、結果は天智天皇二（六六三）年の敗戦に終わり、翌三年、対馬・壱岐の二島と筑紫国などに防人《さきもり》と烽《とぶひ》を設置し、また、筑紫に水城《みずき》と呼ばれる大堤を築いて防衛ラインとした。さらに、その翌年に当たる六六五年にも、長門国と筑紫国の大野・椽《き》の二城を築いたと『日本書紀』は記す。つまり、百済と倭の連合軍を滅ぼした勢いに乗って、唐と新羅の連合軍が攻め寄せるかもしれないという、いわば仮想敵国視から国防に備えたわけである。

ところが、幸いにも唐・新羅の来攻がないばかりか、その間の天智天皇三年と翌四年には、それぞれ唐の、百済占領軍の将軍であった劉仁願は部下の郭務悰や、外交使臣の劉徳高らを倭に派遣して来た。そのうち、天智天皇四年九月の来使のとき、郭務悰とともに禰軍《でいぐん》が遣わされている。禰軍は、百済滅亡時に唐に帰順し、上柱国という勲位一二階の一位にまで登りつめた百済人である。天智天皇四（六六五）年と同じ年に当たる新羅の文武王五年と、唐・高宗の麟徳二年に、『三国史記』の新羅本紀と『旧唐書』『唐書』は、それぞれに新羅・百済・耽（儋）羅・倭人（倭国）の使者が泰山における封禅に参加したと記す。このことから、天智天皇四年の唐の使節の来往は、倭の封禅への参列要請が目的ではなかったかといわれる[15]。同年一二月に劉徳高らが帰国するに際し、守君大石《もりのきみおおいし》らが派遣されたが、『日本書紀』は、彼らは送唐客使であった可能性を注記している。ちなみに、『三国史記』高句麗本紀は宝蔵王二五（六六六）年に王が太子の福男を唐に派遣し、泰山の祠堂に参拝したこと、言い換えれば泰山の封禅に参加したことを記す。このことは、『唐書』や『資治通鑑』にも記すところである。このように、いわば紛争から平和的な国際外交への修復、転換が見られた。

他方、倭と高句麗の関係を見ると、天智天皇五（六六六）年には、高句麗が二度にわたって倭に使臣を遣わして来たが、その契機には、唐との連携を背景に、領土の拡大を図っていた新羅を牽制するために倭との連携を強めようとした外交戦略がうかがえるのである。ところが、高句麗は宝蔵王二七（六六八）年に、唐と新羅の連合軍によって滅ぼされた。その年は、天智天皇七年に当たるが、唐から伊吉連博徳《いきのむらじはかとこ》らが帰国したり、新たに新羅からの使臣の来往があるなど、北東アジア情勢が大きく変貌した。とはいえ、天智天皇時代には、倭は概して唐や新羅と平和的な外交関係を持続した。

天智天皇は、その一〇（六七一）年に近江宮で崩じると、皇位継承をめぐって、天智天皇の同母弟である大海人皇子と、天智天皇の子である大友皇子との間で六七二年に壬申の乱が起こった。壬申の乱に勝利した大海人皇子は、同年、飛鳥浄御原《あすかきよみがはら》で即位して天武天皇となった。

ここで、『日本書紀』天武天皇二（六七三）年の条を見ると、胸形君徳善《むなかたのきみとくぜん》の娘・尼子娘《あまこのいらつめ》を納れて、高市皇子《たけちのみこ》命《みこと》を生んだという、あまりにもよく知られた記述を想起する。ここにおいて、胸形君という筑紫つまり現在の北部九州の有力豪族と、ヤマト王権という倭国の中央政権との間で、婚姻を通じていわば友好・同盟の関係が成立したといえよう。そもそも一般論として、中央政権と地方豪族という二つの勢力間で友好・同盟の関係が成立する契機は、両者間の対話・協調といった外交、それが不発に終わったときの武力行使のほか、婚姻関係などが想定される。天武天皇と胸形君の場合、婚姻関係の成立によるところが大きいと考えられ、したがって政略結婚の色彩が強いといえるのではなかろうか。この際、うがった見方をすれば、壬申の乱に際し、胸形君が大海人皇子方に加担したことに対する論功行賞的な性格も帯びていたのかもしれない。

ちなみに、ヤマトの故地、現在の奈良県桜井市には天武天皇の皇子・高市皇子が宗像三神を祀ったと伝える式内社の宗像神社がある。また、高市皇子の第一子に当たる長屋王の邸宅があった奈良市の遺跡からは、「宗像郡大領鯛醤《ひしお》」「宗像郡大領鮒鮨《ふなずし》」銘木簡が出土している。宗像郡の郡司が直接、貢進するなど、中央政権と宗像との関係は、その後まで続いていることが分かるのである。

ところで、胸形君徳善の出身地は、律令時代の筑前国宗像郡、現在の宗像・福津両市を中心とする地域に相当する。ここには、二千基を優に超える古墳が知られるが、いうまでもなく胸形君一族ならびに胸形君を頂点とする地域社会の支配階層の墳墓群と推定される。そのうち、古墳時代終末期の七世紀前半に築かれた宮地嶽《みやじだけ》古墳は、その埋葬施設である横穴式石室の規模の巨大さや、副葬品の豪華さにおいて日本列島で突出した存在である。すなわち、石室の規模は、奈良県橿原市の五条野もしくは見瀬の丸山古墳の全長二四・八mという規模に次ぐ二三mという大規模なものである。ここで五条野丸山古墳は、六世紀後半では列島最大であるのに対し、七世紀前半では宮地嶽古墳が列島最大の規模を誇る。五条野丸山古墳の被葬者は、欽明天皇とする説もあることと、全長が三〇〇mを超す巨大な前方後円墳であることを合わせ勘案すると、宮地嶽古墳の被葬者が並々ならぬ存在であったことを容易に理解できよう。そればかりか、昭和九（一九三四）年に偶然の機会に発見された出土品には、透彫冠《すかしぼりのかんむり》、全長二・八mの頭椎大刀《かぶつちのたち》、各種馬具など豪華な金銅製品からなり、宮地嶽古墳の被葬者は胸形君徳善の墳墓である可能性が一段と高まってくるのである。

そして、宮地嶽古墳の石室入口から前方東南方向に約三〇mの地点において、浅い谷を挟んだ丘陵頂上部の西南斜面から火葬墓が発見されている。地下約八〇㎝の深さで発見された須恵器の鉢の中には、青銅製有蓋壺があり、また、その中にガラス製骨壺が入っていた。このガラス製骨壺は、慶雲《きょううん》二（七〇五）年銘の金銅製墓誌を伴った文禰麻呂《ふみのねまろ》との比較から八世紀前半ごろのものといわれる。そうなると、胸形君徳善墓と推測される宮地嶽古墳との位置関係や火葬墓の年代から考えて、火葬墓の被葬者は尼子娘である可能性が高いと考える。その場合、尼子娘は故郷に帰葬されたことになる。[16]

宮地嶽古墳に後続する胸形君一族の墳墓と考えられるものは、宮地嶽古墳から東南に一・五㎞の地点に築かれた手光波切不動古墳《てびかなみきりふどう》である。巨石を使用した横穴式石室の天井構造、玄室の仕切り、玄室の平面構造など、石室の構造面において、両者の類似性が指摘されて来た。手光波切不動古墳は、福津市の津屋崎古墳群保存整備の一環として、平成二三年度に開口していた石室内部が発掘調査された。[17] その結果、副葬品の中に舶載の新羅土器と、慶州の雁鴨池で出土したものと同型式の鉄製鐙《あぶみ》が含まれていた。一方、須恵器の器台は、沖ノ島ならびに大島の御嶽山《みたけさん》の祭祀遺跡からの出土品と共通するものであった。

ここで、さきに見た胸形君一族とヤマト王権（天皇家）との間の婚姻関係成立の背景を考えるとき、天武天皇の新羅との関係、もっといえば天武天皇の新羅重視の施政が想起される。『日本書紀』によると、天武天皇二（六七三）年紀に見える新羅からの先皇つまり天智天皇に対する弔喪使の派遣や、同じく四年から一三年にかけての四回にわたる新羅への遣使をはじめとして両国間の往来が頻繁に行われたことを記す。天武天皇四（六七五）年紀に見える占星台の建立も、七世紀前半の善徳女王時代の築造と伝え、現在も慶州に残る瞻星台を連想するとき、新羅との交流が背景となっていた可能性があると考える。そのほか、薬師寺などの白鳳寺院における双塔式伽藍配置と壇上積基壇構造や、キトラ古墳壁画に見る人身獣首像も新羅からの影響によるものと思われる。天武天皇は、そのような新羅との交流を通して、新羅の先進的な技術・文物・

制度などの受容を糧として、古代国家を建設していったのではなかろうか。その際、玄界灘海域の情況に通じ、航海術にも長けた胸形君一族に大きく依存したことであったろう。その上、胸形君が玄界灘の海神・胸形神を沖ノ島において直接に奉齋する豪族であってみれば、なおさらのことであった。ともあれ、沖ノ島における祭祀に遣新羅使が大きく関わりをもっていたことも忘れてはならない。

おわりに

本稿の冒頭で紹介した、上田先生の論文「宗像三女神と沖ノ島祭祀遺跡」に触発されて、その後も研究を深めて来たつもりである。ここでは、世界遺産『神宿る島』宗像・沖ノ島と関連遺産群」の概要を整理する中で、宗像社をはじめとする日本列島における社殿の成立の問題に言及[18]した。

上田先生のお言葉の中で忘れられないことの一つに、日本人にとっては、神だけでも仏だけでもなく、神と仏の両方が大切だというご発言であった。その意味で、古代から近世にわたって、宗像神社と鎮国寺を一体のものとして考える必要性を痛感した。

そして、宮地嶽古墳に象徴される胸形君一族の墳墓と、天武天皇政権との諸関係から、新羅との交流史の重要性をも強調した。このことは、上田先生の持論であった、日本古代史を東アジアの視座で捉えるというお立場に少しは接近できたのではないかと思っている。

註

（1）宗像神社復興期成会、一九六一『宗像神社史』上巻、三三一頁。

（2）宗像神社復興期成会、一九六一『前掲書』三三一〜三三二頁。

（3）武田祐吉編、一九三七『風土記』岩波文庫、一四七八〜一四八一、三三六頁。

（4）第三次沖ノ島学術調査隊（代表　岡崎　敬）、一九七九『宗像　沖ノ島　本文』宗像大社復興期成会、六〇〜六一頁。

（5）財団法人文化財建造物保存技術協会、一九九九『福岡県指定有形文化財　宗像大社　中津宮本殿保存修理工事報告書』宗像大社。

（6）宗像神社復興期成会、一九六一『前掲書』三二六〜三二七頁。

（7）坂本太郎ほか、一九六五『日本書紀』下、日本古典文学大系六八、岩波書店。

（8）大阪府立弥生文化博物館、一九九二『弥生の神々—祭りの源流を探る—』大阪府立弥生文化博物館図録四。

（9）松尾充晶、二〇一三「出雲大社の成立と変遷」『月刊文化財』六〇一、第一法規株式会社、二六頁。島根県教育委員会、二〇〇六『青木遺跡Ⅱ（弥生〜平安時代編）』第三分冊。松尾充晶、二〇一四「社殿の成立過程とその背景—出雲国—」『古代文化』第六六巻第二号、財団法人古代学協会。

(10)松尾充晶、二〇一六「古代神社の立地環境と構造」『古代祭祀と地域社会』島根県古代文化センター研究論集第一六集。
(11)吉留秀敏ほか、二〇〇七『金武四―金武地区農村振興総合整備統合補助事業関係調査報告―』福岡市埋蔵文化財報告書集第九二七集、三〇～三四、八八頁。
(12)宗像神社復興期成会、一九七一『宗像神社史』附巻。
(13)山野善郎、二〇一二「日本における社殿の成立と宗像神社」、『「宗像・沖ノ島と関連遺産群」研究報告』Ⅱ－1、「宗像・沖ノ島と関連遺産群」世界遺産推進会議。
(14)玄海町町誌編集委員会、一九八五『玄海町誌』玄海町。西谷正監修・土井国男編集、二〇〇七『宗像遺産〈文化遺産編〉』宗像市。
(15)葛口継男、二〇一四「祢軍の倭国出使と高宗の泰山封禅―祢軍墓誌の「日本」に寄せて―」『日本歴史』第七九〇号、吉川弘文館。
(16)西谷　正、二〇一四「胸形君徳善をめぐって」『季刊　邪馬台国』第一二一号、梓書院。
(17)福津市教育委員会、二〇一三『津屋崎古墳群Ⅲ』『福津市文化財調査報告書』第七集。
(18)西谷　正、二〇一八「沖ノ島から神社の起源を考える」『沖ノ島研究』第四号、「宗像・沖ノ島と関連遺跡群」世界遺産推進会議。

上野《こうずけ》三碑を読み継ぐ——読み継がれてこその「世界の記憶」

熊倉浩靖

上田先生が示された地域史の方向

いきなりの私事で恐縮だが、学生運動からの離脱でもがいていた一九八五年、上田先生の御指導のもと最初の本を上梓した。故郷の書店からペンネームで出した本にすぎない。にもかかわらず先生は序文を書いて下さった。いささか長くなるが、序文の一部を引用させていただこう。(1)

一九六〇年代以降における日本古代史の研究には、注目すべきいくつかのあらたな動向があり、つぎづきにきわだった成果が積み上げられてきた。そのなかにも特筆すべきは、東アジアと連動する古代日本の歴史と文化の究明であり、それとのかかわりを背景とする日本列島各地での地域史の探究であった。そうした研究のありようは、それまでの国史学やいわゆる郷土史の考察とはおもむきを異にする。（中略）アジア史・世界史と関連する「地域史」の発掘が自覚的主体的かつ本格的にこころみられるようになったのは、一九八〇年代を迎えてからである。本書はたんなる郷土史でもなければ、またありきたりの地方史でもない。東アジアとつながる上毛野氏の動静を視野におさめての解明であり、古代日本の史脈にそっての分析となっている。その論究は古代氏族にかんする個別研究のあるべきみちすじを示唆してやまない。上毛野国は刮目すべき歴史と文化の伝統と創造を内包していた。その重みと深さは、近年の考古学的研究によっても、ますます明らかにされつつある。一万余基を数える群馬の古墳とその文化は、全国屈指の輝きを放ち、たとえば上野三碑は古代日本の金石文史にその栄光をそえる。（後略）

私自身の研究がそこにまで達していたとは到底言えず、弟子にあるべき方向を示したものだが、そこには、地域史における上田史学の方向が鮮明に記されている。

地域史といえども世界史と連動するものであり、その探究には、文献史料だけでなく、可能な限りのあらゆる分野、方面からの探究、総合でなければならないという視点である。

その中で、上田先生は「上野《こうずけ》三碑[2]」を「古代日本の金石文史にその栄光をそえる」と書かれた。この一文は私に与えられた次の具体的な課題であった。上野三碑をどう読み、どう位置づけるか。

その回答が出し切れない中、二三年後に本名で改訂増補版を出すこととなった。上田先生は改めて序文を書いて下さった[3]。そこには地域史研究のあるべき方向がより鮮明に記されていた。

> たんなる地方史ではなく、比較の視座からの地域史の究明がますます必要である。いわゆる「地方の時代」が強調されるようになってから、かなりの歳月を経過したが、「地方分権」の内実をともなうことなく、いわゆる「中央」と「地方」の格差はさらに増大している。
>
> それもそのはずである。明治四（一八七一）年の廃藩置県によって、中央集権体制が強化されてから一三六年、全国の各地域は「中央」あっての「地方」となった。そしてそのような現実が、知らず知らずに「中央」を重視して、政治・経済や文化が都から各地へ伝流するとみなし、日本の歴史や文化を「中央」から放射線的に論ずる、私のいう「中央史観」をはぐくんでいった。

公に私が「中央史観の克服」についての考えを表明したのは、昭和四九（一九七四）年四月三〇日の『読売新聞』であった。爾来いかにして「中央史観」を克服するかを、おりあるごとに、その方法と内容について論究してきた。本書は古代における有力氏族で、君姓を名乗る上毛野氏を中心とする上野（群馬）のすぐれた地域史である。紀州の生んだ巨人南方熊楠は、生物学・民俗学における地球規模の比較の学を構築したが、群馬の地域を対象としながら、その学問はローカルでしかもグローバルであった。私どもはこれを略してグローカルとよんでいるが、本書もまたグローカルな上毛野ひいては東国の地域史である。

世界の記憶・上野三碑とは

グローカルな視点から上野三碑をどう読み位置づけるか。与えられた課題はいっそう鮮明となった。その矢先、二〇一二年の春、ひとりの県議会議員から問いかけられた。「上野三碑を『生きた宝』として地域から世界に発信する方法はないか」。脳裏にユネスコ「世界の記憶（Memory of the World）」が浮かんだ。人類史にとってかけがえのない銘文や直筆の文書などを共有の記憶として守ろうという事業である。「朝鮮通信使」に関する記録が登録されたことで知名度も上がったが、当時、日本では「山本作兵衛炭坑記録画」（二〇一一年登録、福岡県田川市）が選ばれていただけだった。しかし、「マグナ・カルタ」「ベートーヴェン第九交響曲の自筆譜面」「アンネ・フランクの日記」などが登録されていることを考えれば、その重要性が分かる。

県議は早速、議会で提案。知事も即座に登録への姿勢を示し、官民挙げての上野三碑世界記憶遺産登録推進協議会が組織された。議員への回答から僅か五年、上野三碑は二〇一七年一〇月末、世界の記憶となった。

上野三碑とは、全て特別史跡である山上碑《やまのうえひ》（六八一年・高崎《たかさき》市山名町山神谷《やまなまちやまがみだに》）、多胡碑《たごひ》（七一一年・高崎市吉井町《よしいまち》池《いけ》）、金井沢碑《かないざわひ》（七二六年・高崎市山名町金井沢）からなる日本最古の石碑群である。半径僅か一・五㎞、時代差半世紀の間に収まる。その集中性により江戸時代から「上野三碑」と呼ばれてきた。

推進協議会が作成した申請書は、その価値として、①ユーラシア東端の地への渡来文化（漢字、仏教、政治・社会制度）の伝播と受容、②渡来文化の日本的変容と普及、③多文化共生社会の証、④現代につながる東アジアとの文化交流、⑤地域が守ってきた歴史資産を挙げている。その通りだが、そのことを、碑文を共に読むことを通して確認していきたい。それは、上田先生が常に共に学ぶ「生かす学習」を第一とされたからである。

誰もが読める日本最古の石碑群

しかし、一三〇〇年も前の碑文が簡単に読めるのかと疑問に思われる方も多いかもしれない。そこで見ていただきたい。提示したのは最古の石碑、山上碑の拓本である（一四一頁参照）。実物の一二分の一程度の大きさである。摩滅が進んでいる文字、現代の字体と異なる文字に網掛をしたが、ほぼこのように採字されたであろう。

実は、このことはとても重要な点である。一三〇〇年前と同じ字体の漢字をいま私たちが使っているからである。字体が大きく変わってしまったり、文字の体系を大きく変えてしまっては、こうは言えない。楷書という形で書体・字体が確立された段階で日本列島に漢字が体系的に導入され、かつ、その後、その字体が国民の間に定着し共有され続けたからだろう。漢字伝来の時代論・ルート論、日本での受容と継承論を考える上でも最古の石碑群の持つ価値は高い。

文字までは拾えても漢字ばかりが並んでいる。漢文ではお手上げという方もあるかもしれない。四行目から眺めて見よう。「長利僧母為記定文也」と並んでいる。「母為」とある。漢文なら「為母」のはず。そう思って頭から読んでみる。「長利僧、母の為に記し定める文也《なり》」と読めることに気づかされる。私自身、そう読めた時は体が震えた。漢文ではない。日本語で書かれている。

その目で、冒頭に戻ると、「辛己歳集月三日記す。佐野三家と定め賜わる健守命の孫、黒賣刀自、此れを、新川臣の児、斯多〻弥足尼の孫、大児臣、娶り生む児、長利僧、母の為に記し定める文也《なり》　放光寺僧」（固有名詞等は後述）と、一度も返ることなく日本語の語順で読めそうだと気づく。和文脈である。

細かく見ると「辛」の字体は「立」に十字ではなく複十字である。[4] 当代東アジアに普遍的な字体である。管見の範囲でも北魏・尹静妙造像記（太平真君一一年＝四二〇年）、埼玉《さきたま》稲荷山古墳出土鉄剣（四七一年・埼玉県行田市）、北魏・胡明相墓誌（孝昌三年＝五二七年）、新羅南山新城碑（五九一年・大韓民国慶州市）、法隆寺釈迦三尊像光背銘（六二三年・奈良県斑鳩町）、法隆寺献納宝物金堂観音菩薩像台座名（六五一年・東京国立博物館蔵）、唐・景龍観鐘銘（景雲二年＝七一一年）、美努岡萬《みののおかまろ》墓誌（天平二年＝七三〇年・奈良県生駒市）で同じ字体が使われている。同じく「歳」も上部が「止」ではなく「山」である。この字体も当代一般的だった。高句麗好太王碑（四一四年）、百済武寧王陵墓誌石（五二五年）、新羅真興王巡狩碑（六世紀半ば）、那須国造碑《なすくにのみやつこ》（七〇〇年、栃木県大田原《おおたわら》市）、

【山上碑】

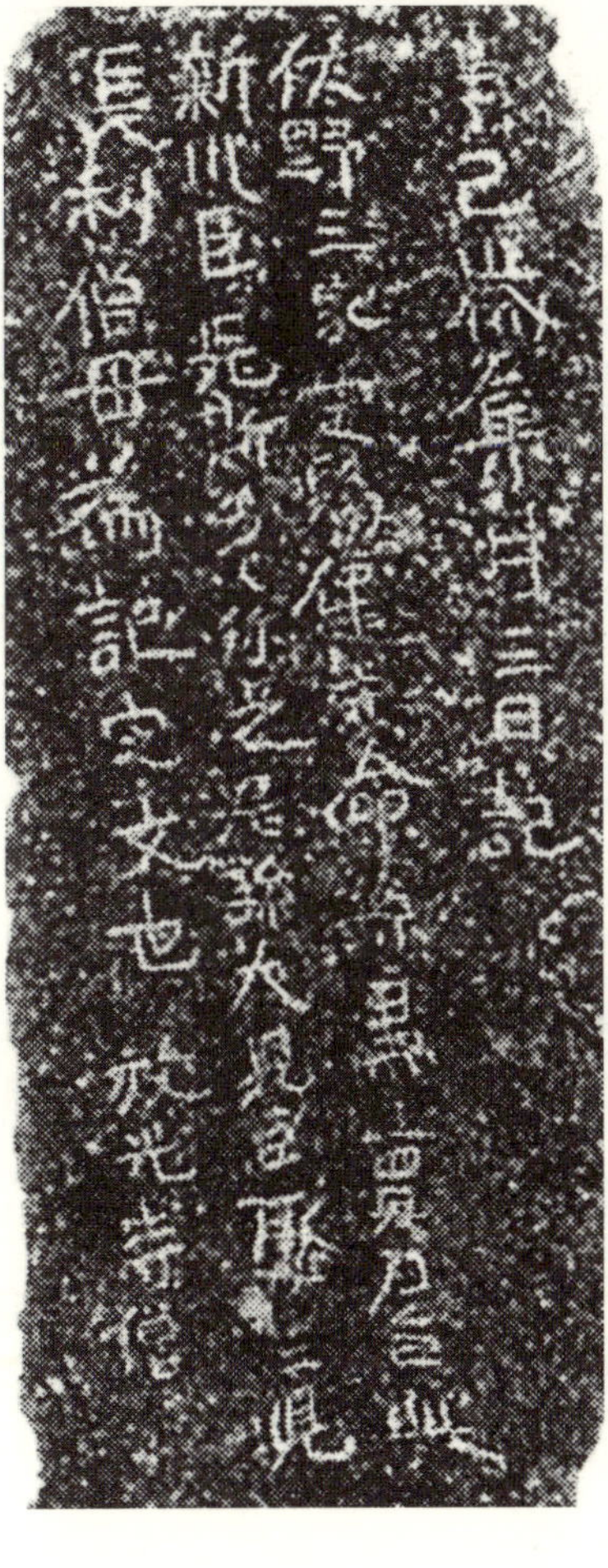

長	新	佐	辛
利	川	野	己
僧	臣	三	歳
母	児	家	集
為	斯	定	月
記	多	賜	三
定	々	健	日
文	弥	守	記
也	足	命	
	尼	孫	
放	孫	黒	
光	大	賣	
寺	児	刀	
僧	臣	自	
	娶	此	
	生		
	児		

【多胡碑】

位	太	宣	成	良	弁
石	政	左	多	郡	官
上	官	中	胡	并	苻
尊	二	弁	郡	三	上
右	品	正	和	郡	野
太	穂	五	銅	内	國
臣	積	位	四	三	片
正	親	下	年	百	罡
二	王	多	三	戸	郡
位	左	治	月	郡	緑
藤	太	比	九	成	野
原	臣	真	日	給	郡
尊	正	人	甲	羊	甘
	二		寅		

【金井沢碑】

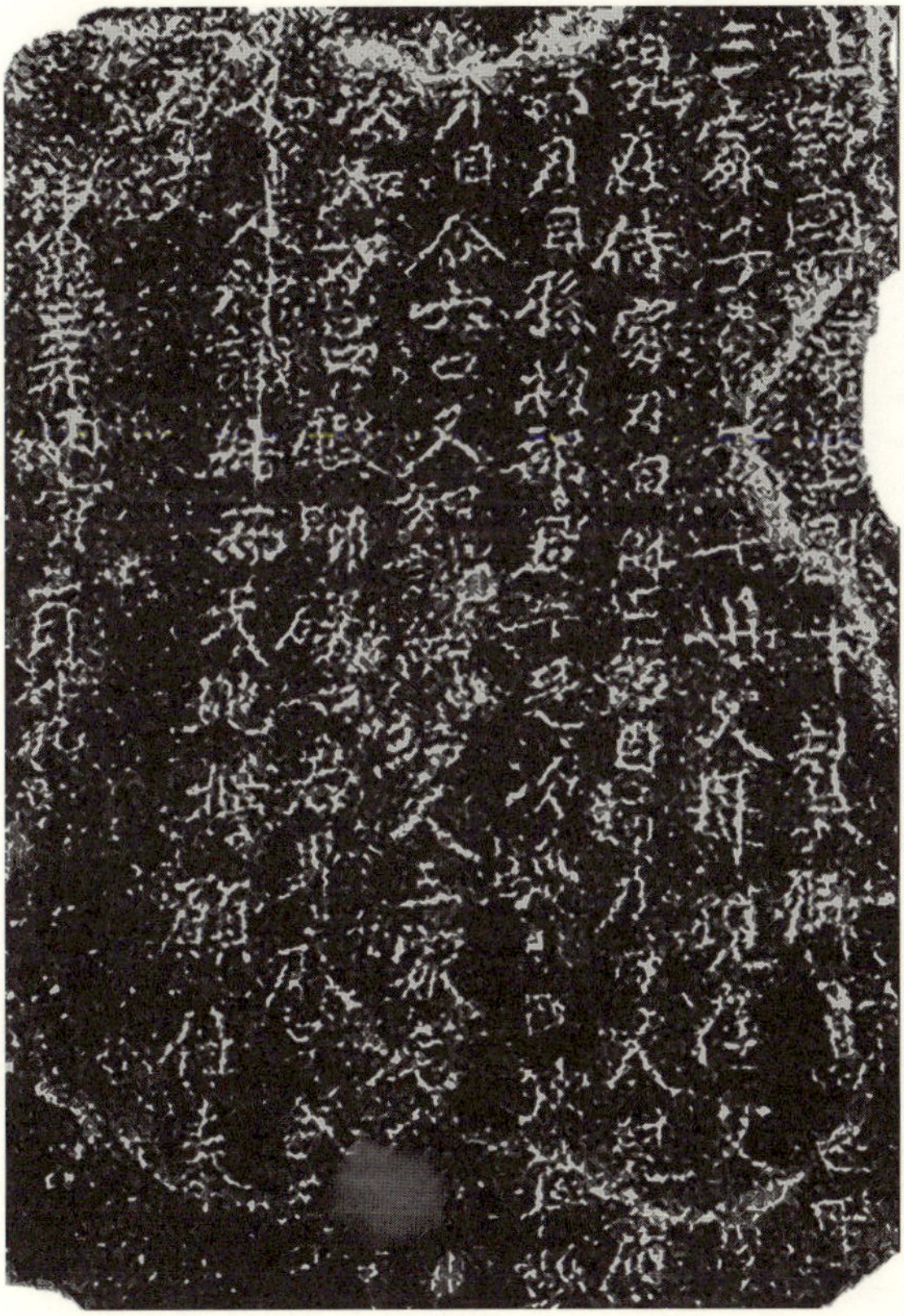

上野國羣馬郡下賛郷高田里
三家子□爲七世父母現在父母
現在侍家刀自他田君目頬刀自又兒加
那刀自孫物部君午足次馸刀自次乙馸
刀自合六口又知識所結人三家毛人
次知万呂鍛師礒マ君身麻呂合三口
如是知識結而天地誓願仕奉
石文
神龜三年丙寅二月卄九日

多賀城碑《たがじょう》（七六二年、宮城県多賀城市）もこの字体である。

鏡剣銘や墨蹟に視野を広げて「辛」「歳」の字体を調べれば漢字伝来のルート論実証に貢献できよう(4)。

また「佐」の字も「亻」に「大」か「太」と見えるが、同じ字体が難波宮（大阪市中央区）出土の万葉仮名表記の歌木簡「皮留久佐乃皮斯米之刀斯《はるくさのはじめのとし》」と見えることから「佐」で間違いない。以上の字体確認は、上田先生の言われる比較による実証の例となる。

解釈は後段に回すとして、続いて多胡碑（一四四頁参照）を眺めてみよう。

「罡」は「岡」の当代字体である。高句麗好太王碑、乙卯年銘壺杅（四一五年・韓国国立中央博物館）、法隆寺金堂観音菩薩像造像記銅板（六九四年）と継承されて多胡碑に至る。乙卯年銘壺杅が高句麗王から新羅王に下賜されたものであり、法隆寺銅板が百済系渡来氏族の手になることを考えれば、「罡」の字体は、高句麗→新羅・百済→倭と伝えられたことが推測される。

さらに注目すべきは「穂積」の字体で、禾偏《のぎへん》であるところが神事を表す示偏《しめすへん》となっている。人臣二名にも「尊」が付され「正」がここだけ草書体であることと合わせて、碑の解釈に大きな示唆を与える。

全体は「弁官苻、上野國片罡郡《かみつけののくにかたおかのこおり》・緑野郡《みどの》・甘良郡《かんら》、并《あわ》せて三つの郡の内、三百戸は郡を成し、給羊、多胡《たご》郡と成す。和銅四年三月九日甲寅《きのえとら》。宣は左中弁正五《さちゅうべんしょうご》位下《いげ》多治比真人《たじひのまひと》、太政官《だいじょうかん》は二品穂積親王《にほんほづみのみこ》、左太臣は正二位石上尊《いそのかみのみこと》、右太臣正二位藤原尊」となる。「弁官苻」と「給羊」を中心とした読みと解釈は後段で議するとして、ほぼ語順のままに読める。「やさしい漢文」ないし「漢文脈を含む和文」とみなしてよいだろう。

次は、一四五頁を参照にしながら、金井沢碑の採字に挑戦しよう。

摩滅が進み文字も小さいので拾いにくいが、次のように採字できただろう。

「羣」は、『康熙字典』によれば「群」の正字である。二行目第四字は読めない。碑文作成の中心人物の名だけに残念である。「兒」は、山上碑では「児」の字体が使われていた。同族による建碑だけに興味深い。四行目に二回表われる「𩦸」は、馬偏に爪だから「ひづめ」と読めよう。見事な国字だが、他に例が見えない。「マ」は「部」の略字で遅くとも六世紀代の高句麗に現れ東アジアに広く普及した。略していない「部」と略字の「マ」が碑の中に混在している点は興味深い。「他」は「池」の、「乙」は「若」の可能性がある。

仏典に基づくと考えられる部分には漢文構文が見られるが、全体としては行替えと接続詞が効果的に使われている和文で、次のように読める。「上野國羣馬郡《くるまのこおり》下賛郷高田里の三家子□が、七世の父母、現在の父母の為に、現在侍《はべ》る家刀自、他田君目頰刀自、又《また》、兒の加那刀自、孫の物部君午足、次《つぎ》の𩦸刀自、次の乙𩦸刀自との合わせて六口《むたり》、又、知識を結べる人、三家毛人、次の知万呂、鍛師礒マ《部》君身麻呂の合わせて三口《みたり》と、如是《かく》、知識を結び而天地《てあめつち》に誓願仕え奉る石文。神亀三年丙寅二月廿九日」。（固有名詞等の読みは後述）

このように、三碑ともに、少しの案内があれば、誰もが文字を拾い、読むことができる。

私はここに「世界の記憶」としての三碑の最大の価値を感じている。いかに古かろうが、読めない石碑群であっては、記憶として継承し続けることは難しい。読めるからこそ世界の記憶にふさわしい。

ベートーヴェン第九交響曲の自筆譜面が「世界の記憶」の代表者と言われるのは、作曲されて二〇〇年、世界中の人々が奏で、歌い、聞き続けているからである。三碑もまた読み継ぐことで生かされる。

読み継ぐことが三碑を生かす道となれば、上田史学を継承する者として、東アジア的視野をもって、三碑の文言をひとつひとつ同時代史料と比較しつつ読み解くことが何よりも求められる。

山上碑を読み継ぐ

山上碑は、冒頭から「辛己歳集月三日記す。佐野三家と定め賜わる健守命の孫、黒賣刀自、此れを、新川臣の児、斯多々弥足尼の孫、大児臣、娶り生む児、長利僧、母の為に記し定める文也《なり》　放光寺僧」と日本語の語順で読めることを確認してきたが、的確な行替えがされており、一行ごとに読み解くことができる。

【第一行目】辛己歳《かのとみのとし》集月三日記《みっかしる》（す）

干支ならば「辛巳」のはず。「己」は誤字なのか。上田先生が度々指摘されたように同時代史料で用例を調べることが解決策となる。調べてみると、北魏・延昌二（五一三）年の北魏将軍元颺《げんよう》の妻、王夫人墓誌に「十二月辛己朔四日甲申」と同例が見つかった。「己」は誤字ではなく、四角に彫り上げると石が剥落することへの工夫だった可能性が高い。現に多胡碑二文字目の「官」の四角は剥落している。北魏例に習っての工夫だとすれば、「己」字は、干支の理解と石碑の製作に関するルート論の一つの窓口となる。

辛巳と見た場合、六八一年に比定できる根拠が問われる。下限は分かりやすい。七〇一年の大宝律令施行以降、日本は一貫して独自の年号を使い続けているから、碑の辛巳は七〇一年以前となる。現に七一一年の多胡碑は和銅四年、七二六年の金井沢碑は神亀三年と年号を用いている。上限は碑に刻まれた僧と寺の存在が導きとなる。発掘調査によって、碑の放光寺は七世紀半ば建立の山王廃寺《さんのうはいじ》（前橋市《まえばし》総社町《そうじゃまち》）と呼ばれてきた寺であることが判明している。ここが上限となる。したがって辛巳は六八一年となる。異論はない。

次の「集月」は「十月」の音通とする説が一般的だが、月の異名に「集月」は見つからない。今のところ「集月」と読んでおくのが無難だろう。「集月」が何月を指すのかは残された課題の一つである。

一行目のこうした書き出し、「何時この碑を記した」から書き出す形式は埼玉稲荷山古墳出土鉄剣の書き出し「辛亥年三月中記」以来の伝統に立っている。山上碑を前後する七世紀代の造像銘の多くも同様の書き出しである。ところが金井沢碑、多賀城碑になると「何時この碑を記した」かは文の最後となる。この形式変化を東アジア的に捉え、変化のルートと理由を解明していくことも期さねばならぬ。

【第二行】佐野三家《さののみやけ》と定《さだ》め賜《たま》わる健守命《たけもりのみこと》の孫《まご》、黒賣刀自《くろめとじ》、此《これ》を

「佐野」の「野」を「ぬ」と読む説がある。『万葉集』巻十四東歌《あづまうた》に見える万葉仮名の「努」を「ぬ」と読んだ石塚龍麿《いしづかたつまろ》（一七六四〜一八二三）説の踏襲だが、橋本進吉《はしもとしんきち》によって「怒」は「の甲類」no の音仮名であることが明白となっている。「さの」が良い。「三家」は『古事記』の神武天皇段に「筑紫三家連《つくしのみやけのむらじ》」とあることから「みやけ」と読むことができ、さらに天平宝字二（七五八）年一二月の「観世音寺早良奴婢《さはらぬひ》例文」の署名から三家＝三宅であることが実証される。『日本書紀』では「屯倉」と書かれ、王権の直轄地と説明されるが、『日本書紀』が描く屯倉の実像からは開発特区的な色彩が強い。いずれにせよ、王権と地域とを結ぶきわめて重要な地点として「佐野三家《さののみやけ》」が認識されていたことは確かだろう。

「定賜」は一括りの文言として『古事記』と『続日本紀』掲載の宣命《せんみょう》（やまとことばでの天皇の詔勅）によく使われている。[5] なぜか『日本書紀』には一例もないが、天皇（大王）が何かを定められるという意味合いの言葉である。ここでは、健守命《たけもりのみこと》を佐野三家の管理者と定めたことを意味しよう。

健守命は主語とはなれないから「定め賜わる」と受け身で読むべきだろう（文語体なら「賜はる」）。

「命」は「みこと」と読む。神となった偉大な先祖、始祖を指す敬称と見て良いだろう。

「黒賣刀自《くろめとじ》」は四行目の母にあたり、山上碑は彼女の為に書かれているが、黒賣刀自と同格の「此《これ》」が加えられた意味は何か。「此」がなくても文意は通ずる。しかし「此」があると、三行目の大児臣《おおごのおみ》が黒賣刀自を娶って長利僧が生まれたという関係が明確になる。大きな工夫と私は考えている。

【第三行目】新川臣《にいかわのおみ》の児、斯多々弥足尼《しただみのすくね》の孫、大児臣《おおごのおみ》、娶《めと》り生《う》む児

『古事記』『日本書紀』の「新」の訓読例は「にい（文語体なら「にひ」）」だから新川は「にいかわ」となる。新川《にっかわ》の地名が桐生《きりゅう》市新里町《にいさとまち》に残り、山上碑隣接の山上古墳類似の中塚《なかつか》古墳が現存する。「臣《おみ》」は身分表示の姓《かばね》だろうが、今のところ他の史料で新川臣という氏族は確認できていない。

「斯多々弥《しただみ》」は小型の巻貝で『古事記』『日本書紀』『万葉集』に登場し細螺・小螺の文字が当てられる。

「足尼《すくね》」は埼玉稲荷山古墳出土鉄剣から表われている身分表示で、姓「宿禰《すくね》」の別表記と見られる。大児の名を伝える大胡《おおご》の地名が前橋市大胡地区に残り、一角、堀越町《ほりこしまち》には山上古墳・中塚古墳類似の堀越古墳が現存する。「児」は子の意味と「こ」の音仮名の両者で使われていることが、この三行目で分かる。

「娶」は文字通り男が女を「めとる」字で、[6]「生」は拓本等では確認が難しいが確かに縦線がある。「娶生児（子）」という熟語は『古事記』『上宮聖徳法王帝説』に頻出している。例えば聖徳太子（厩戸豊聰耳《うまやどのとよとみみ》）が用明天皇（橘豊日天皇《たちばなのとよひすめらみこと》）の正嫡男であることを示す冒頭を『上宮聖徳法王帝説』は「伊波礼池邊雙槻宮治天下《いはれいけべなみつきのみやあめのしたしらしめし》橘豊日天皇、娶リ二庶妹穴穂部間人王《ままいもあなほべのはしひとのひめみこ》ヲ一、為シ二大后《おほきさき》ト一、生ム児、厩戸豊聰耳聖徳法王」と記している。同じ用法が和文脈に書き換えて山上碑に見られることの意義はきわめて大きい。

【第四行】長利僧、母の為に記し定める（文語：定むる）文也《なり》　放光寺僧

「長利」は個人名なら「ながとし」、法号なら「ちょうり」である。個人名説を取って来たが断定できる根拠は薄い。「僧」も「そう」と「ほうし」の両説が成り立つ。悩んでいることを率直に吐露しておきたい。

要は、大児臣が黒賣刀自を娶って生まれた児である長利が放光寺の僧となり、自分を僧に育て上げてくれた母への感謝を込めて、この碑を建てたことにある。母・黒賣刀自はすでにこの世の人ではないだろう。隣接する山上古墳に追葬されたとする考えに私も与みしたいが、碑に刻んだということは、その内容を不特定多数の人々に読み継いでいって欲しいと願ったからと考えられる。

このことに多くの人々は感動している。母の愛と母への感謝がわが国最古の石碑の内容だったからだ。お会いした多くの中国・韓国の先生方も言われた。「我が国にはもっと古い碑がいくつもある。しかし、それらは皇帝か王の命令であるか、功成った将軍・貴族の顕彰碑である。一介の僧侶が母を想う碑などない」。

山上碑から探る日本語の誕生

このように、山上碑は母を想う碑として建てられ、完全な形で現存する日本最古の碑となった。そして今も誰もが読み継ぐことができる。人類共有の宝たりうる資格を充分に備えていると言ってよい。

同時に山上碑は日本語の誕生を考える上でのかけがえのない史料でもある。国語と呼びうるほどに言語が完成するには〈話す・聞く・書く・読む〉の全てが揃う必要がある。「テ」「ニ」「ヲ」「ハ」の表現こそ不十分だけれども、山上碑には日本語という言語宇宙の誕生が刻まれている。

だからこそ私たちは一三〇〇年以上の時を超えて山上碑を読み継ぐことが出来るのだ。

日本列島における文字資料は紀元前後から確認されるが、現在のところ、埼玉稲荷山古墳出土鉄剣銘文（四七一年）を、確実に日本列島で書かれた最古の文と見ることに異論はないだろう。

次のように採字され、読み下すことができる。

（表）　辛亥年七月中記　乎獲居臣上祖名意富比垝　其児多加利足尼其児名弖已加利獲居

其児　名　多加披次獲居　其児名多沙鬼獲居 其児名半弖比

（裏）

其児　名加差披余 其児名乎獲居臣 世〻為杖刀人首奉事来至今　獲加多支鹵大王寺在斯鬼宮時
吾左治天下　作此百練利刀　記吾奉事根原也

《釈文（読み下し）》

辛亥年七月中記。乎獲居《をわけ》臣。上祖　名　意富比垝《おほひこ》、其児　多加利足尼《たかりすくね》、其児　名　弖已加利獲居《てよかりわけ》　其児　名多加披《たかは》次獲居《しわけ》　其児　名　多沙鬼獲居《たさきわけ》　其児　名　半弖比《はてひ》　其児　名　加差披余《かさはよ》　其児　名　乎獲居《をわけ》臣。世〻杖刀人の首と為《な》りて奉事来り今に至る。獲加多支鹵《わかたける》大王の寺、斯鬼《しき》宮に在る時、吾、治天下を左《たす》け、此の百練の利刀を作り、吾が奉事の根原を記す也。

「児」や「足尼」、繰り返しの文字「〻」の登場、書いた年月の「記」から始め「也」で終わる点など山上碑との強い類似性が見られる。と、言うよりは、山上碑が埼玉稲荷山古墳出土鉄剣の正統な継承者であることが見て取れよう。一方で、人名や地名と思われる部分は万葉仮名方式だが、文全体は明らかに漢文の並びである。和文ではない。しかし、その割には読みやすい。同時代（四七八年）獲加多支鹵《わかたける》大王に比定される倭王武が宋王朝に送った上表文と比べると、その差は歴然としている。稲荷山古墳出土鉄剣銘文の形式を「やさしい漢文」と読んでおきたい。

私たちは無文字の社会から出発した。固有の文字を持たない地域集団だった。一方で『万葉集』に見られるように豊かなことば空間を持っていた。このギャップをどう埋めるかが民族形成の底に横たわっていた。

私たちの選択は、漢字・漢文が文明の核である中華文明の受容だった。きわめて高度に完成した言語宇宙である漢字・漢文の世界は、しかし、私たちのはなしことばの宇宙と全く異なる構文規則で成り立っていた。この壁をどう乗り越えるか。朝鮮半島の人々も全く同じ課題に直面していたが、両民族はこの壁を乗り越えることで、民族と国家を成り立たせていった。

数千年以上にわたって築き上げてきた私たち固有の《話す・聞く》の発音と構文規則を基礎に《書く・読む》の表現手法として漢字・漢文を組み直す。いわば木に竹を接ぐ営みが行われた。

その歩みを考える時、四七一年の埼玉稲荷山古墳出土鉄剣と六八一年の山上碑の二つはきわめて重要な定点となる。次頁の表にまとめたが、「やさしい漢文」と漢文併用の時代を経て、七世紀半ばから爆発的に日本語らしい日本語表現が登場してくる。その時代は日本が国家として完成していく時代でもあった。

多胡碑を読み継ぐ

多胡碑は三碑の中では知名度も高いが、通説化している読みにはかなりの違和感がある。私なりにひとつひとつの文言、構文を同時代史料と比較しつつ読み直してみたい。

時期		文体	名称	場所
5世紀半ば			稲荷台1号墳出土鉄剣銘文	千葉県市川市
471	**辛亥年**	**「やさしい漢文」**	**埼玉稲荷山古墳出土鉄剣銘**	**埼玉県行田市**
5世紀後半		「やさしい漢文」	江田船山古墳出土鉄刀銘	東京国立博物館
503	癸未年	「やさしい漢文」	隅田八幡神社人物画像鏡	和歌山県橋本市
6世紀半ば			岡田山1号墳出土鉄刀銘文	島根県松江市
570	庚寅年		元岡古墳群G6号古墳出土鉄製大刀	福岡市西区
607	丁卯年	和文脈・後刻か	法隆寺金堂薬師如来像光背銘	奈良県斑鳩町
623	癸未年	漢文脈	法隆寺金堂釈迦如来像光背銘	奈良県斑鳩町
628	戊子年	漢文脈	法隆寺金堂釈迦三尊像光背銘	奈良県斑鳩町
650推定		**「やさしい漢文」または和文脈**	**法隆寺金堂木造広目天・多聞天造像銘**	**奈良県斑鳩町**
650前後		和文脈（万葉仮名表記）	歌木簡（難波宮跡出土）	大阪市中央区
651	**辛亥年**	**「やさしい漢文」または和文脈**	**法隆寺献納宝物金銅観音菩薩像台座銘**	**東京国立博物館**
654	甲寅年	漢文脈	法隆寺献納宝物釈迦像台座銘	東京国立博物館
658	戊午年	漢文脈	旧観心寺蔵阿弥陀如来像光背銘	根津美術館
666	丙寅年	「やさしい漢文」または和文脈	法隆寺献納宝物菩薩半跏像台座銘	東京国立博物館
666	丙寅年	和文脈？・後刻か	野中寺弥勒菩薩像台座銘	大阪府羽曳野市
668	戊辰年	漢文脈・後刻か	船王後墓誌	三井記念美術館
677	丁丑年	漢文脈・後刻か	小野毛人墓誌	京都市左京区
680前後		**和文脈**	**宣命体木簡出始める** **柿本人麻呂歌集の略体歌非略体歌の推定年代**	
681	**辛巳年**	**和文脈**	**山上碑**	**群馬県高崎市**
680前後以降		壬午年・壬辰年は和文脈	法隆寺命過幡	奈良県斑鳩町等
686	降婁	漢文脈	長谷寺法華説相図	奈良県
692	壬辰年	「やさしい漢文」または和文脈	出雲国鰐淵寺観音菩薩台座銘	島根県出雲市
694	甲午年	和文的表現を含む漢文脈	法隆寺銅板造像記	奈良県斑鳩町
700	**庚子年**	**和文脈と漢文脈の混交**	**那須国造碑**	**栃木県大田原市**
702	壬歳次攝提格	和文脈	豊前国長谷寺観音菩薩像台座銘	大分県中津市

【金石文と表記の流れ】

多胡碑の構造

六行八〇文字からなる多胡碑は、一三字・一三字・一四字・一三字・一四字・一三字という非常に秩序だった構成で刻まれており、その内容から前・後半三行四〇文字ずつに分かれる。

前半三行の大意

前半三行四〇字は「弁官苻、上野國片罡郡《かみつけのくにかたおかのこおり》・緑野《みどの》郡・甘良《かんら》郡、并《あわ》せて三つの郡の内、三〇〇戸は郡を成し、給羊、成多胡《たご》郡。和銅四年三月九日甲寅《きのえとら》」とあり、和銅四（七一一）年三月に上野国の「片罡・緑野・甘良と記される三つの郡のうちから新しい郡（＝多胡郡）が出来たこと」が読み取れる。

大意は、「給羊」を除けば、『続日本紀』和銅四年三月辛亥条の「割㆓上野國甘良郡織裳《おりも》・韓級《からしな》・矢田《やた》・大家《おおやけ》、緑野郡武美《むみ》、片岡郡山《やま》（和銅当時は山部）等《など》六郷㆒、別置㆓多胡郡㆒」と符合する。

符合が評価されているが、私は、多胡碑表現と『続日本紀』表現との違いこそ重要と考えている。

『続日本紀』との記載の違い

多胡碑と『続日本紀』記事のいずれが国郡設置の記載として一般的であるかが解明の一歩となる。『続日本紀』には二五例の国郡設置記事があるが（郡一五例、国一〇例・うち三国は再併合）、全てが多胡郡設置記事に類する「割（分）某国（郡・郷）…（始・別）置（または建）某（国・郡）」である。[8] 人々を移しての郡設置である席田《むしろだ》郡・高麗《こま》郡の場合も「始置（または建）某郡」とあり、多胡碑のような「并…郡成」という表現は一切ない。多胡碑と『続日本紀』との違いは、次の【多胡碑と続日本記の相違点】のように整理される。

【多胡碑と続日本紀の相違点】

	多胡碑	『続日本紀』
郡の記載順序	片罡郡、緑野郡、甘良郡の順	甘良郡、緑野郡、片岡郡の順
新郡の内実と成立	片罡郡…**并**三郡内三百戸**郡成**…**成**多胡**郡**	**割**…六郷（里）、別**置**多胡**郡**
給羊	あり（給羊成多胡郡）	なし
日付	九日甲寅	辛亥（六日）

日付の違い　『続日本紀』原史料と見られる行政命令書（太政官符《だいじょうかんぷ》）の発給日が六日辛亥、到着日が九日甲寅（多胡碑）という考え方もあるが、『続日本紀』和銅四年三月辛亥条が「伊勢國人磯部祖父、高志二人、賜姓渡相神主。割上野國甘良郡織裳・韓級・矢田・大家、緑野郡武美、片岡郡山等六郷、別置多胡郡」とあって二つの記事が続いているから、上野國の前にあった「甲寅」が編纂時に脱落した可能性が高い。

「三百戸」（多胡碑）と「六郷《和銅当時は「里」》」（『続日本紀』）の違い　奈良県明日香村石神《いしがみ》遺跡出土木簡によれば、「さと」の漢字表現は「五十戸」から始まり六八三年頃「里」に変わっている。そこから考えれば、三百戸と六郷《里》は、三百戸÷五十戸＝六里で一致するが、多胡碑はより古い表現方法を採ったことが分かる。他方、郡記載順序の違いについては有力な説明根拠を見いだせない。

以上が文言の違いとすれば、一番大きな違いは「并…郡成」（多胡碑）か「割…置郡」（『続日本紀』）である。一見して分かるように、『続日本紀』の記載が国家の命令、上からの書き方であるのに対し、多胡碑は郡を成した人々の側からの視線、書き方である。ここがもっとも大切な点である。多胡碑は、多胡郡を成した人々の視線に従い成郡碑と呼ぶことがふさわしい。

「給羊」をどう読むか　多胡碑だけに見られる表現に「給羊」がある。「給羊」は『続日本紀』原史料の太政官符にはなかったと見られるが、多胡碑を刻んだ人々にはきわめて重要な文言だった。「郡成」と記した後に重ねて「給羊成多胡郡」と刻んだように、「給羊」が「成多胡郡」の根拠だった可能性が高い。

現在「給羊」は、地域に流布されている羊太夫伝承とつなげて解釈し、羊を「郡司に任命された人物」とする説が通説化しているが、羊人名説の根拠はいかほどのものか。

第一に、上野国分寺・尼寺中間地点遺跡出土のヘラ書き瓦があった。しかし、「羊子三」と読まれた瓦は、現在は「辛子三」と読まれており、異論はない。「辛子三」は「辛科《からしな》（韓級）里（郷）」の「子」という氏族の「三」と解釈される。「辛」を「羊」と誤読したのは、山上碑で確認したように、当代の「辛」字体が「立」に複十字だったからである。したがって、ヘラ書き瓦は羊人名説を支える根拠の座を降りている。

第二は、選叙令《せんじょりょう》郡司條の註釈である。才用が同じであれば郡司は国造《くにのみやつこ》から任用せよという註釈に「必被給・

国造之人」と註釈を重ねていることから「給」は多胡郡設置に際して「羊」が郡司に任じられたことを示すという解釈である。尾崎喜左雄《おざききさお》先生（一九〇四〜一九七八）が羊を人名と見る見方を合理的に解釈しようと「多胡碑の研究」でまとめられたものだが、そうであれば「三百戸多胡郡成　郡司給羊（あるいは給羊郡司）」と書けたはずで、太政官符との符合も高まるし、郡司任命の事実も明確になる。だが地域からの視点で撰文されたにもかかわらず、多胡碑はそう書いていない。また、羊人名説では多胡郡の由来が説明できない。

結局、上田史学の本筋に戻って「給」用例を同時代史料の中で比較、検討し直すことが求められる。

「給」は二重の目的語を取る授与動詞だが、目的語の位置はどこでもよいという動詞である。そこで「給」が目的語としてヒトとモノのどちらを取ることが多いかの検討が基本となる。

『古事記』一六例・『日本書紀』四六例中、熟語を除くと、モノ単独が七割を超え、ヒト単独は二割程度と、圧倒的にモノを目的語とする例が多い。『続日本紀』はあまりに用例が多いので和銅四年を含む巻四・五のみに限定したが、ヒトを単独で目的語とする例は一つもなく、「給」は価値あるモノを目的語とする場合にのみ用いられている。『万葉集』ではモノを目的語とする例もあるが補助動詞としての使い方が多い。

和銅四年という段階では「給」は価値あるモノを目的語としていると断言してよいであろう。

その視点から史料を見直すと、『日本書紀』の中に羊が日本に存在し価値あるモノと認識されていた可能性を示す記載が浮上する。第一は推古天皇七（五九四）年条で、「百済貢グ二駱駝《らくだ》一匹、驢《うさぎうま》一匹、羊《ひつじ》二頭、白雉《しろきぎす》一隻ヲ一」とある。多胡郡設置の一〇〇年以上も前のことである。「山羊」という表現も皇極天皇二（六四三）

年条と天武天皇十四（六八五）年条に見え、その毛皮は珍重されていた。「山羊」はヤギではなくカモシカを指すが、カモシカに「山羊」の字を当てていることは、野の羊がいた可能性を示唆する。

第二は傍証だが、律令の施行細則集、いわば古代の六法全書である『延喜式』（延喜五（九〇五）年編纂命令・延長五（九二五）年編纂・康保四（九四七）年施行）の内蔵寮《くらのつかさ》・諸国年料供進条、民部下・下野國《しもつけのくに》条に上野国の隣国・下野国から毎年「氈《かも》十枚（張）」を朝廷に献上すると記載されている。氈とは毛氈・フエルトのこと。羊毛などに熱や圧力を加えて作る板状の毛織の敷物を言う。全国で下野国だけの献上だからまさに特産品である。下野国安蘇《あそ》郡と都賀《つが》郡の境にある三毳山《みかもやま》（栃木県佐野《さの》市・栃木《とちぎ》市）は氈にまつわる可能性が高い。『日本書紀』天武天皇十（六八一）年条では冠帯と並んで「氈褥《おりかものとこしき》」という文言が見え、多様な階層で珍重されている。

羊と羊毛織物の存在は可能性に過ぎないが、羊は中国の北・西部の遊牧民の財産そのものであり、氈も彼らの間で作られていたことに注目したい。彼らは「胡人」と呼ばれていたからである。

多胡郡に関しては渡来系氏族との関係が強調され、特に『続日本紀』天平神護二（七六六）年条の「在ル二上野国ニ一新羅人子午足等一百九十三人、賜フ二姓吉井連《かばねよしいのむらじ》ヲ一」が注目されているが、新羅系渡来人のための郡であれば「新羅郡」で十分である。現に霊亀二（七一六）年高句麗系の人々のために武蔵国に設けられた郡は「高麗《こま》郡」と名付けられ、天平宝字二（七五八）年新羅系の人々のために同じく武蔵国に設置された郡は「新羅《しらぎ》郡」と名付けられている。多胡郡と命名した背景に遥か西方の最先端技術である牧羊・氈製作が想定される。そのための材料として羊が給されたと解釈すべきではなかろうか。

「弁官符」をどう読むか

最後に「弁官符（符）」の読みに関する私論を加えたい。「苻（符）」の用例検討から始めよう。『古事記』本文と『万葉集』には「苻（符）」は登場しない。『日本書紀』では「ふ」の音仮名が中心で、孝徳天皇条・天武天皇条に文書による命令として「符」が使われているが、大宝令制定までは行政命令としての符はなかったと見られる。『続日本紀』には四四例見られるが、熟語以外の二九例全て行政命令としての符である。また「符」「官符」という使い方が一般的で、弁官符という用例はなく、太政官符という用例も奈良時代末期に初めて現れる。

他方「弁」の用例は、『古事記』『万葉集』では「ベ甲類」の音仮名としてのみ使われており、『日本書紀』では動詞、『続日本紀』では全て弁官に関わる文言である。

こう考えると、「弁官符」は「官符を弁ずる」と読むのが妥当のようである。さらに「弁」としては推古天皇十二（六〇四）年条に載せられた、いわゆる憲法一七条の用例「わきまえる」がよさそうである。

後半三行をどう読むか

後半三行は当時の政府トップ三人の公卿《くぎょう》とその事務局高官（左中弁）の名前だけが並べられている。政府トップ三人が並ぶのは、多胡郡設置は国家の最高意思に基づくという地域の人々の自覚がもたらした表現と考えてよいだろう。そう推測するのは「太政官《だいじょうかん》は二品《にほん》穂積親王《ほづみのみこ》、左太臣は正二位石上《いそのかみ》尊《みこと》、右太臣正二位藤原尊」という多胡碑の書き方にある。

まずは穂積親王。拘ってきたように、穂積は「禾偏《のぎへん》」ではなく神事に関わる「示偏《しめすへん》」である。最長老皇族で政府トップの穂積親王は、多胡碑を記した人々にとってまさに神であった。また『日本書紀』に「至貴曰尊、自余曰命。並訓美挙等《みこと》也」とあるように「尊」は本来天皇及び皇祖神にしか使えないが、左・右太《大》臣の二名に対して「尊」が付けられたのは多胡碑を記した人々にとっては人臣ながらも神だったということだろう。

以上を整理すれば、多胡碑は、国家命令を主体的に受け止めて郡を成した人々の成郡碑として、「弁《わきま》ヘ二官符ヲ一、上野國片罡郡《かみつけのくにかたおかのこおり》・緑野郡・甘良《かんら》郡、并《あわ》せて三つの郡の内、三百戸は郡を成し、給《たまは》リレ羊ヲ、（牧羊・氈製作ゆかりの）多胡《たご》郡と成す。和銅四年三月九日甲寅《きのえとら》。宣は左中弁正五位下《さちゅうべんしょうごいげ》多治比真人《たじひのまひと》、太政官《だいじょうかん》は二品穂積親王《にほんほづみのみこ》、左太臣は正二位石上尊《いそのかみのみこと》、右太臣正二位藤原尊」と読むことが理にかなっているのではないか。

三碑から探る日本国のかたち

多胡碑を読む中でひとつの疑問が湧く。太政官符発給の事務方責任者だったとしても、なぜ左中弁でしかない多治比真人《たじひのまひと》（多治比真人一族の動行から「三宅麻呂《みやけまろ》」が該当する）が太政官トップ三名の前に刻まれているのか。碑を正面から見た場合まず目に入るのは多治比真人である。

多治比真人三宅麻呂の履歴と国郡設置の意味を考えることが疑問を解く鍵となる。

三宅麻呂が史上に姿を現すのは大宝三（七〇三）年のことである。「政績《せいせき》を巡省《じゅんせい》して冤枉《えんおう》を申理《しんり》する」役目を負って東山道に派遣された。七道に派遣されたのは将来を嘱望された若き官僚たちである。東海道には不比等の次男の房前が派遣されている。爾来、三宅麻呂は文武天皇大葬の御装司《ごそうし》（七〇七年）、和銅改元・和同開珎発行に伴う催鋳銭司《さいずぜんし》（七〇八年）と進み、左弁官を中弁、大弁と駆け上がっていく。養老三（七一九）年には正四位下で河内国摂官となり、同五年正四位上となる。公卿入り目前となるが、養老六（七二二）年謀反《むへん》を誣告《ぶこく》し斬刑に処せられる処を皇太子の奏により死一等を降し伊豆嶋に配流された。

実に波乱万丈の一生を送った貴族だが、三宅麻呂の生涯を見渡すと、次の三点が指摘できる。《参照次頁：【多治比真人三宅麻呂の足跡】》

① 東山道事情に精通し、それを律令国家の確立に生かした可能性が高い。七一一年の多胡郡設置は、七〇八年の秩父からの和銅発見・献上による改元、和同開珎《わどうかいちん》発行に続く三宅麻呂東山道派遣の成果と考えられる。

② 国家の大事や特別な儀礼に関わる物の製作を開発・管理した可能性が高い。多胡郡が最先端技術の開発・生産の場であったことと符合する。

③ 左弁官の任にある期間が非常に長い。登場から流刑になるまでの一九年間のうち八年以上左中弁・左大弁の職位にある。全ての役所の上に立つ太政官の事務局を完全に任されていたと見られる。

そう考えれば、国家の最高意思のもと、多胡郡設置を推進した国側の中心人物は三宅麻呂であったと言えよう。そのことが三宅麻呂（碑文上は多治比真人）の名が多胡碑の中央に来た理由と考えられる。

三宅麻呂の背後にいたのは藤原尊と書かれる藤原朝臣不比等と元明天皇であった。三宅麻呂の流刑が不比

大宝３年	703	正月甲子	**「政績を巡省して冤枉を申理」するため東山道に派遣される。** 時の位は従六位上。 東海道には正六位下藤原朝臣房前、北陸道には従七位上高向朝臣大足、山陰道には従七位下波多真人余射、山陽道には正八位上穂積朝臣老、南海道には従七位上小野朝臣馬養、西海道には正七位上大伴宿祢大沼田を派遣。
慶雲元年	704	正月癸巳	**従五位下に叙される。**貴族となるのは、７人の中では一番早い。房前・大沼田が慶雲二年十二月、馬養が和銅元年正月、老が和銅二年四月、大足と真人が和銅七年正月。
慶雲４年	707	10月丁卯	正四位下犬上王、従五位上采女朝臣枚夫、従五位下黄文連本実・米多君北助とともに**文武天皇大葬の御装司**に任じられる。 時に従五位上とある。御竈司は二品新田部親王ほか、造山陵司は従四位下下毛野朝臣古麻呂ほか。
和銅元年	708	２月甲戌	始めて**催鋳銭司**を置く。従五位上多胡碑多治比真人三宅麻呂を任ず。 武蔵国秩父郡より和銅が献上されたのは正月乙巳。 これにより改元の詔あり。
和銅２年	709	３月庚辰	始めて**造雑物法用司**を置く。 従五位上采女朝臣枚夫、従五位下舟連甚勝、笠朝臣吉麻呂と任じられる。
和銅４年	711	３月甲寅	**左中弁・正五位下（多胡碑）**
		４月壬午	正五位上に叙される。
和銅６年	713	正月丁亥	従四位下に叙される。
霊亀元年	715	正月癸巳	従四位上に叙される。
		５月壬寅	**左大弁**に任じられる。
養老元年	717	３月癸卯	石上朝臣麻呂薨去に際し式部卿正三位長屋王と共に弔賻（天皇の名代として弔問）。
養老３年	719	正月己亥	正四位下に叙せられる。
		九月癸亥	河内国摂官に任じられる。摂津国摂官は正四位下巨勢朝臣邑治、山背国摂官は正四位下大伴宿祢旅人。
養老５年	721	正月壬子	正四位上に任じられる。
養老６年	722	正月壬戌	**謀反(むへん)を誣告(ぶこく)し斬刑に処せられる処を皇太子の奏により死一等を降し伊豆嶋に配流。**同日、正五位上穂積朝臣老も乗輿（＝天皇）を指斥したとして同様に佐渡島に配流。

【多治比真人三宅麻呂の足跡】

年号	西暦	月	出来事
和銅元年	708	9	越後国の求めに応じ新たに**出羽郡**を建てる。
和銅2年	709	10	備後国芦田郡甲努村は郡家が遠いので品遅郡三里を割き芦田郡に付け**甲努村に郡**を建てる。
和銅3年	710	2	平城に遷都。
		4	**陸奥蝦夷**の求めに応じ君の姓を与え編戸の民とする。
和銅4年	711	3	上野国甘良郡織裳・韓級・矢田・大家、緑野郡武美、片岡郡山等六郷を割いて**多胡郡**を置く。
和銅5年	712	9	太政官議奏。征討が順調で安定しているので狄部に始めて**出羽国**を置く。
		10	陸奥国最上・置賜二郡を割いて出羽国に隷ける。
和銅6年	713	4	丹波国加佐・與佐・丹波・竹野・熊野五郡を割いて始めて**丹後国**を置く。 備前国英多・勝田・苫田・久米・大庭・真嶋六郡を割い始めて**美作国**を置く。
		12	日向国肝坏・贈於・大隅・姶襹を割いて始めて**大隅国**を置く。 陸奥国に新たに**丹取郡**を建てる。
和銅7年	714	2	**隼人**（が憲法に習熟していないので）豊前国民二百戸を移して相勧導せしむ。
		8	尾張・上野・信濃・越後等の国民二百戸を**出羽柵**に配す。
霊亀元年	715	5	相模・上総・常陸・上野・武蔵・下野六国の富民千戸を**陸奥**に配す。
		7	尾張国人外従八位上席田君迩近と新羅人七十四家を美濃国に貫き始めて**席田郡**を建てる。
		10	**陸奥蝦夷**邑志別君宇蘇弥奈らの求めに応じ**香河村**に郡家を建、編戸の民とする。 **蝦夷**須賀君古麻呂らの求めに応じ**閇村**に郡家を建て百姓と同じとする。
霊亀2年	716	3	大鳥・和泉・日根三郡を割いて始めて**和泉監**を置く。
		5	駿河・甲斐・相模・上総・下総・常陸・下野七国の高麗人1799人を武蔵国に遷して始めて**高麗郡**を置く。
養老元年	717	2	信濃・上野・越前・越後四国百姓百戸を**出羽柵**に配す（前年9月巨勢朝臣萬呂奏上の実施）。
養老2年	718	5	越前国羽咋・能登・鳳至・珠洲の四郡を割いて始めて**能登国**を置く。 上総国平群・安房・朝夷・長狭の四郡を割いて始めて**安房国**を置く。 陸奥国岩城・標葉・行方・宇太・亘理、常陸国菊多の六郡を割いて**石城国**を置く。 白河・石背・會津・安積・信夫の五郡を割いて**石背国**を置く。
養老3年	719	4	志摩国塔志郡の五郷を分けて始めて**佐藝郡**を置く。
		6	東海・東山・北陸三道の民二百戸を**出羽柵**に配す。
養老4年	720	11	河内国堅下・堅上二郡を更ためて大縣郡と号す。
養老5年	721	4	佐渡国雑太郡を分けて始めて**賀母・羽茂二郡**を置く。 備前国邑久、赤坂二郡のうちの郷を分けて始めて**藤原郡**を置く。 備後国安那郡を分けて**深津郡**を置く。 周防国熊毛郡を分けて**玖珂郡**を置く。
		6	信濃国を割いて始めて**諏方国**を置く。
		10	陸奥国柴田郡二郷を分けて**苅田郡**を置く。
養老6年	722	2	遠江国佐益郡の八郷を割いて始めて**山名郡**を置く。
天平宝字元（757）年までの35年間、国・郡設置はほぼなく、国の再併合が記される。 天平3（731）年、諏方国を廃し信濃国に并す。 天平12（740）年、和泉監を河内国に并す。 天平13（741）年、安房国を上総国に、能登国を越中国に并す。			
天平宝字元年	757	5	**能登、安房、和泉等の国を旧に依り分立。**
天平宝字2年	758	8	帰化の新羅僧42人、尼2人、男19人、女21人を武蔵国の閑地に移し始めて**新羅郡**を置く。
天平神護2年	766	5	備後国藤野郷は貧寒の地なので邑久郡香登郷、赤坂郡珂磨・佐伯二郷、上道郡物理・肩背・沙石三郷を隷け、美作国勝田郡塩田村は郡治に遠いので近い備後国**藤野郡**に隷ける。
延暦4年	785	4	陸奥国の**多賀・階上二郡**…建てて真郡となす。（中納言大伴家持の奏上による）

【『続日本紀』の国郡廃置記事一覧（ゴシック体「夷狄」地関係、または「諸蕃」関係）】

等の死（七二〇年八月）・元明天皇の死（七二一年一二月）直後だったことからも明らかであろう。

元明天皇・不比等・三宅麻呂が多胡郡設置を通して実現しようとした国のかたちはどのようなものだったか。それは最高位の詔勅「明神御宇日本天皇詔旨」に凝縮している。最古の註釈「古記」には「御宇日本天皇詔旨。対二隣国及蕃国一而詔之辞。問。隣国与蕃国何二其別一。答。隣国者大唐。蕃国者新羅也」とある。大唐を対等な隣国、新羅そして渤海を日本に従属する藩屏の国＝蕃国《ばんこく》、蝦夷《えみし》・隼人《はやと》や国交関係によらない外国人を夷狄《いてき》とみなす国家像、「諸蕃と夷狄の上に立つ小中華の国」が日本の求める国のかたちだった。

「小中華の国」実体化こそ古代日本国家の最も重要な施策となる。要点は二つある。

第一は、様々な理由で列島に渡来した人々を一括日本の王化を慕って帰化したとみなす施策であり、古代の氏族辞典『新撰姓氏録《しんせんしょうじろく》』が諸氏族を皇別・神別・諸蕃に分けて記載していることに象徴される。「夷狄」とみなした人々に対しては俘囚《ふしゅう》（日本の王化を慕って内国の民となった夷狄）という扱いがされていく。

第二は、現実の国土の上に「帰化した諸蕃」「俘囚となった夷狄」を定住させ、一方で「夷狄」地に内国の民を移す地域政策である。「夷狄」地に関する新設・移住をゴシックで、「諸蕃」に関する新設を枠線ありのゴシックで表した『続日本紀』の【国郡廃置記事一覧】（参照前頁）を見れば、国郡新設の中心がここにあったことは一目瞭然であろう。整理してみよう。

①　国郡設置は和銅～養老年間（七〇八～七二四）に集中し神亀～天平勝宝年間（七二四～七五七）には後退する。天平宝字元（七五七）年の養老令施行で再度推進されるが一時的な動きに止まった。

②和銅〜養老年間の新設国は九国（出羽・丹後・美作《みまさか》・大隅・能登・安房・石城《いわき》・石背《いわしろ》・諏方《すわ》）と和泉監《いずみげん》で、五国（石城・石背・能登・安房・諏方）と和泉監は神亀・天平年間に廃止され、天平宝字元年に三国（能登・安房・和泉）のみ復活する。

③郡の新設では、「夷狄」地とみなした陸奥・出羽（越後国出羽郡→出羽国、陸奥国丹取《にとり》郡・苅田《かりた》郡・多賀《たが》郡・階上《はしかみ》郡、陸奥香河村《かかわむら》・閉村《へいむら》に郡家《ぐうけ》。ただし実態には諸説ある）での新設と渡来系住民を移住させての新設（美濃国席田《むしろだ》郡、武蔵国高麗郡・新羅郡）が目立つ。

④多胡郡は渡来系住民を中心とする郡新設の例と見られるが、既住地での新設である。渡来系住民を移住させての新設である席田郡・高麗郡・新羅郡とは事情を異にする。

⑤渡来系住民を移住させての郡新設は霊亀元（七一五）年に開始され、「夷狄」地に対しても前年の和銅七（七一四）年隼人《はやと》地に豊前国民を移し、出羽柵戸《きのへ》に尾張・上野・信濃・越後らの国民を配したことを始めとして、特に蝦夷地への大量入植が進められる。その数は和銅七年から養老三年までの五年間だけで一五〇〇戸（推定三万七五〇〇人）に上る。逆に上野国などには「夷狄」とみなした人々を移住させての俘囚郷（上野国碓氷《うすい》郡・多胡郡・緑野郡、周防《すおう》国吉敷《よしき》郡）・夷俘《いふ》郷（播磨国賀茂《かも》郡・美嚢《みなぎ》郡）が設置される。

国家が求めた国のかたちはこうしたものだったが、一環であり出発点でもあった多胡郡の人々は、要請を主体的に受け止め、新たな「郡成」に全力で臨んだと見られる。多胡碑はその高らかな記念碑である。

金井沢碑を読み継ぐ

金井沢碑は「上野國羣馬郡《くるまのこおり》下賛郷高田里の三家子□が、七世の父母、現在の父母の為に、現在侍《はべ》る家刀自、他田君目頰刀自、又《また》、兒の加那刀自、孫の物部君午足、次《つぎ》の馸刀自、次の乙馸刀自との合わせて六口《むたり》、又、知識を結べる人、三家毛人、次の知万呂、鍛師礒マ《部》君身麻呂の合わせて三口《みたり》と、如是《かく》、知識を結び而天地《てあめつち》に誓願仕え奉る石文。神亀三年丙寅二月廿九日」と記されるが、碑文作者の戸籍ないし住所（第一行）、碑文作者と碑文作成の対象（第二行）、碑文作成に賛同・参加した者とその関係（第三〜六行）、碑文作成の目的（第七行）、碑文としたことの確認（第八行）、碑文作成の年月日（第九行）の構成を持つ。

【第一行（碑文作者の戸籍ないし住所）】上野國羣馬郡《くるまのこおり》下賛郷《しもさののさと》高田里《たかだのこざと》の

「下賛」という郷は『和名類聚抄《わみょうるいじゅしょう》』などには見られないが、同書に群馬郡上郊郷が記され「加无豆左乃《かむつさの》」「加無佐土《かむさと》」と読まれていることから「しもさの」でよいだろう。

郡・郷・里という表現が採られている。金井沢碑が記された神亀三（七二六）年は、郡・郷・里制が施行されたと見られる霊亀元（七一五）年から天平一二（七四〇）年の間に入ることから、金井沢碑の真正性と郡・郷・里制の実在を同時に証明している。下賛郷高田里がどこかは残された課題である。

【第二行（碑文作者と碑文作成の対象）】三家《みやけ》子□が、七世《しちせい》の父母《ふぼ》、現在《げんざい》の父母の為に、

欠字があるのは残念だが、「三家」は山上碑の佐野三家の同族、後裔と見るのが穏当だろう。

注目したいのは「為七世父母現在父母」の文言である。「七世父母」「現在父母」ともに『古事記』『日本書紀』『続日本紀』にはほとんど見られず、造像銘に集中している。特に「為七世父母現在父母」という用例は、管見の範囲では金井沢碑だけである。明らかに仏教経典が典拠と見られる。調べると、お盆の根拠となる『仏説盂蘭盆経《うらぼん》』に「為七世父母及現在父母」「現在父母七世父母」「現在父母乃至七世父母」「現在父母過去七世父母」と頻出しており、『日本書紀』斉明天皇五（六五九）年条に「詔二群臣一、於二京内諸寺一、勧二講盂蘭盆経一、使レ報二七世父母一」とある。金井沢碑の「為七世父母現在父母」は『仏説盂蘭盆経』に拠ると見てよいだろう。三家氏周辺では『仏説盂蘭盆経』に基づく仏事が行われていたことが推測される。したがって、「為七世父母現在父母」は、仏教経典を読むように「為ニ二七世《しちせい》父母《ふぼ》現在《げんざい》父母ノ一」と漢文読み下しで読むのがふさわしい。金井沢碑でここだけが漢文体なのは、それなりの理由があると考えられる。(7)

【第三〜六行（碑文作成に賛同・参加した者とその関係）】現在侍《はべ》る家《いへ（やか）》刀自《とじ》、他田君《おさだ（?）のきみ》目頬刀自《めづらとじ》、又《また》、兒《こ》の加那刀自《かなとじ》、孫《まご》の物部君午足《もののべのきみうまたり》、次《つぎ》の（孫の物部君）馸刀自、次の（孫の物部君）乙《おと（?）》馸刀自との合わせて六口《むたり》、又、知識を結べる人、三家毛人《みやけのえみし》、次の（三家）知万呂《ちまろ》、鍛師磯マ君《かぬちいそべ（部）のきみ》身麻呂《みまろ》の合わせて三口《みたり》と、

個々の文字や氏族の実態にはなお異同と議論があるが、登場する氏族《うじぞく》、人々が、三家氏を中心に仏教を礎として一族、地域社会を形成していたことは間違いない。関係は図示した方がはるかに分かりやすい。

要となる文言「知識結」については碑文作成の目的を記す第七行の中で検討しよう。

【第七行（碑文作成の目的）】如是《かく》、知識《ちしき》を結《むす》び而《て》天地《あめつち》に誓願《せいがん(こいちかい)》仕《つかまつ》え奉る

「如是」は漢文に一般的な文言だが『般若心経』はじめ多くの経典に見られ、宣命《せんみょう》や『万葉集』では全て「かく（＝このように）」の表現として使われている。

このように、金井沢碑が、仏典などを典拠とする一方で、広く通用していた表現を採用していることにも注目したい。漢字を用いた日本語表現は、都の周辺や一部有識者の間だけでなく、全国各地各層の幅広い共有、共同作業であったことを証《あか》しているからである。

要点となる「知識」は、現在一般的な「ある物事を知っている、または、その内容」ではなく、仏教を信じて力合わせる仲間・友人を指す。(8) インド仏典の mitra の漢訳語である。(9)

「知識結（知識を結ぶ）」は、仏教のもとに人々が力を合わせることを表す実に明確な表現だが、なぜか他に例がない。史跡土塔（七二七年、大阪府堺市中区土塔町）発掘調査で発見されたヘラ書き瓦の「知識尓入《にいる》」や平安時代初めに成立した仏教説話集『日本国現報善悪霊異記』に見られる僧や国司の「率㆓引ス知識ヲ㆒」は相似た表現だが、特定の指導者による組織化の傾向が強く、一族周辺の団結である金井沢碑の「知識結」とはやや趣を異にする感じを否めない。

「知識結」に関しては、「知識結而」（第七行）と「知識所結」（第五行）の表現の違いに注目したい。

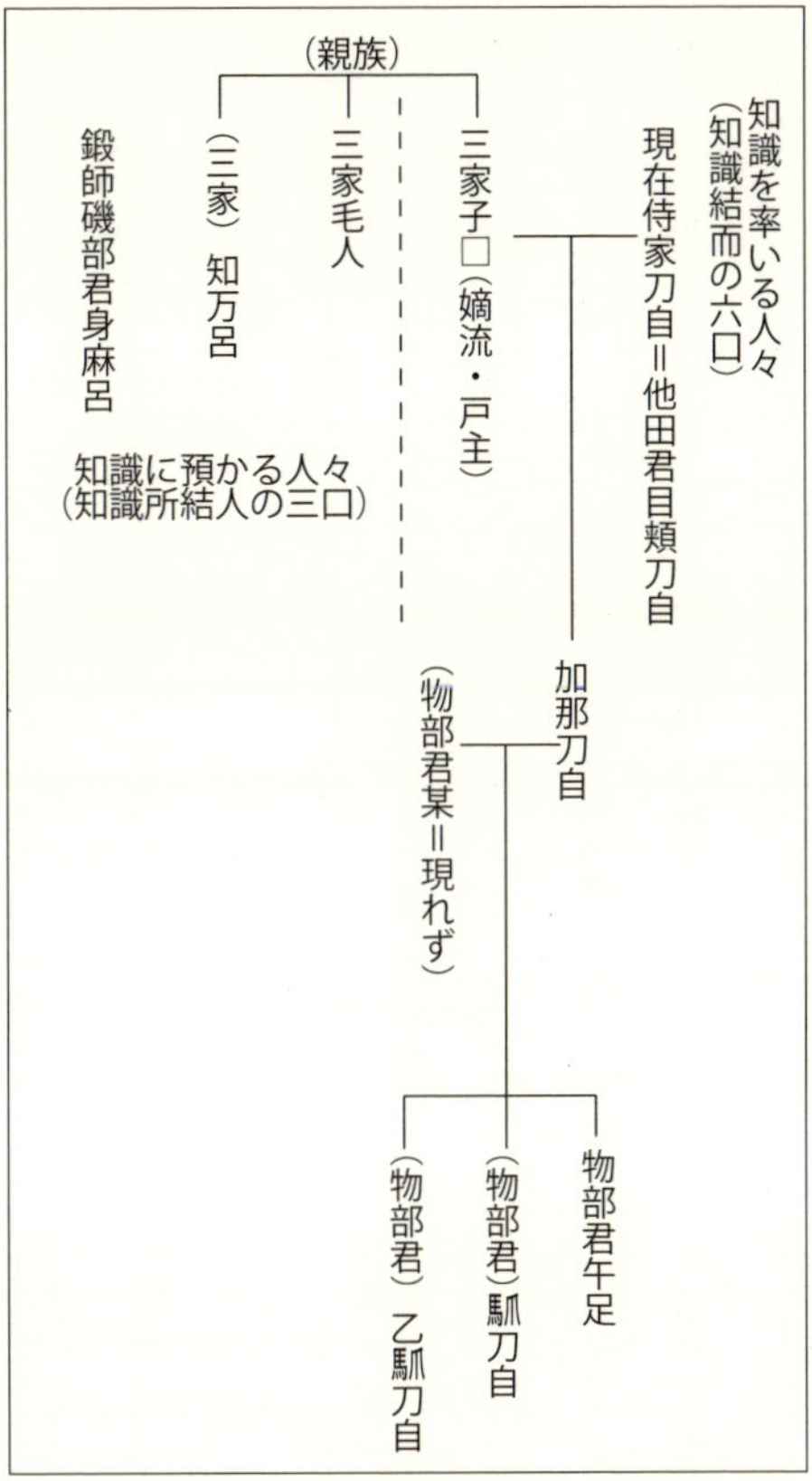

当然のことながら、調べる一歩は同時代史料での「所結」用例の吟味だが、『古事記』『日本書紀』『続日本紀』『万葉集』のいずれにも「所結」の用例はない。金石文を見渡しても金井沢碑以外に用例はない。

他方で「所」という文言は各史料に膨大な数が見られる。そこで「所結」に連なる「所＋動詞」に絞り込んでみると、『万葉集』と『続日本紀』掲載の宣命に注目すべき用例が頻出している。

『万葉集』の「所＋動詞」用例は「所見」一二五例、「所念」または「所思」一〇二例、「所知」三五例、「所聞」二五例に分かれる。とくに、一つの歌の中で、ある動詞と「所＋ある動詞」とが一緒に使われていて、その違いが鮮明になる歌があれば、「所＋動詞」の特性が鮮明になる。巻一にぴったりの歌がある。

軽皇子《かるのみこ》宿ス二于安騎野《あきの》ニ一時　柿本朝臣人麻呂作歌《かきのもとのあそみひとまろつくるうた》

東《ひむがしの》野炎《のにかぎろひの》　立所見而《たつみえて》　反見為者《かへりみすれば》　月西渡《つきかたぶきぬ》（国歌大観番号〇〇四八）

字面を見ているだけで光景が浮き上がって来る本当に素晴らしい歌だが、「所見」は「みえ（みゆ）」の表現で自ずと見えていることを表し、「見」は「み（みる）」の表現で主体的意識的に見ていることを表す。ただ、この読みはあくまでも賀茂真淵（一六九七〜一七六九）の読みで、それ以前の読みは違うという説もあるので、他にも当たると、同じ巻一の国歌大観番号〇〇六四の歌が例として挙げられる。

慶雲三（七〇六）年丙午《ひのえうま》　幸《みゆき》ス二于難波宮《なにはのみや》一時　志貴皇子御作歌《しきのみこのみうた》
芦邊行《あしべいく》　鴨之羽我比尓《かものはがひに》　霜零而《しもふりて》　寒暮夕《さむきゆうべは》　倭之所念《やまとしおもほゆ》

温度や湿度、日暮れの色調が直接伝わる文字の選択だが、「念」ではなく「所念」とあり、「おもふ」ではなく「おもほゆ」と読まれている。先の歌（〇〇四八）の「所見」と同じく、意識的能動的に「念ふ」のではなく、受動的自ずと湧いてくる「念ひ」という感じが伝わってくる。

主体的な行動である「見る」「聞く」「思（念）ふ」に対し、受動・自発・可能を示す上代特有の助動詞「ゆ」を含む「見ゆ」「聞こゆ」「思（念）ほゆ」の表現として「所見」「所聞」「所思」という文言が生み出されたと考えてよいであろう。そして、その表現は列島社会に普く共有されたと考えられる。

他方『続日本紀』の「所＋動詞」用例はほとんどが宣命の中で、「所思《おもほす》（念）」「所聞《きこしめす》」「所見《みそなはす》」「所知《しらしめす》」は全て天皇の行為を示す表現として使われている。

金井沢碑の主体は天皇ではないから『続日本紀』例よりも『万葉集』例の方がふさわしい。「所結」は、「結ぶ」という主体的な行動に対する受動的・従属的な表現と見るべきだろう。厳密に考え、『万葉集』に習えば、「結ぼゆ」だろうが、現代に読み継ぐことを重視すれば、同じ受動・自発・可能の助動詞「る」で考えて「結ばる」ないし「結べる」でよいのではないか。

そう考えると、「知識所結」が従属的に知識を結んだ三家毛人らに対して使われたのはもっともなことである。山上碑でほぼ完成した日本語表現が金井沢碑では主と従とを書き分けるまでに熟したことになる。

【第八行（碑文としたことの確認）】石文

【第九行（碑文作成の年月日）】神亀三年丙寅二月廿九日

神亀三年は七二六年。太陰太陽暦の神亀三年二月は小の月だから廿九日は月末である。二月が二八日ないし二九日になったのは明治の太陽暦導入からだから、閏年ではない。

三碑から探る「大和魂《やまとごころ》」の礎

上田先生は二〇一四年に出された『「大和魂《やまとごころ》」の再発見　日本と東アジアの共生』（藤原書店）の冒頭「『大和魂』

のまことの姿とは何か―序にかえて」で、『源氏物語』乙女の巻の「才《ざえ》を本《もと》としてこそ、大和魂の世に用ひらるる方《かた》も、強《つよ》う侍《はべ》らめ。」の一文に触れて次のように書かれた。

私がはじめてこの文章とであった時、紫式部の見識の広さと深さを身近に感じた。意外に思われるかもしれないが、「大和魂」という用語は、私の調べたかぎりでは『源氏物語』が初見である。いうところの「大和魂」とは戦争中さかんに喧伝されたような日本精神などではない。「日本人の教養や判断力」を紫式部は「大和魂」とよんだのである。（中略）権力者のみずからを守るためのたわごとに惑わされてはならない。東アジアのなかの日本はいまこそ、「和魂漢才」・「和魂洋才」を正しく受けとめて、東アジアの人びとと連帯し、民衆と民衆がまじりあう「民際」に基づいて、たんなる「共生《ともい》き」ではない。東アジアの人びとと共に新しい歴史と文化を創造する「共生《ともう》み」の二一世紀を構築すべきではないか。

そして「大和魂」を「やまとごころ」と読まれた。

改めて「知識結」とは

先に「知識結」という文言は金井沢碑にしか見えないと述べたが、文言「知識」は聖武天皇による大仏建立の詔に度々登場する《『続日本紀』天平十五（七四三）年十月辛巳条　原漢文・読み下し》。

……粤《ここ》に天平十五年歳次《ほしはやどる》癸未《みずのとみ》十月十五日を以《もち》て菩薩大願《ぼさちのたいがん》を発《おこ》して盧舎那仏《るしゃなぶつ》の金銅像一躯《く》を造り奉る。国の銅《あかがね》を尽して象《かたち》を鎔《い》、大山を削りて堂を構へ、広く法界に及して朕《わ》が知識と為す。遂に同じく利益《りやく》を蒙《かがふ》りて共に菩提を致さしむ。夫《そ》れ、天下《あめのした》の富を有《たも》つ者は朕《われ》なり。天下の勢を有つ者は朕なり。この富と勢とを以てこの尊《たふと》き像を造らむ。……是の故に知識に預かる者《ひと》は懇《ねむごろ》に至れる誠を発し、各《おのおの》なる福《さきはひ》を招きて、日毎に三たび盧舎那仏を拝《おろが》むべし。自ら念《おもひ》を存《そん》して各盧舎那仏を造るべし。……

「天下《あめのした》の富を有《たも》つ者は朕《われ》なり。天下の勢を有つ者は朕なり。」とはいかにも権力者らしいもの言いだが、（毘）盧舎那仏《びるしやなぶつ》建立という事業への参加を「朕が知識と為《わ》す」「知識に預かる者《ひと》」と表現している点は金井沢碑の「知識結」につらなる。呼びかけに応えて献上された物や各国国分寺に寄せられた物は「知識物」と称された（『続日本紀』天平十九（七四七）年九月条等）。

そうした営みは地域権力層の行為に止まるものではなかった。金井沢碑建立の翌年、七二七年、和泉国（現在の大阪府堺市《さかい》）で行基《ぎょうき》の「知識尓入」者たちは土塔を建立し、その数は二千人にも及んだと言う。『日本霊異記』の説話にも「率引知識」による仏事の共同遂行が描かれている。

行基は「親《みづか》ら弟子等《ども》を率《ひき》ゐて、諸《もろもろ》の要害《ぬみ》の処に橋を造り陂《つつみ》を築く。聞見《きき》ることの及ぶ所、咸《みな》来りて功を加へ不日《ふにち》にして成る。……時の人号《なづ》けて行基菩薩《ぼさつ》と曰ふ。留止《とどま》る処には皆道場を建つ。その畿内には凡そ卌《四十》九処、諸道にも亦往々《またところどころ》に在《あ》り」と記された（『続日本紀』天平勝宝元（七五七）年二月丁酉条。原漢文・読み下し）。寺を造るだけでなく、弟子を率いて架橋などの土木事業を率先し、その営みに広範な地域から多くの民が馳せ参じた。そうした活動のありかたゆえに、行基は、地にある仏、菩薩と称されたと言う。

我が国に伝流した仏教は、思想に止まらない民衆レベルの活動、暮らしを支える営みとなったのである。上田先生の言われる「大和魂《やまとごころ》」の一翼になったと言えよう。

金井沢碑の「知識」が営んだ事業は詳らかではないが、まもなく金井沢碑の周辺から行基の営みにつらなる仏者が陸続と生まれてくる。しかし、その前に「知識結」に繋がる仏教東伝の様相を見ておこう。

北朝における集団での仏教石刻から朝鮮半島・日本列島への確かな伝流　源流の一つは北魏における集団での仏教石刻にある。リスト検索しかできていないが、景明四（五〇三）年の「高伏等三百人造像記」、正始元（五〇四）年の「比丘法雅等千人造九級浮圖碑」などを嚆矢として、東・西魏への分裂後、東魏武定元年（五四三）の「李賛邑等邑義五百餘人造像碑」、翌年の「王貳郎法義三百人等造像記」などを経て、東魏を受け継ぐ北斉《ほくせい》の河清二（五六三）年「陳榮等三百餘人造像記」、武平二（五七一）年「永顯寺道端等三百人造像記」へと間断なく続いていく。リストだけで一〇〇件に上る（「北朝佛教石刻拓片百品索引」）。

北魏→東魏→北斉と続く流れは興味深く、古墳出土品としては唯一の綿貫観音山《わたぬきかんのんやま》古墳（高崎市綿貫町《わたぬきまち》、六世紀第Ⅲ四半期）出土銅瓶（北斉・庫狄廻洛《こてきかいらく》墓出土品類似）などとの関連も想定されるが、これほど多くの、集団での仏教石刻があることにまずは注目しておきたい。従来、この点まで視野を広げて仏教の伝来や石碑の建立を考えて来なかった。民際、グローカルの視点が問われているだけに、率直に反省したい。

七世紀半ばになると、癸酉年（六七三）銘三尊千佛碑像など、朝鮮半島でも多くの人々が力を寄せて石に仏像と造像記を刻んだ例が見えてくる。摩滅が進んでいるが、正面には「香徒（仏教徒）□□及諸佛菩薩像造石記」の文字が、向かって右側に「香徒」として「二百五十人」の文字が刻まれている。朝鮮半島と書いたのは、統一新羅時代に入ってはいるが百済の故地での出土であって、統一新羅とも百済とも断じられないからである。いずれにせよ、かなりの集団で石に仏像と造像記を刻んでおり、北朝からの伝流であろう。「石記」という表現も印象的で、金井沢碑の「石文」を髣髴とさせる。金井沢碑への伝流を考えずにはいられない。

さらに新羅では唐の天寶一七（七五八）年銘を持つ葛項寺三層石塔などが現れる。ただし、この石塔は、いくつかの理由から天寶一七年の製作とは見られず、実際の製作年代は若干遅れるが、日本においても、金井沢碑を受け継ぐ形で、造塔銘を持った石塔（竹野王《たかのおう》多重塔＝天平勝宝三（七五一）年・奈良県高市《たかいち》郡明日香村《あすかむら》稲渕《いなぶち》、山上《やまかみ》多重塔＝延暦二〇（八〇一）年・群馬県桐生市新里町山上《にいさとまちやまかみ》）や仏足石記（天平勝宝五（七五三）年・奈良県奈良市西ノ京町《にしのきょうちょう》・薬師寺）、経文や菩薩像を刻んだ磨崖碑（宇智川《うじがわ》磨崖碑＝宝亀□年・奈良県五條《ごじょう》市小島町《こじまちょう》）が造られていく。

摩滅が激しく、信者としての知識か、結ばれた知識かまでは判断できないが、仏足石記と宇智川磨崖碑には「知識」の文字があり、金井沢碑からの確かな継承関係が見られる。

日本仏教の礎・大乗菩薩行

行基のように、深い仏教理解と多様な実践力を持ち、知識を率いて世のため人のために働き続けた人々を菩薩あるいは化主《けしゅ》と言う。その働きを大乗菩薩行《だいじょうぼさつぎょう》と言う。

渡日前の鑑真《がんじん》（六八六〜七六三）も化主と呼ばれたが、その一番弟子に東国化主と呼ばれた道忠《どうちゅう》という人物がいた（生没年不詳）。鑑真遷化の後、東国の人々のために故郷へと帰り生涯を尽された人物である。

最澄《さいちょう》（七六七〜八二二）の伝記『叡山大師伝』などによれば、拠点となったのは緑野寺《みどのでら》とも呼ばれる浄法寺《じょうほうじ》（群馬県藤岡市《ふじおか》浄法寺）である。そこには一切経五千巻があったことが知られる《『続日本後紀《しょくにほんこうき》』承和元年五月乙丑条》。鑑真の元、やがて来る東国での布教のために歳月をかけて道忠が写したものだろう。

最澄の伝記『叡山大師伝』は次のように記す。

東国化主道忠禅師といふ者あり。是は此れ大唐鑑真和上持戒第一の弟子なり。伝法利生、常に自ら事と為す。遠志《おんし》に知識し大小経律論二千余巻を助写す。纔《わずか》に部帙《ぶちつ》を満てるに及びて、万僧斎《まんぞうさい》を設け同日に供養す。今、叡山の蔵に安置せしは、斯《そ》れ、其《そ》の経なり。《原漢文。読み下し》

最澄が延暦一六（七九七）年比叡山上に一切経《いっさいきょう》を備えようとした時、一年も経たない間に二千巻を写し助けた人物である。最澄の大志に共鳴し協力したことを「知識」と書いたのだろうが、道忠ひとりで出来るはずはない。道忠から最澄に預けられて第二代天台座主《ざす》となる円澄《えんちょう》（七七二〜八三七）をはじめとする多くの人々が知識しなければできない。写経はやってみれば分かるが、写す経の内容を理解し、文字も正確に書けなければできない。道忠は、そうした人々を東国の地で育て上げていたのである。

「伝法利生、常に自ら事と為す」の一面であろう。まさに菩薩行の実践である。日本最初の仏教通史『元亨釈書《げんこうしゃくしょ》』（虎関師錬《こかんしれん》著、一三二二年）の円澄伝には「道忠菩薩」と記されている。道忠はすでに遷化していたと見られるが、弘仁八（八一七）年の最澄東国巡錫、宝塔建立時のことを『叡山大師伝』は次のように書いている。

爰《ここ》に上野国浄土院（＝緑野寺）一乗仏子（＝大乗僧）教興・道応・真静、下野国大慈院一乗仏子広智・基徳・鸞鏡・徳念ら、本《もと》、是れ道忠禅師の弟子なり。延暦年中、遠く伏膺《ふくよう》を為す（＝大小経律論二千余巻助写のこと）。師資（相承）を闕《か》かず。斯れ、其の功徳勾当《くどくこうとう》の者なり。

同書は続いて、さらに興味深い話を載せている。

是時、信濃国大山寺《だいせんじ》の正智禅師あり。上野国千部知識の列に預かり二百部法華経を助写す。送らんとする時に臨み、一の槽《かいばおけ》の七（頭）の馬、首を挙げて食はず。動《う》転《ご》かず。寂黙として眠るが如し。……諏訪大神託宣して云はく。我、千部知識に預からんと欲す。而して、此の怪を示す。亦《また》、此の経を助け送る。即ち便に誓ふを以て知識に預かるのみ。七（頭）の馬倶《みな》食ひ、羸疲《るいひ》あるものなし。経の装束竟《おは》り、上野国千部法華院に奉り送る。荷擔《荷駄》道に列《なら》ぶ。忽に旋風吹きて徐徐に進前《前進》す。衆人驚《おど》異《ろ》く。神の神を為す（＝神の不思議な力を示す）也。

諏訪大神までもが千部法華経の助写に知識したいと願って神異を見せたという展開は痛快だが、長大な『叡山大師伝』の中で「知識」の文言が現れるのは、道忠教団に関係する部分だけである。しかも重ねて「知識」の文言があり、仏者・道忠のあり方を象徴している。

道忠教団からは、この後、第三代天台座主・円仁《えんにん》（七九四～八六四）、第四代天台座主・安恵《あんえ》（七九四～八六八）などが表れている。彼らは道忠の弟子で菩薩と呼ばれた広智《こうち》（生没年不詳）の弟子であった。

日本らしい仏教は日本天台宗の成立で成り立ったと言われるが、その内実は道忠の弟子・孫弟子たちであった。かくして、金井沢碑に始まる知識結は日本仏教の礎、大和魂《やまとごころ》の礎となったと言ってよいであろう。

三碑に見られる二つの民際

最後に、同じ年に「世界の記憶」となった上野三碑と朝鮮通信使の記録との間には二五〇年前に最初の邂逅があったことを付け加えたい。

宝暦一四（一七六四）年徳川家治《いえはる》の将軍職就任祝賀に際しての朝鮮通信使来日時のことである。多胡碑に近い下仁田《しもにた》（群馬県甘楽《かんら》郡下仁田町《しもにたまち》）の漢学者・高橋道斎《どうさい》（一七一八～九四）と多胡碑の研究を進めていた書家・沢田東江《東郊》（一七三二～九六）は、家治の印章を彫る大役を与えられていた。大役を終え、朝鮮通信使書記官たちとの懇親を深める中で、彼は多胡碑の拓本を持ち出し、筆談を始めた。東江自身の記録『傾蓋集《けいがいしゅう》』には、次のようにある（原漢文、読み下し）。

宝暦十四年甲申二月 韓使来聘、鱗《東江》、時に命を奉り御書宝《家治の印》を篆《ほ》る。事畢矣《をはる》。三月三日（中略）

秋月（朝鮮通信使製述官・南玉）云ふ。恵《たまは》る所の古碑、奇崛賞すべし。珍荷万々《かずしれず》。

東郊《東江》云ふ。上野国九峰山人《高橋道斎のこと》、名は克明、頗《すこぶ》る好古の士、此の碑本、即ち翻刻《採拓》する所は其の家《道斎のこと》なり。

秋月云ふ。多胡碑、これを得るに甚だ奇なり。（中略）

龍淵（朝鮮通信使書記・成大中）云ふ、多胡碑の字法、甚だ奇崛《奇抜にして優の意》、貴邦金石の宝と謂ふべし。

朝鮮通信使側の評価が事実であったことは、製述官・南玉（秋月）が正式な使行日記『日観記』三月二日の条に「江戸に留まる。平鱗（＝東江）、多胡郡碑を送り致《とど》ける。すなわち日東《日本》千年の古筆なり。」（原漢文）と記していることからもうかがい知ることができる。

半世紀の後、朝鮮から清国の都・燕京《えんけい》（北京）に派遣される国使・燕行使によって多胡碑拓本は清国に渡り、清国の金石学者の間で注目されるようになる。日本を文化の低い国と思っていた朝鮮王朝・大清帝国にとって、千年も前に称賛に値する書が碑に刻まれ、それが存在し続けていたことは、まさに想定外のことだった。日本を文化の国として見直すようになり、新たな文化交流が生まれていった。

いま再び、「世界の記憶」同時登録を縁として、新たな民際・共生を生み続けていきたいものである。

そうした思いを込めて、最後の最後にまたまた私事で恐縮だが、山上碑・金井沢碑所在の高崎市南八幡《みなみやわた》地区の一住民として「山上碑・金井沢碑を愛する会」に入れていただき、時に湯茶当番に携わっている。上田先生が常に亀岡市曽我部町穴太《そがべちょうあなお》地区の人々と共にあったことに少しでも近づきたいと願って。

註

（1）茜史朗名の拙著『古代東国の王者　上毛野氏の研究』序文、一九八五年、あさを社。

（2）「上野」を「こうずけ」と読むのは、当初「かみつけの」に「上毛野」の文字を当てたが、地名の二字表記が推奨された際、表記からは「毛」の文字を外しながら、読みからは「の」の音を外して「上野《かみつけ》」とし、読みが「かみつけ」→「かんづけ」→「こうづけ」と変化したためで、本来なら「こうづけ」で止まるところを、現代仮名遣いを拡大適用して県及び県教委が「こうずけ」としたためである。

（3）拙著『改訂増補版　古代東国の王者』序文、二〇〇八年、雄山閣。

（4）後刻の疑いもあるが船王後墓誌（六六八年）でも同じ字体が使われている。他方、高句麗好太王碑文（四一四年）・北魏高慶碑（五〇八年）では「立」に「木」、北魏劉雙周造均塔記（五三七年）・北斉阿鹿交村七十人等造像記（五六二年）・新羅壬申誓記石（六一二年?）では「立」に「未」となっている。

（5）慎重な扱いが必要だが、平安時代初期の九世紀代の成立と見られる『先代旧事本紀』巻十「国造本記」にも頻出している。

（6）一部の教材や解説に「娶《とつ》ぎ」と呼んでいるものがあるが、残念ながら誤読と言わざるを得ない。

（7）ただ気になるのは『仏説盂蘭盆経』に基づく仏事は七月十五日と経典自体に書かれ、斉明天皇代の行事もその日に行われ、現代のお盆もその日となっているが、金井沢碑が態々『仏説盂蘭盆経』を踏まえながら建碑を二月廿九日としている理由が分からない。今後の解明課題と思われる。

（8）癸未（六二三）年銘法隆寺金堂釈迦如来像光背銘の「信道知識」や丙戌（六八六）年銘金剛場陀羅尼経奥書の「川内國志貴評内知識」などに、わが国最初の本来的意味での「知識」例が見える。

（9）現在は kalyana-mitra の漢語訳「善知識」という言葉で本来の意味が伝わっている。禅宗、浄土真宗、日蓮宗などで多用されている。

（10）最澄の伝記『伝述一心戒文』に第二代天台座主・円澄について、延暦十七年「叡嶺に登り、先の師（＝道忠）と共に一切経を写し経蔵に収む。先師の後に従いて一切経を供ふ。」とある（原漢文）。

高麗美術館に託された共生《ともうみ》の魂《こころ》

鄭　喜斗

民際　在日のなかの上田正昭

上田史学を受け継ぐという趣旨で果たして高麗美術館論というものが成立するのか苦悩した。

上田正昭先生（以下、敬称略）の業績を分析し評価するなどとてもできない。学界、アジア史学会、世界人権問題研究センターをはじめとする人権への取り組み、文化財行政をはじめ各自治体の生涯学習への取り組み、神社関係をはじめとする社会への貢献から鑑みれば、まさに「知の巨人」である。日本社会へ上田が投げかけた数々の業績は晩年自ら絶筆として綴った『古代史研究七〇年の背景』（藤原書店二〇一六年六月一〇日発行）の各章から顧みればよくわかる。

人権問題の考察、中央史観の克服、生涯学習・女性学、朝鮮通信使、アジアとの関わりなど各章に綴られた思いは七〇年の研究と日本の戦後七〇年の歩みをかぶせるような重き研究史である。もし戦後七〇年の中に上田史学七〇年がなかったらという疑問にどのような回答が得られるだろうか。

その中でも日本と朝鮮半島の関係史において上田の果たした功績は重い。

これから述べる内容は上田正昭の学問としての高麗美術館論という偏狭な論述ではない。上田の伝えたい「民際」を在日朝鮮人・韓国人の世界だけに閉じ込めたのでは真の民際が理解されないと思ったからである。

今まで読者の人達が知らない上田の姿を見てもらいたい。それは在日朝鮮・韓国人と友情を交わすなかで実践された上田の民際の姿である。上田の戦後七〇年の研究が、今日在日の人権にどれほど貢献したか、そして在日の人々が上田の戦った日本社会に暮らすことができた安堵感、そして上田が日本と朝鮮半島との距離感をいかに近づけたか、次世代の日韓、日朝関係を担う世代へその姿を伝えるべきと考えた。古代史だけではなく日本神話と古代朝鮮の結びつきから始まり、帰化人史観を克服するために上田が尊敬してやまない先学者への研究史批判が、どれほど今日の日朝・日韓関係構築に貢献したか。韓国への、この思いを伝えたうえで韓国の新聞文化担当者へ上田逝去の韓国内の反響を尋ねてみた。

韓国『中央日報』は大きく取り上げていて、その一部の内容を紹介してみる。

故人は、宗教、神話等文化研究に重きをおきながら東アジア史の中で日本文化の根源を探した。日本の建国神話が韓国檀君神話の影響を受けたと主張した。韓半島から渡ってきた人達を「帰化人」とする表現が「日本中心的」と指摘し、「渡来人」を定着させるのに寄与した。百済と日本王室の血縁を研究し、歪曲された韓日の古代交流史の真実も掘り出した。

上田教授は江戸時代の朝鮮通信使と日本の民衆が友好関係を育んだことに対しても注目した。朝鮮通信使研究を通して日本の偏狭なナショナリズムを克服するために努力した。国家と国家の関係を「国際」だけでなく民族と民族が交流する「民族際」、そして民衆と民衆が繋がる「民際」の重要性を強調した。

一九五〇年京都大学を卒業したあと七一年京都大学教養部教授になった。一九九一〜九七年大阪女子大学長を歴任し一九八八年在日同胞一世、鄭詔文《チョンジョムン》が日本内韓国文化財を収集して京都に立てた高麗美術館館長も受け持った。一九六九年から八一年まで季刊誌『日本のなかの朝鮮文』を共同発刊し『古代日本と朝鮮』(一九八六年)『古代道教と朝鮮文化』（一九八九年）など多数の著書を残した。（韓国中央日報二〇一六年三月一五日号）（翻訳　鄭喜斗）。

新聞紙面で主に取り上げられた「渡来人用語の定着に重要な役割」、「百済と日本王室の血縁関係を解明」（ハンギョレ）「日本王は百済の子孫と主張」（東亜日報・朝鮮日報）と内容は、地域新聞に至るまでほぼ全ての紙面に紹介された。

しかし韓国社会では日本の教科書から「帰化人」が消え「渡来人」になったことにどれほどの意義があるのかが説明されていない。国際と民際のニュアンスが韓国では伝わらないのだ。

二〇一六年五月三一日京都府のガレリア亀岡にて行われた「上田正昭先生を偲ぶ会」で、私は「在日朝鮮人・韓国人の命の恩人です。上田先生のおかげで日本に生きる在日は希望と生きる術を見出すことができました」と感謝の気持ちを伝えた。

歴史や文化から恥じずに生きる術、人権という力強い糧、そして何よりも日本で生きながら朝鮮半島とのつながりを強く感じる力は、根を持たずに生きた在日一世達へ大きな希望となった。弔辞を聞かれたほとんどの在日の方から同じような意見を聞いたのを忘れられない。よくぞ代弁して言ってくれたと涙を流しながら彼らはそう叫んだ。

上田史学が戦後七〇年の中で必要不可欠な学問の扉を開いたというところで欠かせないのは、在日朝鮮人・韓国人との信頼関係である。それは学問の分野だけにとどまらず、誠信の交わりそのものであるからだ。

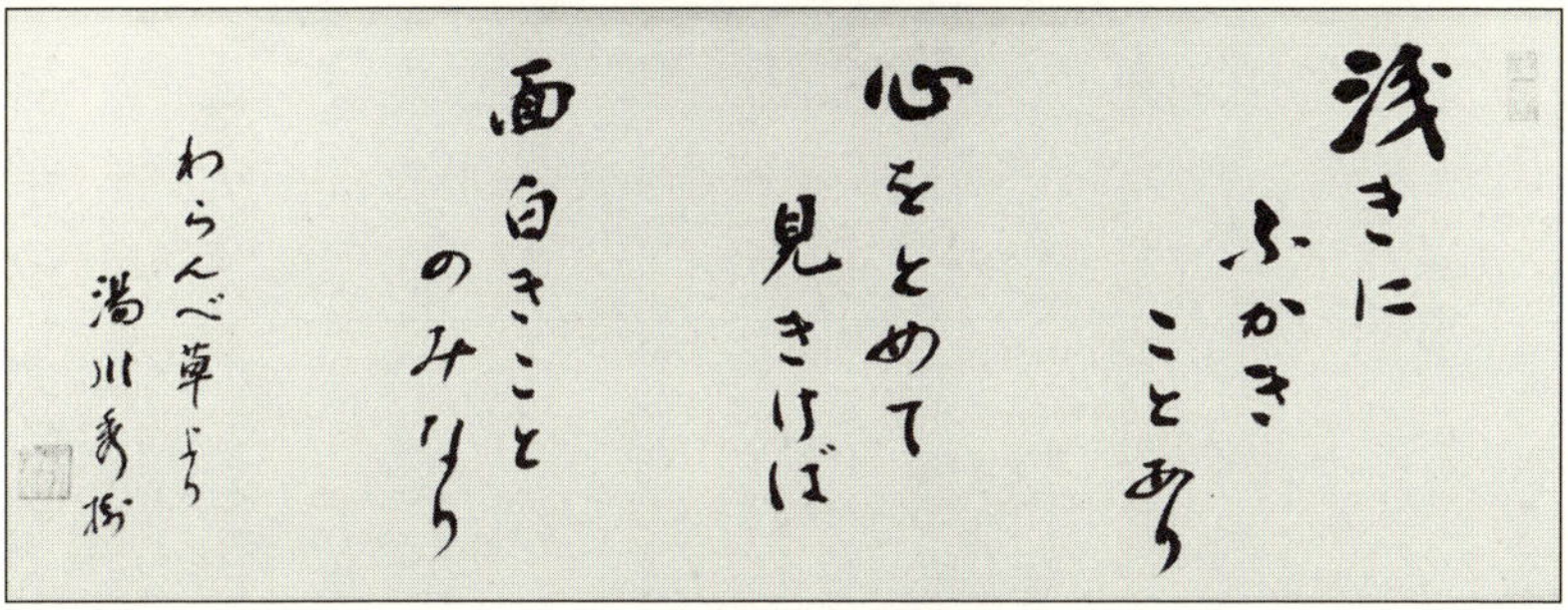
浅きにふかきことあり
心をとめて見きけば
面白きことのみなり
わらんべ草より
湯川秀樹
【湯川秀樹先生揮毫額】

在日朝鮮人・韓国人と対等な立場の中で、彼らを排除するのではなく、ともに研究する「学問の仲間」として迎え入れたことに大きな意義がある。それは日本社会側の話だけではない。在日朝鮮人社会の中で大きな転換期を迎えた一九六〇年代半ば、上田史学は偏狭な闘争の場から表舞台の歴史学界へと導いた。

上田史学の業績を述べているのではない。韓国でもいまだに理解されない「民際」の本質、その言葉が生まれた背景、在日朝鮮人との交わりの中で芽生えた友情の物語の断片をはじめに整理しながら稿を進めたい。

「浅きにふかきことあり、心にとめて見きけば、面白いきことのみなり」

この言葉は上田の応接室に掲げられた湯川秀樹先生の揮毫である。まさに上田史学七〇年の中で「民際」の生まれた経緯は浅く映るに違いない。

この浅きことの深さ、日本社会の中で決して語れない上田史学の深さを記し、師への感謝の気持ちを表したいと思う。

上田史学の社会化1　季刊誌『日本のなかの朝鮮文化』――厳しい船出――

季刊誌『日本のなかの朝鮮文化』の方向性は私の父・鄭詔文《チョンジュムン》と上田のコンビで生まれた。日本歴史学会の左右学派のバランスを取る上田に在日のバランスを取る鄭詔文、二人は独特な光を放つ在日作家・金達寿《キムタルス》を巻き込みながら三つ巴体制で激動の七〇年代を駆け抜けた。

しかし季刊誌の発行が個人の財力で五〇号まで続けることがいかに困難なことであるかは二一世紀の現代でも想像するに余りあるといえよう。しかもそれをよしとせぬ組織との闘い。鄭詔文はそれまで在日子弟の教育のためにあらゆる面で支援活動をしてきた。京都の民族学校の大半は彼の支援金で建設され運営されていたと言えるほどの総聯組織の幹部である。その幹部が組織の裏切り者としてレッテルを張られた人たちと新しい文化運動を始めるのである。鄭詔文の兄であり一番の理解者であった鄭貴文《チョンギムン》は総聯組織の弾圧に屈服し発刊後三年で脱退を余儀なくされた。この事件は特にこたえた。司馬遼太郎と強いつながりを持てたのも兄である鄭貴文の功績が大きいからだ。

発刊当初の在日世界の複雑な問題については「日本のなかの朝鮮文化社」唯一の専属編集者である松本良子氏が、『三千里』の終刊に際し次のように述べている。

金さんや鄭さん兄弟が属していた朝鮮総聯（在日本朝鮮人総聯合会）というところから横やりが入った。それは、個人がその属している組織の許しもなく、勝手に雑誌を発行するなどまかりならぬ、ということであったが、その時はじめて、日本にあっても二つにわかれている朝鮮人社会の容易でないことがおぼろげながらわかった。しかし、のちにもっと大変なことになるとは予想もしなかったし、そのへんの政治的事情に無知だった私には、みんなの深刻さもわからなかった。

『日本のなかの朝鮮文化』は創刊の時点から、ある覚悟をもってはじめられることになったのだった。…李進熙さんは、座談会中の発言や名前を誌面に出すことが出来なかったし、商工人として何やらの役職にあった鄭詔文さんは、発行者としての立場を秘めておかざるを得なかった。しかし、鄭詔文さんはある決意をもって、三号から編集人の鄭貴文さんと奥付に名前を並べるようになった。だが、李さんは大学を去る四年後の一八号まで誌面には登場せず、編集のメンバーとして影で季刊誌をささえた。〈中略〉

私は林屋さんと上田さんを送ることになり、助手席でお二人の話を聞くともなく聞いていた。話は『日本のなかの朝鮮文化』の置かれている現状についてだったが、林屋さんが「金さんのような人を大事にしないようではだめだ」という意味のことを言われたのを聞いて、「圧力」を日ましに強めてきた「組織」のあやまちを何となくさとったものだった。〈中略〉

仕事の上では、とどこおりなく号を重ねていったが、例の「圧力」は吹きあれていて、鄭詔文さんはたびたび呼び出しを受けていた。いつもだまって出かけて、帰ってきても何も言わなかったが、顔色でわかった。私はただ見守っているしかなかった。〈中略〉

鄭さんは「禅問答してきた」と言ったが、とてもつらいことだったと思う。同じような立場の鄭貴文さんが、家庭の事情（家族が組織にかかわった仕事をしていた）もあって、一四号で編集長を辞めた。〈中略〉ある時、金さんがひどくかすれた声で電話をかけてきた。驚いて「どうしたのですか」と言うと、前の日、数一〇人のグループに突然家へデモをかけられて、怒鳴り合ったせいだという。

編集者であった松本氏の文章は、組織の激しい圧力は学術誌といえども当時の在日運動の複雑さをものがたっている。一九七〇年代は、私はまだ京都市左京区にある民族学校に在学中の頃であった。私も何度も校長室、教頭室に呼び出されて尋問を受けたことがある。私たち兄弟を「三千里派」という俗称をつけて糾弾するのである。（『三千里』とは在日作家たちの季刊誌で朝鮮半島の南北問題、在日問題、人権問題が中心テーマ）理由を知らずに総括をさせられる日々が続いた。父にこの件を相談すると「上へは行くな」つまり「朝鮮大学校」には行かずに日本の大学を受験しろというのである。その当時は在日朝鮮人の世界では朝鮮高校からは朝鮮大学に行くのが通常で、朝鮮高校の授業カリキュラムのうち、日本の受験に対応する科目は皆無であった。

家庭内の雰囲気は、いま考えると、晴れる日のない日々であった。鄭詔文の始めた共和国との貿易事業もいつしか組織に妨害され役員の席すら追われた。また当時在日の商工人であれば唯一の頼みであった民族金融機関からの融資をとめられ、赤字の季刊誌は窮地に追いやられていく。

複雑な在日運動の中へ―上田正昭の覚悟とバランス―

この複雑な在日運動の中に単身入り込んでゆく上田の脳裏にはどのような覚悟があったのであろうか。『日本のなかの朝鮮文化』に関わるということは、すなわち「在日のなかの南北問題」に足を踏み入れることであり、在日の差別問題、部落問題、人権問題、女性解放問題も必然と関わっていくことになる。特に京都という閉鎖された空間に圧倒的な権威を誇る京都大学の中で在日問題に関わる危うさと闘わねばならなかった。在日が陥りがちな南北のバランス偏重を自制することが学問で実践できるのだろうか。この件に関しては後章で詳しく述べる。

上田の持つ政治への配慮はまさにバランスを取ることが絶対の条件で、季刊誌経営上や編集作業上、そして在日学者との構成比率、東西の学会のバランスも念頭に入れなければ進まない舵取りを意味する。

鄭詔文は在日世界の内部事情は決して表には出さなかった。日本の学者の中には政治的な朝鮮問題を特に嫌う傾向にあったからだ。鄭詔文は上田にだけは本音で「朝鮮文化社」の運営のきびしい状況を伝えていた。なぜなら上田は早くから日朝婦人同盟、部落問題研究会、在日韓国人居留民団をはじめ在日組織や差別問題に取り組む団体の中で講師や顧問を引き受けながら大きな役割を果たしていた。

京都で在日朝鮮人系の総聯、そして韓国系の民団が組織運営した文化運動の大半は上田に声がかかる。日本の中でも両組織に等間隔でものが言える数少ない日本人識者であることは南北組織から評価されていたからだ。上田の一言は在日の運動家達に大きな影響力を持っていた。彼らは上田が行政に対しても、南北の組織に対しても自ら動いて関わった姿勢を評価するからである。

上田が在日問題と関わる以前の京都府立鴨沂高校の教諭時代から同和教育に積極的に取り組んだ経緯があ

る。一九六一年には高等学校同和教育研究会の会長となり、後に京都府連合会会長、さらに全国同和教育研究者協議会副委員長を歴任し、京都大学の中でも部落史ゼミナールを開講し自ら同和問題委員長を務めた。人権問題を学問として深く掘り下げる姿勢は高校三年生の担任時代に在日差別に衝撃を受けた時からである。

その後、在日朝鮮人問題とのかかわりは一九七三年から日朝友好促進京都婦人会議の顧問を引き受けてから一層深いかかわりを持つことになる。そして人権問題を国際的視野から総合的に調査・研究する日本最初の専門的研究組織として一九九四年の平安建都千二百年記念事業の中心に「世界人権問題研究センター」創設を自らの最後の事業として取り組み立ち上げたのも上田である。遷都ではなく建都としたのも上田の強い意志がある。

一つ例を挙げると一九九〇年から大阪で始まった四天王寺ワッソの影響があった。当時の在日韓国人系信用組合・関西興銀が中心となり、「古代の国際交流再現—四天王寺ワッソ」が始まった。この祭りは、一時は中断したが、今では大規模な交通規制までして行われる大阪の代表的イベントにまで定着した。この祭りの時代考証に関して上田と民団側の実質主導者・李勝載《イスンジェ》（当時興銀理事長）との間に大論争を繰り広げたいきさつがある。上田の主張は時代考証の裏付けをしないと長く続かない、真実の歴史の上で再現しなければならないという信念からである。その理想から大変な費用と負担を強いられた祭りとなったが、上田の狙いは大阪に残る代表的な祭りであったのだ。

また京都でも一九九三年、平安建都千二百年のプレイベントに総聯と民団が合同でワンコリアパレードを催した。これは両団体府本部が始めて合同で催した行事で、思想、信条、団体を超え、まさに民族が一つになる重要な契機となった。この両団体をつないだのも上田である。政治的イデオロギーを超えて在日南北の組織に日本国内から統一しないとどうして朝鮮半島で統一が実現できるであろうかと叱責し鼓舞したのだ。上田の狙い通り数年間はこの行事が京都の恒例行事になった。

上田が在日の中でどのように接していたかを表現した小説がある。対馬から釜山が見えるという情報を聞きつけた在日のグループに上田（小説では植田）が日本人でただ一人参加し、現地の考古学者・永留久恵（小説では長野）に道案内をお願いする場面である。

「長野さん」と、そのとき伏せていた顔をあげるようにして植田がいった。「あるいはご存じないかもしれませんが、北の共和国にしてもそうですけれど、この人たちはみな南の韓国へ行ってくる、帰ってみるということができない人たちなんです。」「この人たちがそんなことになっているのは、われわれ日本人の責任でもあると思うんですよ」

《金達寿「対馬まで」『文藝』一九七五年四月》

在日朝鮮人六名の中で唯一の日本人である上田が在日の面々と共に対馬の最北端、千俵蒔山《せんびょうまきやま》を目指すシーンである。簡単な描写だが実話である。鄭貴文「故国見の旅」（『日本のなかの朝鮮文化』二〇号、一九七三年一二月二五日）にもよく似た描写がある。

千俵蒔山の先端で釜山を望むが水平線は厚い雲に覆われていた。重い空気のなかで
「晴れるかもしれない」と望みをつなぐのは上田教授で、

「もう山を下りましょうか」

「ええ」

といい、上田は顔を曇らせた。

「でも、ぼくからそれは言い出せませんから」

はなれた場所で二人は立ちつくした。上田さんも、空が晴れるとは思っていないだろう。昨年上田さんは、韓国へ学術調査に行かれたことがある。帰国後わたしたちは、上田さんを通じて故国に接することができた。行けぬわたしたちに、上田さんはこころのうちで、すまない という思いがあり、晴れぬ水平線もご自分のせいのように、気の毒なくらいに気をつかっておられた。


これらの小説の中で上田がどのように在日に接したかの全てを語ることはできないが、この故国見の旅に参加した面々は全員「朝鮮国籍」で（一九七四年当時）しかも元朝鮮総聯関係の商工人、文学者、元朝鮮大学校教員たちで、韓国軍事独裁政権への批判的立場と北の在日組織からの圧力のはざまで生きていた人たちである。つまり北へも南への渡航できない立場から出た「故国見の旅」となったのである。対馬の夜は上田の初めての韓国訪問報告会をかねて大いに盛り上がったと聞く。上田にすればせめてもの償いを買ってでたの

ではないだろうか。人間・上田の情の厚さを感じる。

上田史学のどの部分をひも解いてもそこには一貫した流れを感じる。神話学から人権、中央から地域へ、日本古代からアジアへ、そして国際から民際への視点の広がりである。その広がりが在日朝鮮人・韓国人運動を学問上の裏付けから、もう一段階引き上げる原動力になったのではないだろうか。

二〇一五年九月一八日、外務省は安倍談話を基に、公式サイトに「歴史問題Q＆A」を掲載し、「将来の世代が、謝罪を続けねばならないような状況を作ってはなりません」と述べた。

安倍談話の中では「戦争とは何ら関わりのない、将来の世代が、謝罪を続けねばならないような状況を作ってはなりません。これは今を生きる現在の世代の責任であると考えています」とし、戦争で死亡した人々に対し「痛惜の念を表すとともに、永劫の、哀悼の誠を捧げます」と述べ、日本が国策を「誤り」、何の罪もない人々が犠牲となり、被害国に大きな損害を与えたと語った。

ここで安倍談話の本質を述べることは控えるが、江戸時代の朝鮮通信使が平和の象徴として理解されながらも、いかに困難な中で日本と朝鮮が取り組んだかを上田自らが語った言葉がある。

まず第一に大義名分なき豊臣秀吉らによる文禄・慶長の役の戦後処理と国交回復を目指す努力の成果として、朝鮮王朝からの使節の来日が実現していること。しかも一六五五年の第六回まで捕虜刷還の交渉が続いたこと。第二にその使節の質と量である。朝鮮通信使の一行はおよそ四百名から五百名におよぶ大文化使節団であって、政治家・軍人ばかりでなく、学者・医者・画家のほか歌舞・音曲の名手なども参加していた。徳川幕府と朝鮮王朝との間にくりひろげられた二百有余年の外交には、時期による内容の変化があって、これを一律に論ずるわけにはいかない。そこには幕府側の意図があったが、そうした思惑をこえての善隣友好を、朝鮮王朝・徳川幕府の両者が莫大な経費を負担して実施したことを直視する必要がある。幕府が費やした額は百万両をこえる場合もあった。

《上田正昭『雨森芳洲』ミネルヴァ書房》

朝鮮通信使が現代に示唆することをいかに未来につなげていくか。豊臣秀吉の戦後処理を二百年以上かけて善隣友好の道を構築した江戸時代、謝罪や保証を前面に出さずに誠信と信頼の構築に取り組んだ両国の姿勢こそ未来志向の関係に繋がるのではないだろうか。

上田の持論には「歴史には光が当たらない部分がある。歴史の光が強ければ強いほどより暗い部分が鮮明になる。しかしより強い光を与えて暗い部分さえ明るくする」ことを歴史学の使命であるとした。光を当て続ける作業こそ次世代に残す日韓・日朝の誠信の構築と考えてみたい。上田のいう光を当て続けるとは、後世へ戦争の責任を課せ続けることではなく、古代から日本各地あるいは朝鮮半島各地に残る歴史の継承研究であり、その作業そのものが未来への友好につながる民際交流であるという点ではないだろうか。

『日本のなかの朝鮮文化』刊行の潮流と上田正昭のスタンス

鄭貴文・鄭詔文の兄弟が始めた季刊誌『日本のなかの朝鮮文化』も民際であったし深い情のつながりが大きな潮流を生んだことに間違いはない。作家の司馬遼太郎を引き込み、上田を顧問に巻き込み、学問分野の垣根を越えて、ノーベル賞物理学者・湯川秀樹、作家の松本清張らと対談し親交を結んだ。

司馬の『街道をゆく』そのものが、朝鮮文化社主催の座談会と無縁ではない。『街道をゆく』の連載第一回目「湖西のみち」の掲載は一九七一年一月の「週刊朝日」から始まった。司馬遼太郎はその冒頭の部分で、始めるなら「近江からはじめましょう」と自ら提案したと書いている。「湖西の道」と題し「楽浪《さざなみ》の志賀《しが》」が記念すべき第一章の始まりである。「さざなみ」とした「楽浪」は朝鮮半島平壌地域の古代地名であり、すなわち滋賀県の朝鮮文化をめぐる紀行であった。

『街道をゆく』の始まりが渡来人の足跡を色濃く残した古代近江であり、第二巻では「韓のくに紀行」と続いていく。

日本人にとって韓国・朝鮮とはいったい何なのか。この問いかけが司馬を日本全国に足を向けさせる問いになった。そして原風景ともいうべき日本を求めて旅をする。それは『日本の中の朝鮮文化』の座談会での下準備の過程であった。

大津三井寺《みいでら》の新羅善神堂から始まる「湖西の道」は穴太《あのう》、白鬚《しらひげ》神社、安曇《あずみ》川と続く。司馬自身も金達寿との論議を回想しながら湖西の道を朽木《くちき》までたどることになる。司馬が先輩とした金達寿もほぼ同時期一九七〇年から日本全国を旅する歴史紀行「日本の中の朝鮮文化」を始めていたからである。『日本のなかの朝鮮文化』の準備が一九六八年から本格化する中で一九六九年の金達寿の関東からの取材スタート、司馬の一九六九年からの『街道をゆく』準備のスタート。ともに朝鮮文化社主催の座談会に対する準備過程が両作家の好奇心に火をつけ座談会に臨ませる踏査につながり、『街道をゆく』、『日本の中の朝鮮文化』という二つの代表的な紀行文を生み出す結果となった。

司馬遼太郎『街道をゆく』二巻の場面である。

私の友人のT氏は私が韓国の旅から帰ると、すぐ訪ねてきて、「洛東江の流れはいかがでした。豊かだったでしょう。それとも季節が季節ですから、水が痩せていたかもしれませんね」と、私に感想を強いたりした。T氏の故郷は倭館よりずっと上流の醴泉の人である。T氏のこの河についての記憶は六歳か七歳で停止していて、いまでは夢の中に、幻燈画のような美しさで出てくるだけだという。夢の中の河は岩壁から見おろすとこわいほどの碧さなのです、まだ小さかったために一人で河原へゆくことがいけなくて、母親が洗濯をするときに河原へおりてゆくのです、私が浅い瀬に足を入れて小魚を追っておりますと、まだ若かった母親が川上でキヌタを打っていて、いまでも四〇数年前のその情景がありありと目の奥にうかびます、という。その後五〇年近く経ったが、T氏は韓国とは国家を異にする朝鮮総連に所属しているために、故郷の醴泉へ帰る自由をもっていないのである。

《「街道をゆく・韓のくに紀行」洛東江のほとり》

司馬の紀行する感覚の中に鄭兄弟に対する姿が映る場面である。

鄭兄弟の犠牲的行為に最初に魅力を感じたのは、京都大学の上田正昭教授であった。さらに鄭兄弟の古い友人である作家の金達寿氏がこれに加わり、これらのひとびとが柱になってかれらの仕事をたすけられた。最初、どういう内容の雑誌にすべきか見当がつきにくい、だから座談会でもしてそこから方向を見つけてゆきたい、と鄭貴文氏がいうので、私も門外漢ながら加わった。その座談会がそのあと恒例のようになり、湯川秀樹氏、松本清張氏ら多くのひとびとの協力をえてみのり多いものになったが、最初の座談会というのは要するに雑誌の方向づけのためにおこなわれたものである。

《司馬遼太郎『「朝鮮」私語』『日本の朝鮮文化』中央公論社 昭和四七年一一月》

上田は日本人中心の座談会の構成に対して次のように考えていた。

日本の歴史を研究していけば、いやおうなしに、朝鮮が浮かんでくる。在日朝鮮人とのさまざまな出会いのなかで、学んできた実感と私のささやかな研究とが無関係であったとはいえない。七年ばかり前に『帰化人』（中公新書）という、不十分な著書を書いたのも、いかに「帰化人史観」が日本の歴史をゆがめてきたかに気づく。それは在日朝鮮人の不幸にとどまるものではない。日本人の不幸と深くかかわっている。

私もまた「こじ付け」に同調する必要はないと思っている。しかしあげ足取りをすることによって、いまの日本人に提起されている問題の焦点をはぐらかすことはできないと考えている。批判のための批判よりも、朝鮮人によって問われている問題を、日本人自らの問題として掘り下げていくことが大切なのではないのか。日本人が朝鮮人に同調することはない。朝鮮人もまた日本人に同調することはさらにない。日本人は自らの問題として朝鮮を問うことが必要なのだと思っている。まやかしの「連帯」よりも、それぞれが、その「接点」を明確にしてゆくことが、第一歩になるはずである。座談会を通じてそのことをしみじみと痛感したことではあった。

《上田正昭「忘れられた神々」『日本の朝鮮文化』前掲》

上田の言う「こじ付け」とは金達寿の強引な論法により日本古代史を朝鮮半島と結びつける論理に対して、学者ではできない小説家ならではの自由な発想と勇気ある発言に親しみを持って表現しての事である。

この学問上の流れに関して当時の朝鮮半島の多くの分野で研究が遅れていたことが危惧されていた。たとえば仏教文化に関しては高麗時代の仏教は中国仏教史の一部の中で論じられていたし、高麗仏画の研究では中国仏教絵画の一部として扱われていた。朝鮮史研究の第一人者・旗田《はた》巍《たかし》は当時の朝鮮研究分野の遅れに関して次のように述べている。

一九六〇年代まで朝鮮文化史に対する学問上の認識があまりにも遅れていた。文化史研究が朝鮮像を考え直すうえで非常に重要な位置を占める。しかし文化史の研究は学問上の歴史学の上に立脚している。日本の学会でその先立つ認識の遅れにより朝鮮文化史像は際立って戦前的な評価で停滞していた。文化史にも古代から近代にいたるまで各年代の中に絵画、陶磁史、典籍、仏教美術をはじめとする各部門の研究が求められる。当時まで日本には朝鮮文化史を扱ったものはほとんどなく一番欠けていた分であった。

《旗田「朝鮮文化史　上下を読んで」『日本人の朝鮮観』一九六九年》

鄭詔文はかねてから季刊誌の準備段階で上田に相談した大きな方針があった。在日朝鮮人・韓国人中心の学術誌では日本の歴史学会が受け入れられるはずがない。朝鮮半島を祖国とする学者を集めて論理を進めても決して受け入れられない。それは差別や偏見にあがなう在日組織のそれまでの戦い方から学んだ教訓であったからだ。「歪められた日本人の朝鮮観は日本人自らの手で正さなければならない。」というのが鄭と上田の共通した認識であった。

上田は季刊誌の中で登壇する在日と日本人学者の比率を半分半分にするのではなく大半を日本人で固めることを提案した。そこには江戸時代の国学による日本優位の思想、そして征韓論へと続く歴史解釈は戦後日本社会の中で一番に取り組むべき課題と問題であると考えた。いうなれば植民地史観が戦後にも訂正されずにそのまま横たわっている状態が一九六〇年代まで続いたことに在日への偏見と差別感情が内在する要因であると考えた。その部分は在日朝鮮人、韓国人の問題ではない。日本人が正さなければならない問題だったからである。

そのことは、『日本のなかの朝鮮文化』一三年間の編集、発行の特徴の一〇項目から見ることができる。
①　中心は日本人学者で構成
②　座談会は主題に沿ってその道の専門家を招聘
③　学派閥に偏ることない座談会
④　現地遺跡巡りを実施し一般読者の輪を広げる
⑤　南北朝鮮半島の政治論議はしない
⑥　地域歴史学者の参加を促した
⑦　歴史学、考古学、民俗学等の垣根のない構成
⑧　在日組織の支援や参加は徹底的に拒否
⑨　広告は一切取らずに独立運営
⑩　統一するまでは朝鮮半島には行かない
以上の一〇の特徴は偶然に生まれたものではない。特に⑨の広告を取らずに運営したことは一番大きく、それができたからこそ南北朝鮮半島のバランス、学派の均衡を保つことができたことは、後の高麗美術館運営に引き継がれている。季刊誌運営上の問題に政治介在を閉ざすことのできる唯一の方法だからである。季刊誌にしても美術館運営にしても財政上の問題は相変わらず厳しい難問ではあるが、文化活動の足かせがないので自由に立ち回れるところが一番の武器となった。

一九六〇年代までは歴史学はともかく朝鮮文化史は中国文化の模倣とみなし、その独自性を否認する傾向が強かった。『日本のなかの朝鮮文化』の編集方法は決して日本各地の渡来人に言及したものではない。日本のなかで研究が遅れていた朝鮮文化史にも多くのテーマを取り上げその研究の必要性と普及に務めることにも目的があった。朝鮮文化が古美術のジャンルでしか理解できない時代に学問としての仏教、美術、民俗等の確立を目指してその分野での第一人者を招いて座談会と論文を展開した。

運営を鄭貴文・鄭詔文の兄弟が行い、在日の運動の枠から飛び出した金達寿と、日本人学者である上田、小説家・司馬遼太郎を主軸で構成する歴史文化誌。在日社会の中で政治色を一切表に出さない雑誌は後にも先にもこの季刊誌しかないことを特に明記したい。司馬遼太郎は特に政治が介在する問題は極力避ける傾向があることに鄭貴文・鄭詔文・上田は充分に理解していたのだ。

この季刊誌に参加した学者、文化人は一七六名を数える。当時の一流の日本文化人はすべて含まれていた。歴史学のジャンルを越えた日本の知の巨人の面々である。

『日本のなかの朝鮮文化』の中心は各号に特別なテーマを冠した座談会という革新的な討論会であった。上田と司馬遼太郎、金達寿を中心に、決して論壇に立たない学派の学者や、哲学者やノーベル賞の湯川秀樹も登場され、歴史学者のみなら郷土史家も参加する会議となった。この座談会は五〇号まで続き、その集約として座談会の模様が中公文庫の『日本の朝鮮文化』『古代日本と朝鮮』『日本の渡来文化』『朝鮮と古代日本文化』の四冊にまとめられている（次頁：「日本のなかの朝鮮文化」座談会一覧を参照）。

【「日本のなかの朝鮮文化」座談会一覧】

号	座談会内容	参加者
1	日本のなかの朝鮮	上田正昭・金達寿・司馬遼太郎・村井康彦（京都女子大教授）
2	続・日本のなかの朝鮮	井上秀雄（大阪工業大学助教授）・上田正昭・岡部伊都子・林屋辰三郎
3	印刷と活字について	上田正昭・金達寿・林屋辰三郎・吉田光邦（京都大学助教授）
4	土器と陶磁器について	三上次男（東大名誉教授）・小山富士夫・金達寿 長谷部楽爾（東京国立博物館東洋美術室長）
5	神宮と神社について	上田正昭・金達寿・司馬遼太郎・湯川秀樹（京大名誉教授）
6	仏教と寺院について	上田正昭・梅原猛（哲学者）・司馬遼太郎・湯川秀樹
7	郷歌と万葉集について	上田正昭・金達寿・土橋寛（同志社大学教授）・水野明善（文芸評論家）
8	神社と歴史について	井上光貞（東大名誉教授）・上田正昭・金達寿・松本清張（作家）
9	古墳をめぐって	尾崎喜左雄（群馬大学名誉教授）・金達寿・直木孝次郎・森浩一
10	飛鳥をめぐって	上田正昭・金達寿・司馬遼太郎・伊達宗泰（奈良考古博物館主任）
11	河内飛鳥をめぐって	上田正昭・原田伴彦（大阪市立大学教授） 古田実（河内郷土文化研究会常任理事）・森浩一
12	有田焼をめぐって	池田忠一（有田文化財保護委員）・金達寿・鄭詔文・永竹威（佐賀文化館館長） 山沢一則（有田陶磁美術館輻館長）
13	帰化人をめぐって	井上秀雄・上田正昭・金達寿・坪井清足（奈良国立文化財研究所部長）・岩村就司（ＮＨＫ）
14	高松塚壁画古墳をめぐって	上田正昭・金達寿・司馬遼太郎・長谷川誠（奈良国立文化財研究所美術工芸研究室長） 森浩一
15	古代美術をめぐって（上）	井上靖（作家）・久野健（東京国立文化財研究所）・水野明善・谷川徹三（元法政大学総長）
16	古代美術をめぐって（下）	上田正昭・金達寿・源豊宗（元関西学院大学教授）・森田進（四国学院大学講師）
17	古代の文化と政治をめぐって	上田正昭・金達寿・司馬遼太郎・林屋辰三郎
18	王仁系氏族とその遺跡	金達寿・三木精一（大阪府文化財愛護推進委員）・森浩一・直木孝次郎
19	秦氏とその遺跡	上田正昭・岸俊男（京都大学教授）・毛利久（神戸大学教授）・李進熙
20	対馬と朝鮮をめぐって	上田正昭・岡崎敬（九州大学教授）・金達寿・菊竹淳一・永留久恵（対馬・雞知中学校長） 李進熙
21	紀氏とその遺跡	大野嶺夫（和歌山市史編纂委員）・金達寿 坂元義種（京都府立大学女子短期大学部助教授）・森浩一
22	漢氏とその遺跡	井上秀雄・上田正昭・司馬遼太郎・平野邦雄（東京女子大学教授）
23	山上憶良と「万葉集」	上田正昭・司馬遼太郎・田辺聖子（作家）・中西進（成城大学教授）
24	行基とその遺跡	井上薫（大阪大学教授）・金達寿・田村圓澄・堀池春峰（奈良大学教授）
25	能登と朝鮮をめぐって	上田正昭・金達寿・林屋辰三郎・橋本澄夫（考古学者） 吉岡康暢（石川県郷土資料館資料課長）

26	シンポジウム日本文化の源流	上田正昭・森浩一・林屋辰三郎・金達寿・原田伴彦（大阪市立大学教授）
27	百済王氏とその遺跡	上田正昭・岡部伊都子・藤沢一夫（四天王寺女子大学教授）・李進熙
28	高麗氏とその遺跡	上田正昭・大塚初重（明治大学教授）・金達寿・高麗明津（高麗神社宮司）・和歌森太郎（東京教育大学教授）
29	朝鮮式山城をめぐって	金達寿・佐野仁應（八日市高等学校教諭）・直木孝次郎・森浩一・李進熙
30	出雲と朝鮮をめぐって	上田正昭・金達寿・水野祐・森浩一
31	法隆寺と聖徳太子	上田正昭・上原和（成城大学教授）・金達寿・司馬遼太郎
32	シンポジウム天日槍をめぐって	石田松蔵（但馬史研究会幹事）・上田正昭・金達寿・直木孝次郎・櫃本誠一（兵庫県教育委員会技師）・森浩一
33	伊都国と朝鮮をめぐって	奥野正男（筑紫古代文化研究会員）・金達寿・田村圓澄・筑紫豊（福岡県文化財保護審議会委員）・李進熙
34	宇佐八幡と新羅花郎	賀川光夫（別府大学教授）・金達寿・田村圓澄・泊勝美（朝鮮史研究会員）・中野幡能（大分県立芸術短期大学教授）
35	古代製鉄と朝鮮をめぐって	飯沼二郎・上田正昭・司馬遼太郎・森浩一・李進熙
36	奈良・東大寺をめぐって	上田正昭・岡崎譲治（大阪市立美術館館長）・鍵田忠三郎（奈良市市長）・金達寿・直木孝次郎
37	新沢千塚と古代朝鮮	上田正昭・黒岩重吾・森浩一・李進熙
38	武蔵と相模の渡来文化	金井塚良一（埼玉県立歴史資料館副館長）・金達寿・中野敬次郎（小田原市文化財保護委員）・原島礼二（埼玉大学教授）
39	古代信濃と朝鮮をめぐって	飯島一彦（信濃放送制作部）・桐原健（長野県史編纂委員）・金達寿・森浩一
40	日本のなかの朝鮮文化の10年	上田正昭・金達寿・司馬遼太郎・直木孝次郎・林屋辰三郎・森浩一・李進熙
41	シンポジウム南山城の古代文化	上田正昭・金達寿・森浩一
42	上毛野の古代文化	上田正昭・梅沢重昭（群馬県立歴史博物館副館長）・金達寿・畑敏雄（群馬大学学長）
43	古代吉備と朝鮮文化	金達寿・直木孝次郎・野村増一・山尾幸久・李進熙
44	難波の古代文化	上田正昭・金達寿・司馬遼太郎・中尾芳治・森浩一
45	古代播磨の朝鮮文化	金達寿・檀上重光・直木孝次郎・松本正信（姫路高等学校教諭）
46	シンポジウム伯耆・因幡の古代文化	上田正昭・金達寿・清水真一（鳥取県教育委員会）・野田久男（鳥取県教育委員会）・森浩一
47	尾張・三河の古代文化	伊藤秋男（南山大学教授）・上田正昭・金達寿・中西光夫（市立新城小学校校長）・本多静雄（名古屋民芸協会長）
48	シンポジウム甲斐の古代文化	飯島進（山梨県考古学協会副会長）・上田正昭・大塚初重・金達寿・備仲臣道
49	古代の伊豆・駿河・遠江	上田正昭・金達寿・辰巳和弘（静岡県教育委員会亜紀指導主事）・森浩一
50	讃岐の古代文化	上田正昭・金達寿・六車恵一（日本考古学協会員）・李進熙

そうした中で、一九七二年の高松塚古墳壁画発見で来日した中国、韓国、朝鮮の古代史、考古学者は、政治的対立のために一堂に会することはなかったが、上田は各国の学者を個別に招いて座談会を開いた。また、日本海地域を裏日本と表現する視点を批判され、日本の北海《きたつうみ》を媒介に、早くから渡来文化を受け入れた先進文化の「表玄関」とした視点はアジア共通の視座であったのだ。この働きが後に「アジア史学会」発足の大きな原動力となった。高松塚古墳発掘の余波は古代史ブームを巻き起こし、早くから古代日本と朝鮮半島との関わりにスポットを当てて展開した季刊誌『日本のなかの朝鮮文化』が注目される契機にもなった。

全身全霊で取り組まれた「帰化人」史観・「蕃国」史観の克服

上田は、戦後の日本史学の中になお残る皇国史観の影響として『日本書紀』の帰化人の表現をそのまま歴史教科書に記述させている現状に対する異議を唱え、帰化人ではなく渡来人と呼ぶべきであると主張した。植民地支配のわだかまりも残る中で、古代に中国、朝鮮半島からやってきた人たちを日本中心史観の「帰化人」ではなく、歴史的事実に照らして客観的に「渡来人」と呼ぶことを提唱した学問姿勢は、当時の学界においてて革命的な追及と言える。

そのことは『日本のなかの朝鮮文化』発刊にも直接波及している。『日本のなかの朝鮮文化』第一号には鄭詔文の兄・鄭貴文《チョンギムン》の編集後記の中で次のようなことが記されている。

四年ほどばかり前に、友人たちと埼玉県の高麗神社へ行っている。こうしたものに関心をいだくきっかけとなり、また本誌をてがける芽生えともなっていたようである。とにかく私たちは、自分の民族の文化というものを知らなさすぎていた。

上田が一九六五年に出された中央公論社発行の『帰化人』がすべての始まりである。この本との出会いが一九六五年頃、鄭兄弟を高麗神社へ足を運ばせ、その後、上田の市民公開講座に参加するというプロセスを生み出した。

昨年の夏、佐賀県の有田へ行った。李参平という朝鮮人が有田焼の元祖だということで、以前から興味があった。それまでの日本では、まだ陶器しか焼かれていなかったが、朝鮮から渡ってきた李参平が、有田で初めて磁器というものを焼いた。なるほど有田のそこには『陶祖李参平之碑』と彫った巨大な石碑が、小高い山の頂上に建っていた。この小冊子を具体的なイメージとして考えたのは、その旅行からの帰途である。

《『日本のなかの朝鮮文化』第一号編集後記》

「『日本のなかの朝鮮文化』の十年・記念座談会」（同誌四〇号、一九七八年一二月二五日発刊）の第一のテーマはやはり「帰化人」であった。この季刊誌が発刊して新聞記事の「帰化人」の取扱いが「渡来人」と記載されることが定着したことから座談会が始まっている。特に注目すべきはこの座談会では「帰化人」が単に歴史用語としての意味だけでなく、一種の差別語として取り上げられていた。上田は「問題は古代だけにあるのではないですね。明治以後の朝鮮侵略と、朝鮮民族に対する差別と偏見が重なって、そのなかでとかく「在日朝鮮人＝「帰化人」」と考えるようになってきた。「朝鮮」という文字には差別の意味はまったくないわけですね。ところが「鮮人」という言い方で日本人が使った場合には、あきらかに差別的な意味を含めて使ってきた。そういう近代以後のゆがみが古代にも投影されてきたことが、問題なのだと思います」とした。中公新書『帰化人』発行当初には現代の差別用語の問題に直接触れられてはいないが、現代の意識が古代の帰化人史観に投影されていることに警鐘を鳴らした。上田は、現代に投影された古代史のゆがみが人権問題にまで関わりを持つことを指摘した最初の勇気ある古代史専攻の日本の歴史学者であった。

「帰化人」の問題は『日本のなかの朝鮮文化』一号（一九六九年三月）の座談会「日本のなかの朝鮮」ですでに論議が繰り返された。その座談会の終盤に金達寿氏は「日本の場合、これはいったいどこから帰化人で、どこまではそうではないか」と切り出した。座談会のテーマの中で漢氏《あやうじ》、秦氏《はたうじ》の問題から今来《いまき》の神へと展開する頃に、金達寿は、確認すべく、上田、司馬遼太郎に迫っていく。

この件に関しては『日本のなかの朝鮮文化』六号（一九七〇年六月）に金達寿自ら「『帰化人』ということばで「朝鮮からの『帰化人』が重要な寄与をしたという論理はお笑いである。かれらは支配者の一部そのものであったし、むろん朝鮮人の被支配者をともなった、権力構成上の不可欠の主体であった」とかなりきつい口調で述べている。

それは『日本のなかの朝鮮文化』を発刊して約一年、五号まで続けた中で、すでに同誌の中でさえ「帰化人」が無限定に使われていることに金は憤りを隠せずにいた。

『日本のなかの朝鮮文化』誌の中ですら座談会の激論に及んで自然に登壇者の口から平気で「帰化人」の単語が飛び出した。高麗美術館には当時の座談会のテープが現存している。「帰化人」「帰化系渡来人」「朝鮮系帰化人」などの言葉が飛び交う座談会の風景に上田、金達寿は絶句を繰り返す。

座談会の終了の後は「食事会」が通常行われたが、その場でも金達寿の怒りはおさまらずに街中に消えていった。その場には鄭兄弟と金の在日の三名だけが残ることになる。大体が三条木屋町の「れんこんや」がお決まりであるが、当時の店の主人からすれば大変迷惑な話であっただろう。大鄭さん、小鄭さん、金さんの罵声は小さな店内を轟かせその不満は消えることがなかった。座談会の展開が在日学者の少数派から起きる「帰化人」発言への不満なのだ。

金達寿の弁を聞いてみよう。

【『日本のなかの朝鮮文化』における「帰化人」使用数】

1号	34回
2号	7回
3号	5回
4号	1回
5号	8回
6号	
7号	1回
8号	10回
9号	

この雑誌や本書が問うているものはなにか、ということを一言にしていうならば、それは日本にとっての朝鮮とは何であり、朝鮮にとっての日本とは何であったか、ということにほかならない。そしてその関係は、冒頭に紹介した一文のようなものだったというわけであるが、しかしもちろん、その問いはこれにつきる、あるいはそれでおわる、といったものでは決してない。日本と朝鮮とはそのように近いものであっただけに、その関係はいっそう複雑によじれ、歪められてきたということがあったからである。というのは、本書の目次を一目みるだけでもわかるようにこの仕事に参加している朝鮮人は考古学者の李進熙氏と私との二人だけで、あとはみな日本人学者、作家ばかりと、いうことである。ほかに、本書のもととなった『日本のなかの朝鮮文化』を発行している鄭詔文氏がいるが、これも一〇年間にわたってその編集にたずさわっているのは松本良子さんという日本人であり…

《金達寿「劣勢の弁」『朝鮮と古代日本文化』中央公論社 一九七八年一二月》

孤立無援の戦いに臨む金達寿の無念さが伝わってくる。

上田はそれを受けて『日本のなかの朝鮮文化』九号(一九七一年三月)「石上神宮と七支刀」という小論の中で「私もまたかねがね、「帰化人」という言葉の乱用と、その前提にある朝鮮および朝鮮人にたいする差別と偏見の累積とを、悲しみといきどおりのなかで問うてきた。それは、日本人一般にたいしてのみの、わがこころのかげりではない。歴史学とりわけ日本古代史学への懐疑と反省のなかに、おおげさにいえばある種のおのれへの「告発」として存在しつづけた問いかけであった。」と冒頭に自己批判を記している。そして「中公新書『帰化人』を公にして、「帰化人とは何か」を主題としたのも、そのことに端を発している。だが、それはたんに従来の「帰化人」という言葉の無限定な使用にたいする警告にとどまるものではなかった。いまかりに、律令体制成立以前の朝鮮半島などからの、日本列島への移住者を『古事記』ふうに『渡来人』とよんだり、別にあるいは『外来人』とよんでみたところで、それで問題がかたずくという性質のものではない。そのような「帰化人」観をはぐくんできた、日本古代史学の史観そのものを根底から史実にもとづいて問いただすことが肝要だと考えてきたのである。」と日本古代史の根底の問題として「帰化人」史観をあげている。

上田は中央新書『帰化人』の最終章「帰化氏族の命運」のなかで次のように記した。

明治以降の朝鮮侵略政策のなかで、こうした朝鮮蔑視観がますます露骨となる。内外の朝鮮に対する圧迫と部落差別とが二重うつしとなって拡大され再生産されてゆくのである。在日朝鮮人にたいする民族的差別と、部落民にたいする身分の外被をまとった階級的差別の歴史とは、必ずしも同じ軌跡をたどったものではない。しかるに、日本における近代国家の成立のなかで、両者は不可分にかさなりあわされ、政治の矛盾のもっとも集中する差別実態として位置づけられるようになったのである。われわれは、みずからを反省するなかで、その両者をつないで体制の維持と強化を計った時代のしくみを見抜かねばならぬ。「帰化人」の問題、それはたんなる外国人の問題ではない。東アジアにおける古代国家の形成を再検討するためにも、そしてまた現代に生きる日本自身の歩みを正しく認識するためにも、そこには重要ないくつもの課題が数多く内包されている。

中公新書『帰化人』は一九六五年に発行された。『日本のなかの朝鮮文化』が世に出る四年も前のことである。しかし上田は早くも「帰化人」の問題が現代朝鮮人差別を助長する道具となっていたそれまでの古代史研究の在り方を指摘し警鐘を鳴らしていたのである。

その後「征韓論とその思想」(『三千里』三号一九七五年)の中で「内なる「帰化」人史観、「蕃国」史観は、ただされないままに今日におよんできた。朝鮮の高麗青磁や李朝白磁などに代表される朝鮮の芸術を「敬」する日本人のすべてが、朝鮮人を『敬』するとは限らない。むしろ「もの」と「人」とをきりはなす場合が多い。そこにも日本人われらの美感覚におけるゆがみがある。」とし、福沢諭吉の考え方の中に「遅鈍にしてその勢に当ること能はざるは、木造板屋の火に堪へさるものに等し。故に我が日本の武力を以てこれを保護し、文以てこれを誘導し、速に我が例に倣って近時の文明に入らしめざるべからず。」と一八八一年の『時事小言』で述べたことを痛烈に批判し、この考え方が明治一〇年代だけにとどまらないことを取り上げている。いわく、「日本の民主主義が空洞化しつつある現実のなかで、戦後の日本は、はたしてかわったのかと問わずにはいられない。「新憲法」に明記された基本的人権の尊重が、国家的公権の尊重にすりかえられてはたまらぬ。在日朝鮮人の人権侵害を許すところに、基本的人権の保証のありうるはずもない。あらたな「征韓論」の思想の根底にひそむものを、われらみずからの問題として見抜かねばならぬ。それは人間が人間らしく、人間として生きてゆく道につながっている」。この一九七五年の考察は上田のどの論証よりも強烈なメッセージを我々に残している。上田は「古代史学と朝鮮」《岩波書店『世界』三三〇号、一九七三年五月号》では、津田左右吉の日本神話における研究に残した功績を評価しながらも津田史学にさえ流れる朝鮮観の偏見を「不幸」とした。上田の論考は津田史学を批判するためのものではなく、津田史学の業績を評価するためにも内面にひそむ問題を一九七〇年代の古代日朝関係史の内なる問題として定義した。

喜田貞吉《きたさだきち》といい、内藤湖南といい、津田左右吉という人々は、尊敬すべきわれらの先学である。その先学の業績が、朝鮮にかんして、あまりにも「ゆがんだ」見方や考え方にしかとどまらざるをえなかったことのいわれを想う時、日本古代史学の内なる課題の重要性を改めて痛感せずにはいられない。そしてそれは、けっして過去だけの問題ではなく、今日にもつづいている「不幸」である。

「帰化人」問題に関して上田の主張は日本社会に大きな変化をもたらした。古代史研究における上田の果たした役割に「高松塚古墳がきっかけとなって、日本の古代史や古代日朝関係史に対する日本のジャーナリズムの関心がかつてないほどの高まりをみせたことは事実としながらも、それ以前から日本における朝鮮系文化遺跡の見直しを通じて日本古代史と古代日朝関係史の実像に迫り、ひいては日本人のゆがんだ朝鮮観を正そうとする地道な努力、その代表例として、朝鮮文化社による季刊『日本のなかの朝鮮文化』誌の発行が大きな役割を果たした」とし、「「帰化人」史観の持つゆがみとそれの崩壊の過程は上田や金達寿らの精力的な発言によって、この七〇年代に中学や高校の歴史教科書から帰化人の言葉が消え、渡来人に改められた」《泊勝美「七〇年代における古代史像の変化」『三千里』二三号、一九八〇年》としている。

特に一九八〇年の教科書改訂について上田の果たした役割は大きく、埼玉県公立中学教諭の武富端夫は「帰化人の用語をさけ、渡来人を使用している」《武富端夫「改訂教科書の日本と朝鮮」『三千里』二四号、一九八〇年》と学校教育の現場からも評価されている。

金達寿も、その成果について自ら次のように感想を述べている（前掲「劣勢の弁」）

第一回目の座談会から一貫した一つの問題意識として、いうところの「皇国史観」と表裏の関係をなしている「帰化人史観」をどうするかということがあったと私は思っている。それはいわば「帰化人」か「渡来人」かという問題でもあったが、以来七年、どうやらその「帰化人」ということもかなり是正されるようになり、かわりに「渡来人」ということばがしだいに定着しはじめてきたのではないかと思われる。そのことはようやく、学校の歴史教育にも及ぶようになった。

一つの言葉の語法を変えるのに七年、上田の『帰化人』出版から一一年の年月が経っていた。

地域の研究者との交流、現地での市民参加の学習を重視

上田は常に朝鮮半島、中国など東アジア全体において日本古代史の実像を捉え、差別に抗する歴史観を構築したのは机上の問題ではなかった。上田は、こうも書いている。

ところが渡来文化は認めても、渡来人の役割は軽視するという見解がいまだに根強い。渡来文化の背後にある渡来人をみのがすそのゆがみは、支配者層における交渉のみに眼を奪われて、渡来文化のにない手たちを問わず、それが民衆にとってどのような意味をもったかをかえりみない歴史認識ともつながってわだかまる。古代における渡来文化の重みを、いまの世にかみしめることは、たんなる回顧的興味にはとどまらない。朝鮮半島からいくたびも渡来した数多くの人々の実存を確認し、そのいぶきにふれることによって、過去のありようをたしかめ、日本にとっての朝鮮とはなんであったか、さらに朝鮮にとっての日本とはなんであったかを学ぶ。そしていまの日本人および日本文化の現在と未来を問いたださずにはおられない。過去はただの過去に終ることはない。過去が今日のわれらの生きざまをも照射するのである。

《「渡来人のいぶき」『日本の渡来文化』中央公論社、一九七五年六月》

文献上から渡来人の足跡を追うことだけではなく、日本に生きた渡来人の姿を追い求めることは、過去に終わらせることではない、ということを教えてくれた。その手法こそ遺跡巡りであり、地域と学問をつなぐ唯

遺跡めぐりの記念写真

第1回	1972年4月9日	「河内飛鳥」
第2回	1972年11月19日	「大和飛鳥」
第3回	1973年5月13日	「大和飛鳥」
第4回	1973年10月14日	「山の辺の道」
第5回	1974年4月14日	「京都　太秦から松尾大社（1）」
第6回	1974年6月16日	「京都　（2）」
第7回	1974年10月6日	「播磨路の遺跡めぐり」
第8回	1974年11月10日	「若狭路の遺跡めぐり」
第9回	1975年6月1日	「吉備・鬼の城とその周辺」
第10回	1975年9月28日	「高麗郷・高麗神社」
第11回	1975年11月29日	「近江路・湖東めぐり」
第12回	1976年4月3日	「近江路・湖北めぐり」
第13回	1976年6月27日	「法隆寺といかるがの里」
第14回	1976年10月31日	「但馬における天日槍の道」
第15回	1977年4月24日	「古代出雲と朝鮮文化」
第16回	1977年6月5日	「東大寺とその周辺」
第17回	1977年8月10日	「丹後・天橋立」
第18回	1978年4月23日	「近つ飛鳥」
第19回	1978年5月20日	「近江路・湖南と湖西」 講師：直木孝次郎、金達寿
第20回	1978年6月24日	「善光寺と信濃路」 講師：森浩一、桐原健、金達寿
第21回	1978年9月24日	「越前・敦賀とその周辺」
第22回	1978年11月12日	「南山城・田辺」
第23回	1979年3月25日	「上州路」（群馬）
第24回	1979年6月10日	「新緑の中河内」
第25回	1979年10月28日	「百済寺から新沢千塚まで」
第26回	1980年3月23日	「早春の飛鳥路」
第27回	1980年4月27日	「因幡をゆく」
第28回	1980年9月21日	「甲府と周辺の古代遺跡」
第29回	1981年3月29日	「行基と陶（須恵）の里」
第30回	1981年5月17日	「河内飛鳥の歴史を歩く」

【日本のなかの朝鮮文化遺跡めぐり全30回（1972～82年）】
※19回20回以外は基本講師：上田正昭、金達寿

一の手法だったのだ。

上田が鄭詔文と金達寿とともに多くの読者を率いて日本各地へ「遺跡めぐり」をしたのは三〇回を数える。各地の渡来人の痕跡を発掘する作業は、古代朝鮮半島と日本の地域史を結びつける新たな方向性を開いた。

日本と朝鮮との二つの架け橋

残念ながら『日本のなかの朝鮮文化』では特集として朝鮮通信使が取り上げられることはなかった。

鄭詔文が朝鮮通信使絵巻八巻（朝鮮通信使参着帰路図四巻・宗対馬守護行帰路行列図四巻は現高麗美術館所蔵・二〇一七年一〇月三一日ユネスコ世界の記憶登録）を入手したのが一九七八年。その絵巻を京都映画撮影所にて忠臣蔵撮影後の「松の廊下」に持ち込み（絵巻の全長約一〇八m）、辛基秀《シンギス》氏がプロデュースしドキュメンタリー映画「江戸時代の朝鮮通信使」（四八分／一六㎜）が完成したのが一九七九年三月であった。

つまり季刊誌の最晩年に当たり、「朝鮮文化社」主催の上映会を京都で最初に開いたのが一九七九年七月であった。その様子を京都新聞では「芳洲が実は教育者のみならず学者（朱子学、歴史学、言語学）、思想家、外交家、文学者といった言葉で表現してもなおはみだすほどの全人であることを指摘していたのは、上田正昭京大教授ら、日朝関係史を偏見にとらわれない目で見直そうとする人たちであった。加えて映画『江戸時代の朝鮮通信使』が通信使と日本人との親善ぶりを各地に残る絵図などによって描く中で紹介した芳洲像が、そうした人たちの芳洲観と呼応、芳洲はやっと本来の評価を受け始めた。」（『京都新聞』一九七九年七月五日）

と雨森芳洲と映画を紹介する記事が書かれた。

筆者は当時大学一回生、一六㎜の映写機の担当で映写室から映画をまぶしく観覧したのを記憶している。その上映後、壇上に鄭詔文が上田と雨森芳洲の御子孫の方々を紹介し壇上にて歴史的な握手を交わされたことを鮮明に覚えている。

上田と雨森芳洲との出会いは一九六九年の日本の名著『新井白石』（中央公論社）の取材の時にまでさかのぼる。「たまたま滋賀県高月町の雨森におもむいて、雨森芳洲（東五郎）の文書や記録を実見した」（『上田正昭著作集』（角川書店全八巻）の第六巻「人権文化の創造」Ⅲ日朝文化の光と影、第四章）、そして「東アジアのなかの古代日本の再発見を研究の主要な課題としてきた私が、その後、朝鮮通信使の考究におりあるごとに関係するようになったのも、雨森芳洲とのであいからであった」と自ら述べられている。（同上）

ここに上田自身が『日本のなかの朝鮮文化』の性格について語った文章がある。

東の『三千里』と西の『朝鮮文化』が併存して、日本と朝鮮の架け橋の二つとなった。『朝鮮文化』の企画と編集には、その創刊から休刊までなにかと深入りしたが、『三千里』の方は依頼にこたえてのたんなる寄稿者にすぎなかった。両者はまったく独自に編集され、個別に発行された季刊誌ではあったが、しかし期せずして東西の歯車となった。京都の『朝鮮文化』が主として古代の問題を中心に、日本と朝鮮のきずなの深さ、重さを究明しようとしたのにたいして、東京の『三千里』は、より明確な編集目的のもとに、主として近・現代の問題を中心に日朝

関係を鋭くえぐりだしていった。
きわめて主観的なとらえ方かもしれないが、『朝鮮文化』は政治的になることを慎重に回避した。あくまで史実にそくして、文化のうち・そとに力点をおいた。したがって政治的でないことがすぐれて政治的であるという評価をうけたりもした。それでもいくつかの妨害があり、いやがらせがあった。『朝鮮文化』には発行のことばもなければ創刊の辞もない。意気の投合した仲間が、その輪をひろげようと、あまり身がまえもなしに出発した。『朝鮮文化』の創刊から企画・編集に金達寿さんと李進熙さんが加わっておられたことはいうまでない。そのご両人がまた『三千里』の有力な編集委員でもあった。

《上田正昭「東西・南北の歯車」『三千里』五〇号一九八七年五月》

司馬遼太郎（右）と談笑する上田正昭（左）。

対馬にて

上田史学の社会化2　高麗美術館

■期必　朝鮮美術館　一九六九年元日

高麗美術館は一九八八年一〇月に開館し二〇一八年には開館三〇周年を迎えた。もちろん所蔵品約一七〇〇点は私の父・鄭詔文のコレクションであるが、父の収集活動を力強く意義づけたのは『日本のなかの朝鮮文化』であることは間違いない。この季刊誌の第一号一頁目には鄭詔文提供「誌上・朝鮮美術館」として新羅金銅仏と高麗青磁竜文象嵌というタイトルで二点のコレクションが紹介されている。「誌上・朝鮮美術館」というタイトルから想像して将来の美術館構想がすでに鄭詔文の脳裏にあった。

そして昨年開催した開館三〇周年記念展覧会「鄭詔文と高麗美術館」を企画する準備中に父の遺品から「期必　朝鮮美術館　一九六九年元日」という墨跡を発見し展覧会の一角を飾ることにした。

筆不精の鄭詔文が心に期する誓いをたて、『日本のなかの朝鮮文化』一号編集が完了し、第一の理解者・上田と誓いをたてた瞬間であった。

■上田正昭と高麗美術館展の趣旨と構成

二〇一七年には高麗美術館にて特別展「上田正昭と高麗美術館」を開催した。その展覧会の趣旨を見てみることにする。

高麗美術館では二〇一七年四月三日から七月一七日まで前年急逝された高麗美術館第二代館長、上田の一

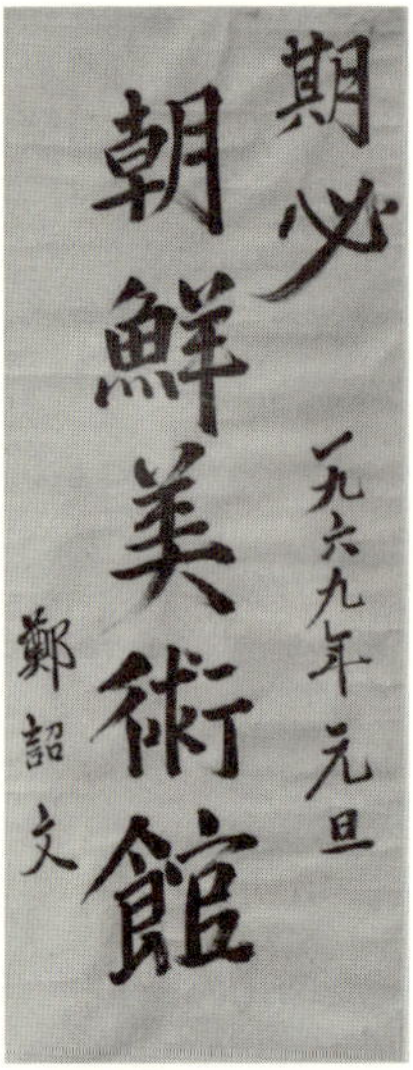

鄭詔文墨跡「期必　朝鮮美術館」

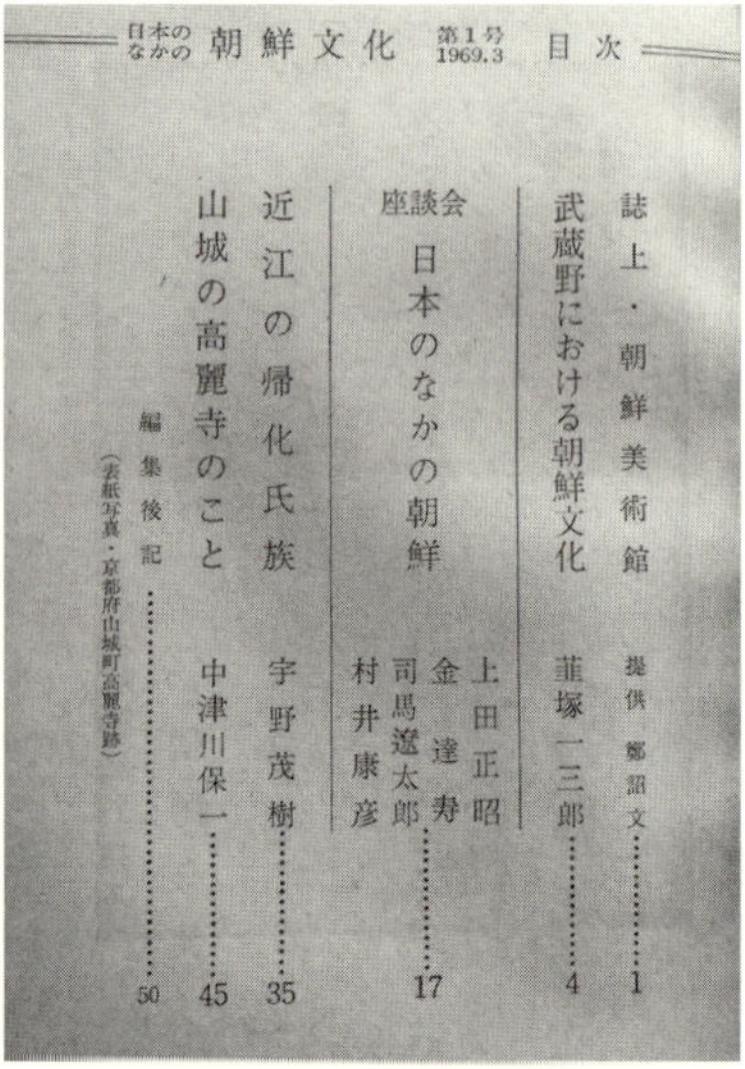
日本のなかの 朝鮮文化 第1号 1969.3 目次

（表紙写真・京都府山城町高麗寺跡）

『日本のなかの朝鮮文化』
第一号一頁目の「誌上・朝鮮美術館」

周忌と生誕九〇年というメモリアルを記念し特別展「上田正昭と高麗美術館」を開催した。

この展覧会は「国を超えた民衆交流と東アジアへの歴史視点は、現在高麗美術館の基本理念である『民際』へと受け継がれている。常に朝鮮半島、中国など東アジア全体において日本古代史の実像を捉え、差別に抗する歴史観を構築された上田正昭の足どり」という趣旨で開催した。

この展示では戦後の厳しい状況の中で、一人の歴史学者が在日朝鮮人、韓国人と誠心の交わりから生まれた「民際」の軌跡をたどり、展示は三つのテーマから展開した。

①人権の歴史学—帰化人から渡来人へ

上田は、戦後の日本史学の中になお残る皇国史観の影響として『日本書紀』の帰化人の表現をそのまま歴史教科書に記述させている現状に対する異議を唱え、帰化人ではなく渡来人と呼ぶべきであると主張した。一九六五年に出版した『帰化人―古代国家の成立をめぐって』（中公新書）などで、日本の古代国家形成に大陸からの渡来人が大きな役割を果たしたと指摘、古代史研究に東アジアの視点が欠かせないことを論じた。

植民地支配のわだかまりも残る中で、古代に中国、朝鮮半島からやってきた人たちを日本中心史観の「帰化人」ではなく、歴史的事実に照らして客観的に「渡来人」と呼ぶことを提唱した学問姿勢は、当時の学界において革命的な追及と言える。

一九七〇年代、朝鮮半島と日本列島をめぐる古代の諸問題は、どこまでも政治的であり民族感情的な問題であった。学問的均衡の模索は常に政治的均衡の模索と同義となった。臆せず踏み込んで議論せねばならず、しかし同時に慎重な配慮が要求された。上田はまず基礎となる先学の分析と批判から資料を見つめなおし、同時に日本各地に伝わる渡来人伝承を掘り下げながら中央史観と各地の歴史とを再検討する地道な作業を繰り返した。

②アジア史学会への道―日本古代から東アジアへ

東アジア全体をとらえた考えは、中国や朝鮮半島の影響が指摘される高松塚古墳（奈良県明日香村）の飛鳥美人壁画の発見（一九七二年）などを通じて裏付けられ、日本古代史研究に新たな地平を開いた。

一九七二年の高松塚古墳壁画発見で来日した中国、韓国、北朝鮮の古代史、考古学者は、政治的対立のために一堂に会することはなかったが、上田は、各国の学者を個別に招いて開かれた座談会にそれぞれ出席して議論した。東アジアの学者が集うアジア史学会が生まれたのは、これで親しくなった中国の学者の依頼を受けた上田が各国の学者に呼びかけた事から始まる。

日本海地域を裏日本と表現する視点を批判され、日本の北海《きたつうみ》を媒介に、早くから渡来文化を受け入れた先進文化の「表玄関」と示唆された。上田は日本海文化圏を環日本海文化という視点でとらえた。

③朝鮮通信使への道――「民際へのまなざし」から「真の国際人をめざして」

豊臣秀吉による朝鮮通信使の中断から徳川が再開した通信使は、一六〇七年から一八一一年まで一二回続いた。当初は両国の思惑や体面がぶつかった中で始まったが、近江生まれの儒学者・対馬藩の役として朝鮮通信使に同行した雨森芳洲の『交隣提醒』には真の隣国との交わりが説かれている。やがて通信使の姿と彼らを迎えた地域の歓待は雨森の誠心の交わりへと変化していく。上田は朝鮮通信使の足跡は「民際交流の光が輝く旅路であった」とした。

雨森芳洲と朝鮮高官は激しく論争しつつ、互いに一級の人物と認め別離に涙を流し、民衆には朝鮮通信使随行の音楽隊や曲馬に熱狂した姿は、両国の政治の思惑を超えていく。日本各地に語り伝えられる通信使の足跡こそ友好の証とされた上田は古代史を超え地域と東アジアをつなげる作業に邁進した。

歴史を「つなげる」という言葉は適切ではないかもしれない。しかし上田史学の「つなげる」という言葉の根底には、学問上でも学会運営上でも人のつながりが大切であることを説いている。

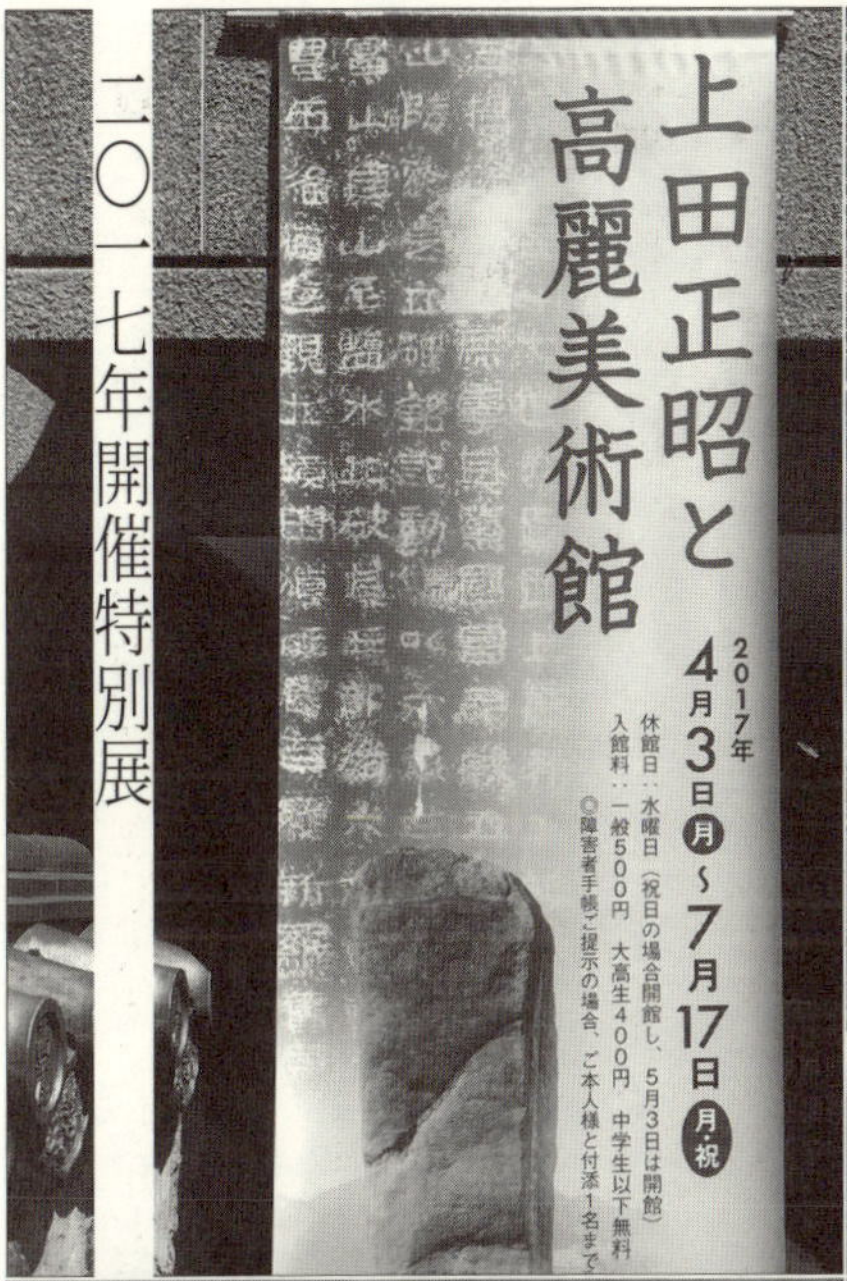

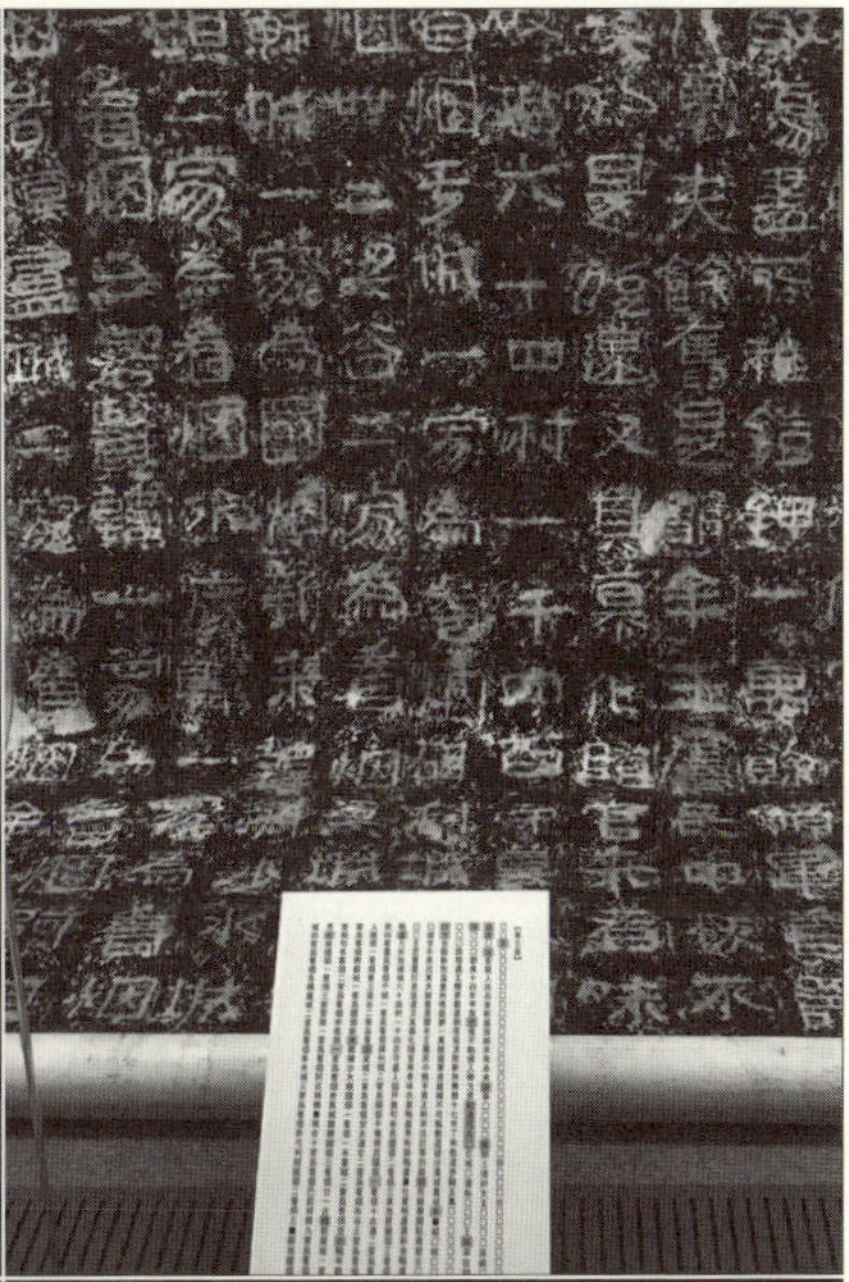

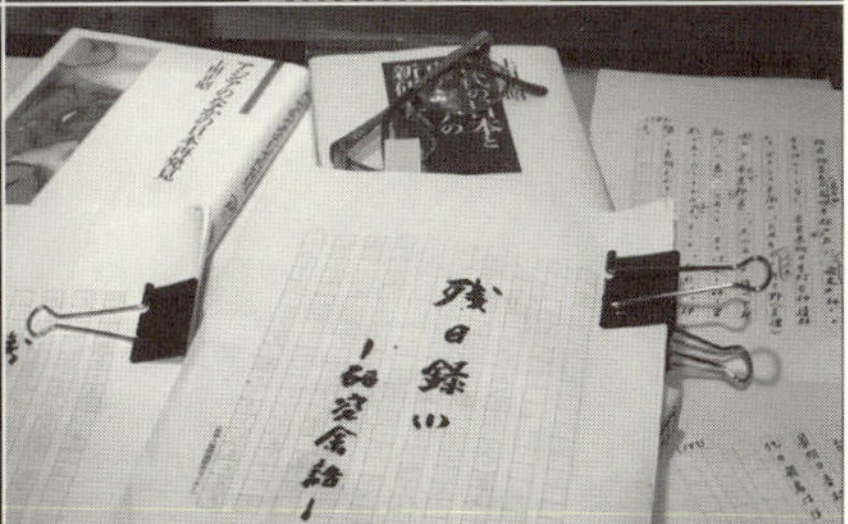

右上）拓本展示。右中）遺稿集『残日録』。
右下）書架再現。左下）短歌手帳。

■人と人との交わり、結びつきを大切にした上田館長

二〇〇八年一〇月二六日、京都新聞社大ホールにて約六〇〇名の聴講者の中で行われた「高麗美術館設立二〇周年記念シンポジウム」の席である。上田、芥川賞作家の李恢成、そして司会を筆者で行った「朝鮮文化に想う―歴史と現代」のパネルディスカッションの場面。「在日には文化があるので、文化があれば滅びない。そして文化で結ばれると固い」と主張する李恢成に対して上田は「文化にも必ずイデオロギーが入り込む。国同士ならなおさらで、歴史の解釈や文化の理解ではイデオロギーの衝突が起こりやすい。だから人柄で結ばれなきゃならない。人と人には情が流れるんです。だから民際で結ばれなきゃならない」と熱く持論を展開された。南北朝鮮問題と日本の友好関係に対する展望である。筆者は両先生の意見に深く感銘を受けた。文化があれば在日朝鮮人・韓国人は滅びない。文化で結ばれる大切さは美術館運営の大きな励みとなる。そして人と人の結びつきが文化交流の原点であることは朝鮮通信使の光が未来の朝鮮半島と日本の未来を照らす導きとなりえるからだ。

上田は、二〇〇六年の高麗美術館研究講座「朝鮮通信使と雨森芳洲」にて最後にこう述べた。「通信使は幕府、大名、あるいは対馬、朝鮮のそれぞれの思惑が入り乱れているが、そこにはまさに国境を越え、政治を超えて、民衆の交流がある。時代が下がれば下がるほど民衆の交流が展開したという歴史を、私どもは忘れてはならない。」また「きらりと光る美術館」と題して上田はこう言っている。

小さな美術館かもしれないが、そこにはきらりと光るものがある。朝鮮半島の古代から近代までの文物の、あせない輝きがある。〝もの〟そのものが、生きた歴史と文化のありようを問いかける。朝鮮半島の文化や美術の研究者の層はけっして厚くはない。高麗美術館の展示を媒体に、より身近に、みずから会得しみずから学習して、そのへだたりをのりこえたところで実感してほしいものである。

政治やイデオロギーの枠組みのみで、文化をうんぬんすることはできない。すぐれた高麗青磁や李朝白磁の背後には、そのような逸品をつくりだし生みだした、たくみの人びとがいた。渡来文化の背景にも、古渡《こわたり》や今来《いまき》の集団があった。そのまじわりの接点にも目くばりしたいものである。高麗美術館館友のあらたな輪がつながって、この美術館のさまざまな企画が有意義なものとなるよう、心から願ってやまない。

一人の歴史学者が在日朝鮮人、韓国人と誠心の交わりから生まれた「民際」の軌跡、その足跡の中には国を超え、民族を超え、偏見や蔑視と決別した友情の物語があったことを忘れてはならない。一見すると古代史からかけ離れた問題である人権、また日本の地域史でしかなかった文化の痕跡をアジア史の視点から見直し、そこから見えてくる国を越えた交流から民際を発掘し、最終的には未来志向へと発展させる上田史学。高麗美術館はこの上田史学を美術館展示に反映しながら運営している。

上田の博物館人としての一面をよく表すエピソードがある。

公益財団の規定から年に最低二回の理事会と一回の評議員会の開催を義務付けられている。しかも実出席が必要で代理出席や委任状は通用しない。美術館長は財団の専務理事の要職で必ず出席を求められる。名誉理事という肩書だけの理事ではなく実務の必要なポジションである。上田は二八年間、欠席は一度もなく、入退院を繰り返される場合でも理事会を優先的にスケジュールされた。

そしてある日、美術館の企画案「朝鮮時代の陶磁器と地方窯」という副題に対して次のように指導した。「地方窯を地域窯に変えられないか。地方という名称は中央から見た史観である」と。本来地方は「じがた」という考えがあり、在地に主観を置く考えであったので現代では「地域」と表現したのである。それまで韓国陶磁史のどの論文にも地域窯なる表現は使われていなかったので、ある意味、画期的な解説となった。安易に普段使われる言葉の中に積み重なった歪んだ史観が身についている事を知る良い出来事であった。

■館長哲学 ― 美術館は「生きた教育の場」ではなく「生かす学習の場」―

美術館の運営方針に対しても上田史学の実践ともいうべき理論がある。生きた教育の場としての美術館という言葉があるが、高麗美術館の運営理念の中には、子供の時に日本と朝鮮半島の関わりを強く意識できるように、美術館見学を通じて韓国を知るワークショップや見学会を京都市内の公立小・中学校へ案内を送付している。

館長として上田はその討議の場で「美術館とは「生きた教育の場」ではなく「生かす学習の場」であると指示した。教育は上から目線で学問を与える側の立場、しかし今本当に必要なのは自らの学びの場。しかも美術品は過去に「生きた」ものでもなく、美術館の中で自ら語りかける展示、美術品を「生かす場」である」

と厳しく指導した。

京都市や亀岡市でも当初は「生涯教育」としたが、上田の意見で「生涯学習」へと発展した理念は美術館運営の大きな基盤となっている。

美術館はキャプション一つにより情報を与える立場にあり、与えられた側は学芸員の意図のまま動くことになる。しかし美術館に求められるものは美術品そのものが生きて語りかける展示ではないか、その光が見る人に感じられる美術館。これこそが上田が目指した「小さくてもきらりと光る」美術館なのだと思う。博物館人としての上田の目線は展示をするほうではなく見る側の立場、そして展示される美術品目線で考えていたのだ。

私は上田と大阪にある韓国領事館へ出かけた時のことを忘れられない。当時大阪はＳＡＲＳ騒ぎで他府県の人が大阪へ行くのを敬遠している時、マスクをかけずに電車へ向かう上田へ、マスクをどうぞと差し出すと、「鄭君、風評に流されてはならないよ。ほとんどの大阪の人はマスクを掛けないよ」と言われた。些細な風評に批判的な姿勢は学問だけではなく現実にも向けられていた。

■共生《ともうみ》の魂《こころ》受け継ぐ民際の美術館をめざして

さて上田史学を美術館にどのように反映させるか。そのような美術館の方向性はなんなのかという大きな課題に取り組まねばならない。その答えは『日本のなかの朝鮮文化』の運営方針から学ばねばならない。そして「朝鮮文化」に網羅されなかった朝鮮通信使の教訓を取り入れることも重要な点となる。次に上田が朝鮮通信使の意義と課題について述べた文章を紹介しよう。

善隣友好の史脈は江戸時代の朝鮮通信使の歴史のみにはとどまらない。幕府や各藩大名の思惑をのり越えた、国境やイデオロギーにとらわれない民際交流（いわゆる国際交流ではない）ともいうべき、民衆と朝鮮通信使の交わりがあったことをみのがしてはならない。このような史実は、古代にも中世にも顕在化はしなかった。明治以後の歪曲された韓国・朝鮮観を改めて問いただす光華として、朝鮮通信使をめぐる善隣友好の輝きは、現在と未来を照射する明鏡といっても過言ではない。〈中略〉日本と朝鮮の関係史という視座のみならず、アジアのなかの朝鮮通信使として、広い視野から論究すべき段階を迎えている。朝鮮通信使の展開のプロセスも、それぞれの時期にそくしてより詳細に吟味すべき課題が残されている。

《上田正昭「まえがき」高麗美術館・企画『朝鮮通信使』明石書店、一九九五年五月》

鄭詔文のコレクションともいうべき高麗美術館所蔵の一七〇〇点余りの朝鮮半島の美術品は、それぞれの輝きの歴史と文化を現代に伝えている。その輝きが朝鮮通信使のように江戸時代以降の国学や国際情勢の中で歪められて伝わった苦い過去を持っている。上田の言う国境やイデオロギーにとらわれない民際交流が美術館にも求められるのではないだろうか。朝鮮半島由来の美術品の輝きは、単に朝鮮民族の輝きだけではなくそれを見出し日本のなかで守り伝えてきた人々との交流の歴史を有していることも忘れてはならない。その考えこそ上田の言う共生《ともうみ》の考え方ではないだろうか。アジアのなかの朝鮮通信使のように、広い視点で美術品を正当に評価できる場としての高麗美術館の役割があるのではないだろうか。

高麗美術館は在日朝鮮人一世、鄭詔文が設立した美術館であるが、上田と共に歩んだ美術館である。「日本のなかの朝鮮文化社」時代の在日同胞の仲間たちが一人一人、韓国へ訪問し「統一するまで朝鮮には行かない」とともに誓い合った仲間がいなくなる中で、常にそばにいたのは上田であった。鄭詔文と上田の作り上げた高麗美術館の方針は「朝鮮文化社」時代に自ずと築き上げてきた理想と信念の具現化であった。

それは、人権の美術館、民際の美術館、そしてアジアのなかで共生する美術館にしたいという願いである。単に朝鮮半島の文化財を紹介するのではない、朝鮮半島の美術品の自慢をしたいのではない、ともに学んでいこうという美術館であってほしいという願いが込められている。

創設者・鄭詔文の言葉を見ていただきたい。

この度、かねてより念願しておりました高麗美術館を開館することになりました。これもひとえに先生方をはじめ、多くの方々のご理解とご協力の賜ものと感謝いたしております。

たったひとつの李朝白磁の丸壺に魅《ひか》れて、古美術商の店先に立ちどまったのが四〇余年前。祖国は解放されたものの、私自身、まだ帰るあてもない日のことでした。いつかは祖国へ帰る。そう思いこんでいたものですから、みやげのひとつにしようと暖簾をくぐったことが、今日《こんにち》の始まりとなりました。

今なお私にとりましては帰るに帰れない祖国ですが、そこには私のふる里がございます。六〇余年の歳月はあまりにも遠く、もう私の知っているふる里ではないのかも知れません。

しかし、高麗・李朝の時代にも、ふる里の平原はあのように風を走らせ、夏の洛東にはとうとうとした流れで、私たちのような童《わらべ》を抱《いだ》き慈《いつくし》んでいたことでしょう。

美術工芸品を観ていますと、どの匠人《たくみびと》もそうした風土の恵みをたっぷりと受け留めていたことが感じられるのです。同胞の若き人々よ、どうか知ってください。あなたの民族は、日々の生業そのものを文化とする豊かさをもって、生きてまいりました。あなたにもその豊穣《ほうじょう》な生命が息づいているのです。

私が望み願いますことは、すべての国の人々が私たちの祖国の歴史、文化を正しく理解することで、真の国際人となる一歩を踏み出して頂くことでございます。朝鮮・韓国の風土に育った「美」は今もなおこの日本で、言語・思想・主義を超えて、語りかけております。

どうぞ、心静かにその声をお聴きください。

《高麗美術館開館記念図録一九八八年》

鄭詔文の言う「真の国際人」への道とは、自国と隣国の正しい歴史を理解し、尊重し、互いに認め合う民際を行うことで解放された世界観を学べる美術館への道だった。高麗美術館の名前自体が国名でもなく、民族名でもなく、地域名でもない理由がここにある。それは政治的な範疇や民族間の歴史を超越した学びの場であってほしいという願いであった。高麗とは国や地域の韓国、朝鮮だけでなく、日本のなかにも古代より息づく文化の痕跡、上田のいう「こま」「から」も含めているのだ。

日本の各地には、公私ともに立派な美術館、博物館が多い。伝統を重んじ、文化を育て華開かせる努力がうかがえるし、外国の文化遺産も大切に守り伝えられている。

しかし、朝鮮文化のそれはどうであろうか。数年前にできた上野の東京国立博物館東洋館の三階に朝鮮美術を常設する一室が設けられ、駒場の民芸館の一隅にも常設されてはいるが、独立した朝鮮美術館は一つも存在しない。絵画にしろ、陶磁器にしろ、そのほか仏像、石造美術、木工芸品など、つくられた「もの」にたいしてはいつくしみ尊ばれながら、それらの背景になっている風土や人間のあることはすっかり忘れられているのではないか。

そういう思いの積み重ねがふくらんで『日本のなかの朝鮮文化』というささやかな季刊の雑誌誕生となったわけであった。

中国やヨーロッパの美術品、考古遺物に比して質、量ともに決して劣るはずのない朝鮮の文化遺産には正当な場があたえられない無念さから、いつかそれをつくろうという夢を追うようになった。

私はものごとを一途に思い定めると、そのことに自分を賭けてしまうたちの人間らしく、かぎりある個の限界を越えてなお進まずにはいられない。（鄭詔文「朝鮮美術館への夢」『毎日新聞』昭和四八年一二月七日記事より）

鄭詔文、上田の願いは、高麗美術館が、美術館活動を通して、日本の人々と在日韓国・朝鮮の人々が互いを尊重できる人権の美術館、互いの文化・美術・歴史を学べる民際の美術館。そして政治や国、イデオロギーを越えた共生の美術館。そこには鄭詔文の姿を在日一世のメッセージとして、これから在日を生きる人々と、彼らと共生する日本の人々へのメッセージ。そして、朝鮮半島と日本の関わりの中で人権、民際、共生を実践する美術館でありたい。これが上田史学実践の場としての美術館ではないだろうか。これは単に美術館活動にとどまらず歴史や文化に興味を持つもの、そしてこれから学ぼうとする人たちへの上田からのメッセージであり鄭詔文の願いである。

【上田正昭　年譜】

上田正昭　略年譜・主要著作目録「思ひては学ばざれば則ち殆ふし（二〇一四年九月・米寿記念）」より

略年譜　学歴・職歴

一九二七年　四月　二九日　兵庫県城崎町湯島に誕生
一九四〇年　三月　二六日　城崎尋常小学校卒業
一九四〇年　四月　一日　兵庫県県立豊岡中学校入学
一九四一年　四月　一日　京都府立第二中学校転入
一九四二年　四月　一日　京都国学院入学
一九四三年　一二月　二八日　伊勢神宮選抜神務実習
一九四四年　三月　二〇日　同校卒業
一九四四年　四月　一日　国学院大学専門部入学
一九四七年　三月　二〇日　同校卒業
一九四七年　四月　一日　京都帝国大学文学部史学科入学
一九四七年　五月　一日　小幡神社宮司兼神明社宮司
一九四九年　四月　二〇日　京都府立園部高校助教諭
一九五〇年　三月　二〇日　京都大学文学部史学科卒業
一九五〇年　三月　三一日　京都府立園部高校教諭
一九五〇年　四月　一日　部落問題研究所研究員（後に所員）
一九五〇年　四月　一七日　京都大学旧制大学院入学（一九六二年三月末日まで在籍）
一九五〇年　七月　三〇日　京都府立鴨折高校教諭
一九五一年　一一月　一七日　日本史研究会委員
一九五四年　三月　三一日　立命館大学文学部講師（非常勤）を兼任（一九六九年三月末日まで）
一九五六年　一〇月　二〇日　篠村史調査委員会委員長
一九六〇年　四月　一日　大本七十年史編集参与
一九六一年　四月　一日　京都府立高等学校同和教育研究会会長（一九六三年九月末日まで）、後に同和教育研究会京都府連合会会長、全国同和教育研究者協議会副委員長（同右）
一九六三年　二月　一〇日　芸能史研究会委員兼評議員
一九六三年　四月　一日　京都大学文学部講師（非常勤）を兼任
一九六三年　四月　一日　大阪大学教養部講師（非常勤）を兼任（任期一年）
一九六三年　一〇月　一六日　京都大学助教授（教養部、文学部授業担当）
一九六三年　一一月　三日　毎日学術奨励金
一九六四年　一〇月　一日　京都大学人文科学研究所講師（非常勤）を兼任
一九六四年　一〇月　一日　史学研究会評議員
一九六八年　四月　一日　京都大学大学院文学研究科担当（定年まで）
一九六九年　三月　二五日　『日本のなかの朝鮮文化』顧問
一九六九年　五月　二三日　京都大学文学博士
一九七〇年　四月　一日　広島大学文学部講師（非常勤）を兼任（任期一年）
一九七〇年　四月　一日　九州大学文学部講師（非常勤）を兼任（任期一年）
一九七〇年　一〇月　一五日　毎日出版文化賞（第二十四回）受賞（『日本神話』）
一九七一年　三月　一六日　京都大学教授（教養部）（定年まで）
一九七二年　二月　一四日　京都市文化観光資源調査会会員
一九七二年　四月　一日　大谷大学文学部講師（非常勤）を兼任（任期二年）
一九七二年　四月　一日　八日市市民大学副学長
一九七二年　一〇月　一〇日　史学研究会理事
一九七三年　一月　二六日　京都市社会教育委員（後に委員会議議長）
一九七三年　一二月　一四日　日朝友好促進京都婦人会議顧問
一九七四年　一〇月　二六日　「日本書紀を読む会」講師
一九七四年　一二月　一八日　京都西安委員会常任委員
一九七六年　二月　一四日　京都市文化観光資源調査委員
一九七六年　四月　一日　京都大学評議員（任期二年）
一九七六年　四月　一日　滋賀県文化の屋根委員会委員
一九七七年　四月　一日　向日市史専門委員会委員長
一九七七年　一一月　一三日　部落開放研究所代表委員のひとり
一九七八年　四月　一日　京都大学教養部長（任期一年）
一九七九年　一〇月　一日　奈良の部落史編纂委員会委員長
一九八〇年　四月　一日　琵琶湖南湖公園化構想委員会委員
一九八〇年　四月　一日　日本城郭協会評議員
一九八一年　四月　一日　城崎町史監修・委員長
一九八二年　四月　一九日　京都市文化財保護審議会委員（後に審議会会長）
一九八二年　一〇月　一日　向日市自治功労表彰
一九八三年　三月　二五日　京都市歴史資料館評議員（二〇〇五年三月末まで）
一九八三年　四月　二日　京都大学埋蔵文化財研究センター長（任期二年）
一九八三年　七月　京都民俗談謡会（後に京都民俗学会顧問）
一九八三年　九月　一六日　京都大学中央アジア学術調査委員会委員
一九八三年　一一月　一日　山城町史監修・委員長
一九八四年　五月　一日　国際交流基金日本委員会委員
一九八四年　八月　一五日　入日市市教育功労表彰
一九八四年　一二月　一〇日　角川文化振興財団理事
一九八五年　一月　一日　八日市市民大学長
一九八五年　一月　一六日　滋賀県新世紀委員会委員
一九八五年　二月　一五日　アイデンティティ奈良懇談会委員
一九八五年　高句麗文化展西日本代表
一九八五年　四月　一〇日　民俗芸能学会評議員
一九八五年　七月　一日　平安建都千二百年記念協会理事
一九八五年　九月　一六日　亀岡市経済活性化審議会会長
一九八五年　一〇月　二八日　文部大臣社会教育功労表彰
一九八六年　四月　一日　京都府文化財保護審議会委員（後に審議会会長）

一九八六年　四月　一日　京都市埋蔵文化財研究所理事
一九八七年　一月　一日　日本風俗史学会副会長
一九八七年　四月　一日　京都府埋蔵文化財調査研究センター理事
一九八七年　四月　一日　大阪外国語大学大学院講師（非常勤）を兼任（任期二年）
一九八七年　四月　八日　京都大学同和問題等委員会委員長（定年まで）
一九八七年　六月　一六日　世界人権問題研究センター設立検討部会長
一九八七年　九月　二日　亀岡市生涯学習都市構想策定懇話会座長
一九八七年　九月　三日　日本文化財団評議員
一九八八年　四月　一日　島根県古代文化活用委員会副委員長
一九八八年　八月　財団法人高麗美術館理事就任
一九八八年　八月　一〇日　亀岡市生涯学習都市推進会議顧問
一九八八年　九月　二七日　京都丹波国分寺跡緑園構想委員会委員長
一九八八年　一一月　一七日　第六十一回神宮式年遷宮感謝状
一九八九年　八月　一日　亀岡市生涯学習市民大学学長
一九八九年　九月　一八日　糺の森顕彰会学術顧問
（二〇〇三年三月一三日より第二期整備委員会委員長）
一九八九年　一〇月　一日　京都音楽文化協会顧問
一九八九年　一二月　一日　時代祭考証委員
一九八九年　一二月　二〇日　姫路シロトピア感謝状
一九九〇年　一月　二三日　四天王寺ワッソ企画顧問
一九九〇年　二月　一日　平安神宮百年史編纂委員会委員長
一九九〇年　三月　一六日　アジア史学会評議員・会長代行
一九九〇年　三月　二四日　生涯学習かめおか財団顧問
一九九〇年　四月　一日　京都精華大学人文学部講師（非常勤）を兼任（任期一年）
一九九〇年　四月　一日　国際日本文化研究センター客員教授
（一九九一年五月三一日まで）
一九九〇年　五月　一二日　亀岡商工会議所顧問
一九九〇年　八月　二四日　宮津市史監修・専門委員会委員長
一九九〇年　九月　一〇日　明階に昇任
一九九〇年　一一月　六日　文部大臣感謝状
一九九一年　四月　一日　京都大学名誉教授
一九九一年　四月　一日　京都精華・大学大学院講師
（非常勤、一九九二年三月三一日まで）
一九九一年　四月　二二日　出口王仁三郎翁顕彰会常任顧問
一九九一年　五月　一日　部落解放人権研究所顧問
一九九一年　五月　三日　亀岡市史監修・委員長
一九九一年　五月　三〇日　京都市社会教育振興財団副理事長
一九九一年　六月　一日　大阪女子大学学長（一九九七年五月三一日まで）
一九九一年　九月　一〇日　永年奉仕京都府神社庁表彰
一九九一年　一〇月　一六日　全国社会教育委員連合表彰
一九九一年　一一月　三日　亀岡市篤志功労者表彰
一九九二年　四月　二日　水平社創立七十周年表彰
一九九二年　九月　一日　島根県古代文化研究セシター企画運営委員会委員（後に委員長）
一九九二年　一〇月　一日　江馬賞（第十八回）（日本風俗史学会）受賞
一九九三年　四月　一日　根県立国際短期大学客員教授（二〇〇〇年三月三一日まで）
一九九三年　六月　二一日　播磨学研究所名誉所長
一九九三年　一〇月　一日　亀岡市商工会議所感謝状
一九九三年　一〇月　一日　国際日本文化センター評議員（一九九五年九月三〇日まで）
一九九三年　一一月　一日　京都市教育功労者表彰
一九九三年　一二月　二日　比較文明史学会顧問
一九九四年　八月　古代出雲文化展準備委員会委員長
一九九四年　一二月　一日　世界人権問題研究センター副理事長
一九九四年　一二月　西北大学名誉教授
一九九五年　一月　一日　日本風俗史学会顧問
一九九五年　四月　二八日　大阪の部落史編纂委員会会長
一九九五年　九月　一四日　西京都政経文化懇話会名誉顧問
一九九五年　一〇月　一五日　京都市長感謝状
一九九五年　一一月　一日　韓国文化研究財団理事
一九九五年　一一月　一八日　朝鮮通信使縁地連絡協議会顧問
一九九六年　三月　二三日　国際在日韓国・朝鮮人研究会顧問
一九九六年　九月　一日　かめおか宗教懇話会常任顧問
一九九六年　九月　五日　京都新聞文化賞選考委員
一九九六年　九月　一五日　民族学博物館評議員（一九九八年九月一四日まで）
一九九六年　九月　一九日　アジア史学会会長
一九九六年　九月　二六日　大阪府プリムラ賞選考委員会委員長
一九九六年　一〇月　二三日　なにわ文化研究会委員
一九九六年　一〇月　二八日　永年奉仕京都府神社庁表彰
一九九六年　一一月　一日　京都府文化財保護審議会委員永年勤続表彰
一九九六年　一一月　一八日　京都市文化功労者表彰
一九九六年　一二月　一六日　大阪府人権教育推進懇談会会長
一九九七年　三月　八日　芳洲会顧問
一九九七年　三月　一六日　京都学園理事
一九九七年　四月　一日　京都市女性大学学長（二〇〇四年三月三一日まで）
一九九七年　五月　二二日　社団法人京都音楽文化協会顧問
一九九七年　六月　一日　大阪府立中央図書館名誉館長
一九九七年　六月　一日　姫路文学館長
一九九七年　六月　一〇日　大阪女子大学名誉教授
一九九七年　八月　一日　古代学協会顧問

一九九七年　一一月　三日　大阪文化賞
一九九八年　四月　一日　高麗美術館長
一九九八年　四月　二〇日　ガレリアかめおか顧問
一九九八年　五月　一日　原田伴彦記念基金運営委員会代表
一九九八年　五月　三〇日　日宗教文化研究所理事
一九九八年　七月　一日　平安神宮崇敬会相談役
一九九八年　七月　一日　財団法人伏見稲荷大社講務本庁理事
一九九八年　九月　二五日　福岡アジア文化賞（第九回学術研究賞）
一九九八年　一〇月　一五日　京都市自治百周年功労特別表彰
一九九八年　一一月　三日　京都市生涯学習振興財団理事長
一九九八年　一一月　一〇日　石川県富来町渤海国交流研究センター委員会委員長
一九九八年　一一月　一一日　亀岡市自治功労者表彰
一九九八年　一二月　一日　京都市学校歴史博物館館長（二〇〇四年一二月三一日まで）
一九九九年　一月　一日　京都国立博物館評議員
一九九九年　二月　三日　神社本庁特別表彰
一九九九年　三月　二六日　京都市生涯学習振興財団理事長
一九九九年　四月　一日　姫路市一〇〇周年記念特別感謝状
一九九九年　四月　一〇日　沖縄学研究所顧問・客員研究員
一九九九年　五月　一〇日　大阪府人権施策推進審議会会長
一九九九年　五月　二八日　中国首都師範大学客員教授
一九九九年　六月　二三日　世界人権問題研究センター理事長
一九九九年　八月　一日　京都市美術館評議員・議長
一九九九年　一〇月　一五日　京都市自治記念感謝状
二〇〇〇年　二月　二六日　生涯学習かめおか財団10周年記念表彰
二〇〇〇年　三月　二日　朝田教育財団理事
二〇〇〇年　四月　一二日　京都市文化財保護審議会会長
二〇〇〇年　四月　一五日　南方熊楠賞（第一〇回）受賞
二〇〇〇年　七月　一八日　京都府文化財保護審議会会長（二〇〇六年三月三一日まで）
二〇〇〇年　一一月　六日　平成一三年歌会始召人
二〇〇〇年　一一月　一五日　生涯学習まちづくり亀岡市学術顧問
二〇〇〇年　一二月　一八日　中国社会科学院古代文明研究センター学術顧問
二〇〇一年　一月　一二日　宮中歌会召人
二〇〇一年　一月　三一日　京都府文化特別功労表彰
二〇〇一年　二月　一三日　日本万国博覧会協会評議員
二〇〇一年　三月　二二日　島根県古代文化研究センター企画運営委員会委員長
二〇〇一年　四月　一七日　京都学園顧問
二〇〇一年　五月　二二日　永年奉仕神社本庁表彰
二〇〇一年　一二月　一五日　島根県立歴史博物館開設準備委員会委員長
二〇〇二年　二月　一〇日　万葉古代学研究所学術顧問・客員研究員
二〇〇二年　三月　一日　浄階に昇任
二〇〇二年　四月　二八日　京都地名研究会顧問
二〇〇二年　五月　二三日　玄武功労賞
二〇〇二年　五月　二六日　ＮＰＯ法人社叢学会理事長（内閣府認証）
二〇〇二年　一二月　一八日　オムロンヒューマン大賞
二〇〇三年　四月　一日　京都府埋蔵文化財調査研究センター理事長
二〇〇三年　四月　二五日　コロムビア大学中世日本文化研究センター顧問
二〇〇三年　四月　二九日　勲二等瑞宝章受賞
二〇〇三年　六月　二七日　部落解放・人権研究所創立三五周年感謝状
二〇〇三年　一〇月　一五日　京都市自治記念日感謝状
二〇〇三年　一〇月　三〇日　赤坂御苑園遊会
二〇〇三年　一一月　三日　国際京都学協会顧問
二〇〇三年　一二月　ＮＰＯ大阪四天王寺ワッソ文化交流協会理事・顧問
二〇〇四年　七月　二〇日　縁地連朝鮮通信関係地域史研究会顧問
二〇〇四年　八月　一日　堺市学術顧問
二〇〇四年　八日市市（東近江市）名誉市民
二〇〇四年　九月　一六日　大阪ブランド戦略推進会議委員
二〇〇四年　京都市感謝状（女性大学学長退任）
二〇〇四年　京都市感謝状（学校歴史博物館長退任）
二〇〇四年　一二月　一五日　時代祭室町時代列考証委員会委員長
二〇〇五年　三月　十日　白虎功労章
二〇〇五年　四月　一日　民俗芸能学会評議員
二〇〇五年　四月　一九日　亀岡市市民憲章検討委員会顧問
二〇〇五年　四月　二七日　宮津市感謝状（宮津市史完結）
二〇〇五年　四月　三〇日　和文化教育研究交流協会顧問
二〇〇五年　七月　二六日　大阪府こころの再生を考える有識者懇話会座長
二〇〇五年　一〇月　一五日　京都市特別功労者表彰
二〇〇五年　一一月　三日　亀岡市特別功労者表彰
二〇〇五年　一二月　一五日　日本万国博覧会記念機構感謝状
二〇〇六年　三月　一日　堺市人権条例懇談会委員長
二〇〇六年　四月　一日　堺市歴史文化都市有識者会議顧問
二〇〇六年　四月　一日　島根県立古代出雲歴史博物館名誉館長
二〇〇六年　五月　二三日　永年奉仕神社本庁表彰状
二〇〇六年　七月　一九日　京都府感謝状（京都府文化財保護審議会会長退任）
二〇〇六年　七月　二〇日　伏見稲荷大和千三百年史編纂委員会委員長
二〇〇六年　九月　六日　出雲大神宮創建千三百年大祭記念事業奉賛会顧問
二〇〇六年　九月　二〇日　青丘文化ホール名誉理事
二〇〇六年　一〇月　九日　時代祭協賛会会長
二〇〇六年　一〇月　一〇日　アジア民族造形ネットワーク・システム顧問

二〇〇六年 一一月 三日 亀岡市名誉市民
二〇〇六年 一一月 一〇日 京都市生涯学習振興功労表彰
二〇〇七年 一月 二七日 京都市生涯学習財団二十五周年感謝状
二〇〇七年 二月 一四日 史跡丹波国分寺整備検討委員会座長
二〇〇七年 三月 五日 部落解放同盟提言委員会座長
二〇〇七年 三月 二七日 永年勤続神明奉仕表彰京都府神社庁
二〇〇七年 四月 一二日 「平成の遣隋使」顧問（大阪府）
二〇〇七年 七月 一日 亀岡観光大使（亀岡市）
二〇〇七年 九月 二二日 朝鮮通信使来日四百年京都再現行列世詣人会代表
二〇〇七年 一〇月 二二日 イスラエル・パレスチナ平和研究所顧問
二〇〇八年 四月 四日 自由都市堺平和貢献賞（選考委員長）
二〇〇八年 六月 一日 京都日韓親善協会顧問
二〇〇八年 六月 二七日 感謝状（顧問）亀岡商工会議所
二〇〇八年 一〇月 八日 時代祭考証委員長
二〇〇八年 一〇月 一一日 感謝状（多年理事勤務）伏見稲荷大社
二〇〇八年 一〇月 一五日 功労感謝状（京都市）
二〇〇八年 一一月 一日 天皇・皇后両陛下お召し大宮御所参上
二〇〇九年 一月 二二日 遣唐使船再現航海実行委員会委員
二〇〇九年 二月 三日 平成二〇年度功績表彰（神社本庁）
二〇〇九年 二月 九日 全国神楽連絡協議会準備委員会委員長
二〇〇九年 三月 二三日 大阪の部落史委員長感謝状部落解放人権研究所
二〇〇九年 四月 一日 姫路市百二十周年特別感謝状
二〇〇九年 四月 二四日 修交勲章崇禮章李明博大統領
二〇〇九年 四月 故郷の家・京都支援の会共同代表
二〇〇九年 五月 一日 式年遷宮感謝状（伊勢神宮）
二〇〇九年 五月 一三日 朱雀功労賞（平安神宮）
二〇〇九年 六月 一九日 知事特別感謝状（京都府）
二〇〇九年 六月 三〇日 地域資源活用実行委員会委員長（亀岡市）
二〇〇九年 七月 二〇日 王仁博士「難波津の歌」歌碑建立委員会特別顧問
二〇〇九年 七月 二四日 第二六回国民文化祭亀岡実行委顧問
地域資源活用実行委員会委員長
二〇〇九年 八月 五日 亀岡市平和の宣言委員会相談役
二〇〇九年 九月 一〇日 亀岡市国民文化祭実行委員会顧問
二〇〇九年 一〇月 三日 石田梅岩顕彰会名誉会長
二〇〇九年 一〇月 一九日 平和に関する都市宣言起草委員会相談役
二〇一〇年 四月 一日 神話のふるさと「島根」推進協議会アドバイザー
二〇〇九年 一一月 一八日 出雲大神宮崇敬会名誉顧問（二〇一〇年四月再任）
二〇一〇年 四月 一六日 全国神楽協議会会長
二〇一〇年 六月 三日 綾部市中東和平プロジェクト顧問
二〇一〇年 一一月 二三日 平安神宮名勝活用諮問委員会座長
二〇一一年 二月 地域資源活用実行委員会委員長
二〇一一年 五月 二五日 永年（五十余年）奉仕表彰（神社本庁）
二〇一一年 五月 二七日 生涯学習かめおか財団理事長
二〇一二年 二月 三日 神職身分最高特級（神社本庁池田厚子）
同功勢牌（神社本庁）
二〇一二年 三月 三日 第七回松本治一郎賞（部落解放同盟）
二〇一二年 三月 二九日 京都府神社庁設立六五周年永年表彰（京都府神社庁）
二〇一二年 四月 一日 伏見稲荷大社付属講務本庁理事
二〇一三年 四月 一日 都市化の中での伝統文化活性化事業実行委員長
二〇一三年 六月 五日 「ひかる」まちなみプロジェクト実行委員会顧問
二〇一三年 一〇月 一五日 表彰状（京都市長門川大作）
二〇一四年 三月 三一日 感謝状（姫路市長）
二〇一四年 四月 一九日 全国邪馬台国連絡協議会特別顧問
二〇一四年 六月 二二日 社叢学会名誉顧問
二〇一四年 八月 一日 千里文化財団顧問

著作譜（論文・書評・随想など除く）

単著

1 『神話の世界』 一九五六年八月一日 創元社
補訂『日本神話の世界』 一九六七年五月二五日 創元社
2 『日本古代国家成立史の研究』 一九五九年七月二〇日 青木書店
3 『日本武尊』 一九六〇年七月二〇日 吉川弘文館
補訂『日本武尊』 一九八一年一月一日 吉川弘文館
4 『帰化人』 一九六五年六月一五日 中央公論社（中公新書）
5 『出雲の神話』 一九六五年六月一八日 淡交新社
6 『大和朝廷』 一九六七年一月一〇日 角川書店（新書）
補訂『大和朝廷』 一九七二年二月二〇日 角川書店（選書）
増訂『大和朝廷』 一九九五年八月一〇日 講談社（学術文庫）
7 『大仏開眼』 一九六八年三月一〇日 文英堂
8 『日本古代国家論究』 一九六八年一一月二〇日 塙書房
9 『日本神話』 一九七〇年四月二五日 岩波書店（岩波新書）
新版『日本神話』 二〇一〇年七月二五日 角川学芸出版
10 『日本の原像』 一九七〇年一一月三〇日 文藝春秋社
増訂『日本の原像』 二〇〇一年一二月二一日 東京創元社
11 『女帝』 一九七一年六月一二日 講談社
補訂『日本の女帝』 一九七三年一一月三〇日 講談社
増訂『古代日本の女帝』 一九九六年二月一〇日 講談社（学術文庫）
12 『古典の虚と実』 一九七二年三月一日 富山県教育委員会

13『大王の世紀』 一九七三年一二月二五日 小学館
14『京都千年』 一九七四年三月五日 毎日新聞社
15『道の古代史』 一九七四年七月二四日 淡交社
補訂『道の古代史』 一九八六年四月一〇日 大和書房（日本文化叢書）
16『日本海文化の伝統と創造』 一九七五年三月一日 日本海沿岸地帯振興連盟
17『古代再発見』 一九七五年三月三〇日 角川書店
増訂『古代再発見』 二〇〇二年三月二二日 東京創元社
18『倭国の世界』 一九七六年二月二〇日 講談社
19『藤原不比等』 一九七六年三月一五日 朝日新聞社
補訂『藤原不比等』 一九七六年一二月二〇日 朝日新聞社（選書）
20『古代文化の探求』 一九七七年一月一〇日 講談社（学術文庫）
21『喜田貞吉』 一九七七年五月一〇日 講談社
22『古代からの視点』 一九七八年九月二〇日 PHP出版研究所
23『聖徳太子』 一九七八年一二月二〇日 平凡社
24『古代史のいぶき』 一九八一年七月二一日 PHP出版研究所
25『古代の日本と朝鮮』 一九八六年五月二九日 岩波書店
26『古事記・私の読みかた』 一九八八年六月七日 朝日カルチャーセンター
『古事記の読み方』 二〇〇三年六月二〇日 アートディズ
27『古代の道教と朝鮮文化』 一九八九年一一月三〇日 人文書院
28『古代学とその周辺』 一九九一年二月一八日 人文書院
29『古代伝承史の研究』 一九九一年五月三日 塙書房
30『日本の神話を考える』 一九九一年八月一日 小学館
補訂『日本の神話を考える』 一九九四年一二月二〇日 小学館ライブラリー
31『社と日本文化』 一九九四年七月一二日 日本建築協会
32『古代日本の史脈』 一九九五年二月一八日 人文書院
33『歴史家の眼』 一九九五年一二月一〇日 小学館
34『神道と東アジアの世界』 一九九六年六月三〇日 徳間書店
35『東アジアと海上の道』 一九九七年四月二九日 明石書店
36『論究・古代史と東アジア』 一九九八年一月二九日 岩波書店
37『上田正昭著作集』（第一巻） 一九九八年七月一〇日 角川書店
38『上田正昭著作集』（第二巻） 一九九八年一〇月二五日 角川書店
39『上田正昭著作集』（第三巻） 一九九八年一二月二〇日 角川書店
40『上田正昭著作集』（第四巻） 一九九九年三月一〇日 角川書店
41『上田正昭著作集』（第五巻） 一九九九年五月一〇日 角川書店
42『上田正昭著作集』（第六巻） 一九九九年七月五日 角川書店
43『上田正昭著作集』（第七巻） 一九九九年九月五日 角川書店
44『上田正昭著作集』（第八巻） 一九九九年一一月五日 角川書店
45『講学・アジアのなかの日本古代史』 一九九九年一二月二五日 朝日新聞社
46『半島と列島・接点の探究』 二〇〇二年一二月二八日 青丘文化社
47『古事記・日本書紀が描く神話の世界』 二〇〇三年八月 アートディズ
48『新修日本の神話を考える』 二〇〇三年一〇月一〇日 小学館
49『古代日本の輝き』 二〇〇三年一二月六日 思文閣出版
50『日本文化の基層研究』 二〇〇三年一二月一〇日
51『女王卑弥呼と邪馬台国』 二〇〇四年二月 アートディズ
52『日本古代国家の成り立ち』 二〇〇五年六月 アートディズ
53『歴史のなかの人権』 二〇〇六年一月一日 明石書店
54『歴史に学ぶ』 二〇〇六年二月一五日 学生社
55『古代日本のこころとかたち』 二〇〇六年四月三〇日 角川書店
56『日本武尊伝承と古代国家の成立』 二〇〇七年九月 アートディズ
57『日本人のこころ』—和魂めざめよ—増補 二〇〇八年四月一五日 学生社
同右・新版 二〇〇九年六月二〇日 学生社
58『日本人〝魂〟の起原』 二〇〇八年一一月五日 情報センター出版
59『聖徳太子の功績』 二〇〇九年一月 アートディズ
60『歴史と人間の再発見』 二〇〇九年九月三〇日 藤原書店
61『東アジアの中の日本』 二〇〇九年一〇月三〇日 思文閣出版
62『神と仏の古代史』 二〇〇九年一二月一日 吉川弘文館
63『大和路の旅』 二〇一〇年四月二五日 角川選書
64『倭国から日本国へ』 二〇一〇年六月二〇日 文英堂
65『古代国家と東アジア』 二〇一〇年六月二五日 角川学芸出版
66『雨森芳州』 二〇一一年一月一〇日 ミネルヴァ書房
67『京都のなかの渡来文化』 二〇一一年四月二九日 世界人権問題研究センター
68『アジアのなかの日本の再発見』 二〇一一年六月二〇日 ミネルヴァ書房
69『死をみつめて生きる』 二〇一二年八月二五日 角川選書
70『私の古代史』上巻 二〇一二年一二月二〇日 新潮社
71『私の古代史』下巻 二〇一二年一二月二〇日 新潮社
72『渡来の古代史』 二〇一三年六月一〇日 角川学芸出版
73『古社巡拝』 二〇一三年八月一五日 学生社
74『森と神と日本人』 二〇一三年八月三〇日 藤原書店
75『大和魂の再発見』 二〇一四年二月一八日 藤原書店
76『日本古代史をいかに学ぶか』 二〇一四年九月二〇日 新潮社
77『「古代学」とは何か 展望と課題』 二〇一五年一月三〇日 藤原書店
78『古代の日本そして朝鮮文化 忘れえぬ先人をめぐって』 二〇一五年三月二五日 角川学芸出版
79『古代の日本と東アジアの新研究』 二〇一五年一〇月三〇日 藤原書店
80『古代史研究七十年の背景』 二〇一六年六月一〇日 藤原書店

監修・編・共著・序

1 『新しい部落の歴史』（共著）一九五二年五月 部落問題研究所
2 『日本史図説』（共著）一九五六年六月二五日 岩崎書店
3 『日本史研究の課題』（共著）一九五七年七月一三日 日本科学社
4 『部落の歴史』（共著）一九六〇年六月二五日 三一書房
5 『部落問題入門』（共著）一九六一年二月一日 部落問題研究所
6 『篠村史』（共編著）一九六一年三月一〇日 篠村史編纂委員会
7 『講座日本文化史』（1）（共著）一九六一年一一月三〇日 三一書房
8 『日本の歴史』（第2巻）（共著）一九六三年四月一〇日 読売新聞社
9 『大本七十年史』上巻（共著）一九六四年二月四日 大本
10 『大和奈良朝』（共著）一九六五年四月一五日 人物往来社
11 『新講座地理と世界の歴史』（5）（共著）一九六五年一一月一〇日 雄渾社
12 『新版部落の歴史と解放運動』（共著）一九六五年一二月一日 部落問題研究所出版部
13 『紅と紺と』（共著）一九六六年五月二〇日 朝日新聞社
14 『飛鳥と奈良』（編著）一九六七年四月二〇日 世界文化社
15 『新国学談』（共著）一九六七年六月三〇日 文藝春秋社
16 『大本七十年史』下巻（共著）一九六七年八月七日 大本
17 『日本文化の創造』（共著）一九六八年三月二〇日 雄渾社
18 『京都府文化財図録』（共著）一九六八年三月二一日 便利堂
19 『日本の文化地理」（共著）一九六八年五月二二日 講談社
20 『日本と朝鮮の二千年』（編著）一九六九年四月一五日 太平出版社
21 『新井白石』（共著）一九六九年六月一〇日 中央公論社
22 『近畿圏』（共著）一九六九年七月五日 鹿島研究所出版会
23 『日本と世界の歴史』第4巻（共著）一九六九年一〇月一日 学習研究社
24 『日本の古典芸能』（1）（編著）一九六九年一一月一〇日 平凡社
25 『日本と世界の歴史』第5巻（共著）一九七〇年一月一日 学習研究社
26 『古代の日本』（4）（湯川秀樹先生と共著）（共著）一九七〇年三月三一日 角川書店
27 『日本文化の創造』（共著）一九七一年五月二〇日 雄渾社
28 『論集日本文化の起源』（1）（編著）一九七一年五月二四日 平凡社
29 『京都の社寺文化』（共著）一九七一年九月一五日 京都府文化財保護基金
30 『続京都の社寺文化」（共著）一九七二年五月二五日 京都府文化財保護基金
31 『壁画古墳の謎』（共著）一九七二年六月二四日 講談社
32 『朝日シンポジウム高松塚壁画古墳』（共著）一九七二年六月二五日 朝日新聞社
33 『日本の道』（共編著）一九七二年六月三〇日 講談社
34 『シンポジウム日本神話』（1）（共著）一九七二年六月三〇日 学生社
35 『狭山差別裁判』第四集（共著）一九七二年八月二九日 部落解放同盟中央本部
36 『シンポジウム日本神話』（2）（共著）一九七二年一〇月二五日 学生社
37 『日本の朝鮮文化』（共編著）一九七二年一一月二〇日 中央公論社
38 『歴史と人間』（共著）一九七二年一二月一〇日 朝日新聞社
39 『日本文化と朝鮮』（共著）一九七三年二月一〇日 新人物往来社
40 『歴史の全解』（監修）一九七三年三月一日 文研出版
41 『古代の日本』（1）（編著）一九七三年三月一日 研秀出版社
42 『科学と人間のゆくえ』（共著）一九七三年三月二〇日 講談社
43 『流域紀行』（共著）一九七三年三月三〇日 朝日新聞社
44 『シンポジウム日本神話』（5）（共著）一九七三年五月三〇日 学生社
45 『唐招提寺』（共著）一九七三年六月一〇日 毎日新聞社
46 『対談・古典の再発見』（共著）一九七三年六月二〇日 学灯社
47 『日本文化の原点』（編著）一九七三年六月三〇日 講談社
48 『日本古代文化の成立』（共編著）一九七三年八月一五日 毎日新聞社
49 『出口王仁三郎著作集』（5）（共編著）一九七三年一一月一〇日 講談社
50 『神話の旅』（共著）一九七三年一一月三〇日 毎日新聞社
51 『日本史』（共著）一九七四年二月一五日 清水書院
52 『解明日本史』（共著）一九七四年三月一日 文英堂
53 『松本清張全集』（33）（解説）一九七四年三月二〇日 文藝春秋社
54 『日本の古代と朝鮮』（共編著）一九七四年四月二〇日 学生社
55 『津田左右吉』（編著）一九七四年七月三一日 三一書房
56 『古代日本と朝鮮』（共編著）一九七四年九月二〇日 中央公論社
57 『日本の民俗』（共著）一九七四年九月二五日 朝日新聞社

58 『日本庶民文化史料集成』（1）（共編著）一九七四年九月三〇日　三一書房
59 『日本神話の研究法』（共著）一九七四年一〇月二〇日　有精堂出版
60 『人物日本の歴史』（1）（概説・共著）一九七四年一一月二五日　小学館
61 『出雲』（編著）一九七四年一一月三〇日　毎日新聞社
62 『古代史の宝庫』（共著）一九七四年一二月二〇日　朝日新聞社
63 『講座古代編』（共著）一九七五年一月一五日　中央公論社
64 『歴史の視点』（上巻）（共著）一九七五年一月二〇日　日本放送協会
65 『日本古代史の旅』（5）（共著）一九七五年一月三〇日　小学館
66 『美しい日本の旅』（9）（共著）一九七五年四月一五日　学習研究社
67 『古代探究』（共著）一九七五年四月二〇日　朝日新聞社
68 『都を走る』（序文）一九七五年五月二六日　大和出版
69 『続日本古代史の道』（共著）一九七五年五月三〇日　朝日新聞社
70 『巨人出口王仁三郎』（解説）一九七五年六月一五日　講談社
71 『美しい日本の旅』（10）（共著）一九七五年六月一五日　学習研究社
72 『日本の渡来文化』（共編著）一九七五年六月三〇日　中央公論社
73 『文字』（編著）一九七五年七月一五日　社会思想社
74 『人物日本の歴史』（2）（概説・共著）一九七五年九月三〇日　小学館
75 『風土記』（編著）一九七五年一〇月三〇日　社会思想社
76 『朝鮮と古代日本文化』（共編著）一九七五年一二月二〇日　中央公論社
77 『コンサイス人名辞典』（日本編）（共監修・共著）一九七六年三月二〇日　三省堂
78 『シンポジウム邪馬台国』（共著）一九七六年四月三〇日　角川書店
79 『都城』（編著）一九七六年五月三〇日　社会思想社
80 『樹霊』（共著）一九七六年六月三〇日　人文書院
81 江馬務『日本妖怪変化史』（解説）一九七六年七月一〇日　中央公論社
82 『お稲荷さん』（共著）一九七六年一一月一日　あすなろ社
83 『古代日本と朝鮮文化』（歴史シリーズ（1））（共著）一九七六年一一月三日　産報
84 『戦乱日本の歴史』（1）（共著）一九七六年一一月三〇日　小学館
85 『味の旅』（5）松江・山陰（共著）一九七六年　イーゼル社
86 『ふるさとの旅』（5）（共著）一九七七年　国際情報社
87 『ふるさとの旅』（7）（共著）一九七七年　国際情報社
88 『ふるさとの旅』（12）（共著）一九七七年　国際情報社
89 『伏見稲荷大社の歴史』（共著）一九七七年一月一日　伏見稲荷大社諸務本庁
90 『対談古代文化の謎をめぐって』（共著）一九七七年一月三〇日　社会思想社
91 『人物群像・日本歴史』（3）（共著）一九七七年二月一〇日　学習研究社
92 『城』（編著）一九七七年六月一五日　社会思想社
93 『江馬務著作集』（6）（解説）一九七七年七月二〇日　中央公論社
94 『古事記』（編著）一九七七年九月三〇日　社会思想社
95 『講座日本の神話』（1）（共著）一九七七年一〇月二〇日　有精堂
96 『日本史』（1）（編著）一九七七年一一月一〇日　有斐閣
97 『古代史の宝庫』（共著）一九七七年一二月二〇日　朝日新聞社
98 『母ありき』（共著）一九七八年二月一五日　エイト出版社
99 『古事記』（共編著・総説）一九七八年二月二八日　角川書店
100 『ふるさと随筆山陽路』（共著）一九七八年三月一日　のじぎく文庫
101 『山城のくに』（編著）一九七八年三月一〇日　山城ライオンズクラブ
102 『祭りと芸能の旅』（共著）一九七八年四月一日　ぎょうせい
103 『民話』（共編著）一九七八年五月一日　日本放送出版協会
104 『道教と古代の天皇制』（共著）一九七八年五月一〇日　徳間書店
105 『探訪日本の城』（別巻）（共著）一九七八年七月五日　小学館
106 『日本史の謎と発見』（3）（共著）一九七八年一〇月五日　毎日新聞社
107 『図鑑日本の歴史』（全六巻・完結）（監修）一九七九年二月一〇日　学習研究社
108 『図説日本文化の歴史』（2）（編著）一九七九年五月一〇日　小学館
109 『飛鳥・白鳳』（編著）一九七九年五月一〇日　小学館
110 『図説人物海の日本史』（1）（共著）一九七九年六月一日　毎日新聞社
111 『古代吉備論争』（上）（共著）一九七九年七月一一日　山陽新聞社
112 『探訪日本の城』（4）（近畿）（共著）一九七九年七月二〇日　小学館
113 『古代日本と朝鮮文化』（共著）一九七九年八月一〇日　プレジデント社
114 『追悼末川博』（共著）一九七九年一〇月一日　有斐閣
115 『ゼミナール日本古代史』（上）（共編著）一九七九年一一月一日　光文社

116 『飛鳥再考』（共著）一九七九年一一月二〇日 朝日新聞社
117 『修羅』（共著）一九七九年一一月三〇日 朝日新聞社
118 『古代吉備論争』（下）（共著）一九七九年一二月三日 山陽新聞社
119 『喜田貞吉著作集』（8）（編著）一九七九年一二月二〇日 平凡社
120 『江戸時代の通信使』（共著）一九七九年一二月二五日 毎日新聞社
121 『ゼミナール日本古代史』（下）（共編著）一九八〇年一月三一日 光文社
122 『講座日本の古代信仰』（1）（編著）一九八〇年六月二〇日 学生社
123 『古代東国の王者』（序）一九八〇年七月一五日 あさを社
124 『日本古代史』（共著）一九八〇年七月三〇日 筑摩書房
125 『日記から』（一九七六）（共著）一九八〇年八月一日 朝日新聞社
126 『日本古代論集』（編著）一九八〇年九月六日 笠間書院
127 『和歌森太郎著作集』（4）（解説）一九八〇年一〇月二五日 弘文堂
128 『喜田貞吉著作集化』（11）（編著）一九八〇年一一月二〇日 平凡社
129 『京都の社寺』（共著）一九八〇年一一月二七日 淡交社
130 『人間の発見』（共著）一九八一年二月一五日 講談社
131 『埋れた邪馬台国の謎』（共編著）一九八一年三月一四日 旺文社
132 『日本芸能史』（1）（共著）一九八一年六月一〇日 法政大学出版局
133 『探訪神々のふる里』（3）（編著）一九八一年一二月一〇日 小学館
134 『遣唐使時代の日本と中国』（共著）一九八二年四月三〇日 小学館
135 『日本古代文化の接点を探る』（共著）一九八二年五月一日 山川出版社
136 『探訪神々のふる里』（5）（編著）一九八二年五月一〇日 小学館
137 『喜田貞吉著作集』（10）（編著）一九八二年六月二五日 平凡社
138 『探訪神々のふる里』（6）（編著）一九八二年八月一〇日 小学館
139 『折口信夫』（共著）一九八二年一二月二〇日 有精堂
140 『稲と鉄』（共著）一九八三年一月一五日 小学館
141 『京を歩けば』（共著）一九八三年二月一五日 三洋化成工業
142 『解明日本史』（共著）一九八三年二月二〇日 文英堂
143 『日本史探訪』（1）（共著）一九八三年二月二五日 角川書店
144 『八日市市史』（1）（監修・共著）一九八三年三月二五日 八日市市
145 『向日市史』（上）（共著）一九八三年三月三一日 向日市
146 『大阪』（歴史を未来へ）（共著）一九八三年六月二五日 潮出版
147 『日本古代史の謎再考』（共著）一九八三年八月一五日 学生社
148 『日本史探訪』（2）（共著）一九八三年八月二五日 角川書店
149 『日本の美と文化』（2）（共著）一九八三年九月一五日 講談社
150 『日本文化と世界を考える』（共著）一九八三年一二月二〇日 大阪書籍
151 『八日市市史』（2）（監修）一九八三年一二月二五日 八日市市
152 『日本史探訪』（3）（共著）一九八四年三月二五日 角川書店
153 『奈良の部落史』（本文編、監修・共著）一九八四年三月三一日 奈良市
154 『日本史探訪』（4）（共著・解説）一九八四年四月二五日 角川書店
155 『春日大社』（共著）一九八四年五月二〇日 大阪書籍
156 『八日市市史』（5）（監修）一九八四年六月二五日 八日市市
157 『私の読書術』（共著）一九八四年七月一〇日 かのう書房
158 『八日市の歴史』（監修）一九八四年八月一五日 八日市市
159 『湯川秀樹』（共著）一九八四年一一月二〇日 日本放送出版協会
160 『東アジアにおける社会と習俗』（共著）一九八四年一二月二〇日 学生社
161 『亀岡神社誌』（序文ほか）一九八五年一月一日 亀岡市神職会
162 『古代飛鳥と奈良を考える』（共著）一九八五年一月二五日 学生社
163 『非国民のすすめ』（共著）一九八五年二月一日 麦秋社
164 『好太王碑探訪記』（共著）一九八五年三月一日 日本放送出版協会
165 『日本と朝鮮の二千年』（編著）一九八五年九月二〇日 大阪書籍
166 『好太王碑』（共著）一九八五年九月三〇日 ぎょうせい
167 『日本古代史と神々』（共著）一九八五年一〇月一〇日 学生社
168 『古代学への招待』（1）（共編著）一九八五年一一月一〇日 大阪書籍
169 『京の社』（共著）一九八五年一一月一五日 人文書院
170 『シンポジウム好太王碑』（共著）一九八五年一二月二〇日 東方書店
171 『八日市市史』（3）（監修）一九八六年三月二五日 八日市市
172 『八日市市史』（6）（監修）一九八六年三月二五日 八日市市

173 『古代学への招待』(2) (共著) 一九八六年三月三〇日 大阪書籍
174 『高句麗と日本古代文化』 (共著) 一九八六年一二月一六日 講談社
175 『奈良の部落史』 (史料編、監修・共著) 一九八六年一二月二五日 奈良市
176 『八日市市史』(4) (監修) 一九八七年二月二五日 八日市市
177 『仏教受容と渡来文化』 (共編著) 一九八七年三月一日 朝日新聞社
178 『山城町史』 (本文編、監修 共著) 一九八七年三月三一日 山城町
179 『荒神谷の謎に挑む』 (共著) 一九八七年五月一五日 角川書店
180 『御柱祭と諏訪大社』 (共著) 一九八七年七月三〇日 筑摩書房
181 関広延『現代の沖縄差別』 (跋文「タマフリの書」) 一九八七年一〇月一八日 海風社
182 『出雲の神々』 (編著) 一九八七年一〇月二〇日 筑摩書房
183 『心のなかの宇宙』 (共著) 一九八七年一二月一五日 中央公論社
184 『春日明神』 (編著) 一九八七年一二月三〇日 筑摩書房
185 『探訪古代の道』 (第一・二・三巻、編著) 一九八八年一月 五日 法蔵館
186 『向日市史』 (史料編、共著) 一九八八年三月一日 向日市
187 『車折神社御祭神記』 (序文) 一九八八年三月一六日 車折神社奉賛会
188 『城崎町史』 (本文編、監修) 一九八八年三月三一日 城崎町
189 『南大阪の活性化を考える』(河内飛鳥と難波) (共著) 一九八八年四月一日 大阪21世紀協会
190 『天満天神』 (編著) 一九八八年四月三〇日 筑摩書房
191 『奈良から見た日本文化』 (共著) 一九八八年七月二五日 明石書店
192 『古代日本と渡来文化』 (共著) 一九八八年八月二〇日 学生社
193 『古代史の謎に挑む』 (共著) 一九八八年一〇月二〇日 日本放送出版協会
194 『伊勢の大神』 (編著) 一九八八年一一月五日 筑摩書房
195 『まがたま』 (共著) 一九八八年一二月一日 玉造稲荷神社
196 『古代の探究』(華甲記念論集) (編著) 一九八八年一二月五日 学生社
197 『住吉と宗像の神』 (編著) 一九八八年一二月一〇日 筑摩書房
198 『神と英雄の故郷ヒ』 (監修) 一九八九年三月九日 NHKきんき メディアプラン
199 『部落解放史』上巻 (共著) 一九八九年六月二六日 部落解放研究所
200 『日本の歴史と天皇』 (共著) 一九八九年七月二五日 大月書店
201 『かささぎ』 (共著) 一九八九年一〇月一六日 鵲森宮
202 『日本古代王朝と内乱』 (共著) 一九八九年一一月五日 学生社
203 『奈良の部落史に学ぶ』 (編著) 一九八九年一二月一〇日 明石書店
204 『大神・石上』(『神道大系』神社編(12)) 校注 解題 一九八九年一二月二九日 神道大系編纂会
205 『知恵蔵』(日本史) (共著) 一九九〇年一月一日 朝日新聞社
206 『吉野—悠久の風景』 (編著) 一九九〇年三月二〇日 講談社
207 『山城町史』 (史料編、監修) 一九九〇年三月三一日 山城町
208 『丹波学叢書(1)～(10)』 (共著) 一九九〇年 三月亀岡市・教育委員会
209 『古代の日本と丹波の再発見』(丹波学叢書1) 一九九〇年 三月亀岡市・教育委員会
210 『部落史をどう教えるか』 (共著) 一九九〇年四月二〇日 日本放送出版協会
211 『神郷三輪山』 (共著) 一九九〇年四月二三日 同友館
212 『わが人生論』兵庫編(中) (共著) 一九九〇年八月二日 文教図書出版
213 『古代東国と東アジア』 (共著) 一九九〇年一〇月二〇日 河出書房新社
214 『城崎町史』史料編 (監修) 一九九〇年一一月三〇日 城崎町
215 『保津川ダイナシティ かめおか』 (共著) 一九九〇年一二月一三日 亀岡青年会議所
216 『古事記・日本書紀総覧』 (共著) 一九九〇年一二月二〇日 新人物往来社
217 『知恵蔵』(日本史) (共著) 一九九一年一月一日 朝日新聞社
218 『神は野を駆けて』 (共著) 一九九一年二月五日 神戸新聞 総合出版センター
219 『古代豪族と朝鮮』 (共著) 一九九一年二月二五日 新人物往来社
220 『出会い』 (共著) 一九九一年三月一九日 解放出版社
221 『謎の五世紀』 (共著) 一九九一年三月二五日 学生社
222 『謎の女王卑弥呼』 (共著) 一九九一年四月一五日 作品社
223 『倭の五王とはだれか』 (共著) 一九九一年四月一五日 作品社
224 『神々のルーツ』 (共著) 一九九一年四月一五日 作品社
225 『古代の日本と東アジア』(退官記念論文集) (編著) 一九九一年五月二〇日 小学館
226 『吉野ケ里・藤ノ木と古代東アジア』 (編著) 一九九一年五月二〇日 小学館

227 『古代の祭式と思想』（共著）一九九一年五月三一日 角川書店
228 『歴史誕生』（10）（共著）一九九一年六月二五日 角川書店
229 『余香録』（共著）一九九一年一〇月二五日 全国天満宮梅風会
230 『卑弥呼とその時代』（丹波学叢書Ⅱ）一九九一年一〇月 亀岡市教育委員会
231 『日本海』（共著）一九九一年一二月二〇日 ぎょうせい
232 『知恵蔵』（日本史）（共著）一九九二年一月一日 朝日新聞社
233 『酔夢現影』（工藤利三郎写真集）（監修）一九九二年二月二九日 奈良市教育委員会
234 『私の三十歳』（共著）一九九二年二月一五日 大和書房
235 『謎の五世紀を探る』（共著）一九九二年三月一九日 読売新聞社
236 『東アジアの中の日本と韓国・朝鮮』（共著）一九九二年三月三一日 京都国際交流センター
237 『民俗祭事の伝統』（監修・共著）一九九二年三月三一日 角川書店
238 『まんが朝鮮の歴史』（全十六巻）（解説）一九九二年四月 ポプラ社
239 『シンポジウム 日韓古代史の謎』（共著）一九九二年七月二五日 朝日新聞社
240 『謎の王国・渤海』（共著）一九九二年八月三〇日 角川選書
241 『古事記と日本書紀の謎』（共著）一九九二年九月二五日 学生社
242 『古代の日本と渡来文化』（丹波学叢書Ⅲ）一九九二年一〇月 亀岡市・教育委員会
243 『日本神社総覧』（共著）一九九二年一〇月三〇日 新人物往来社
244 『日本の神々』（共著）一九九二年一一月一二日 新人物往来社
245 『知恵蔵』（日本史）（共著）一九九三年一月一日 朝日新聞社
246 『日本古代史事典』（監修）一九九三年一一月一〇日 大和書房
247 『千年の息吹』（上巻）（共編著）一九九三年三月二一日 京都新聞社
248 『壬申の年に語る吉野の魅力』（共著）一九九三年三月三一日 吉野町教育委員会
249 『平野神社史』（監修・共著）一九九三年四月二日 平野神社
250 『下鴨神社糺の森』一九九三年五月一五日 ナカニシヤ出版
251 『日本人と日本文化の形成』（共著）一九九三年五月二〇日 朝倉書店
252 『丹波学の夜明け』（共著）一九九三年五月 生涯学習かめおか財団
253 『足もとの国際化』（共著）一九九三年六月一日 海風社
254 『神々の祭祀と伝承』（編著）一九九三年六月三〇日 同朋社出版
255 『東アジアの古代をどう考えるか』（監修・共著）一九九三年七月五日 飛鳥評論社
256 『天皇と日本の起源から考える』（共著）一九九三年七月一九日 新人物往来社
257 『アジア市民と韓朝鮮人』（共著）一九九三年七月二五日 日本評論社
258 『古代を考える出雲』（編著）一九九三年八月一日 吉川弘文館
259 『古代天皇の謎』（共著）一九九三年九月二五日 学生社
260 『上代に架ける橋』（序文）一九九三年九月 毎日新聞社
261 『はばたけ亀岡21』（序文）一九九三年一〇月一日 亀岡商工会議所
262 『聖徳太子と東アジア』（丹波学叢書Ⅳ）一九九三年一〇月 亀岡市教育委員会
263 『京都の歴史』①（共著）一九九三年一〇月一〇日 京都新聞社
264 『聖徳太子』（解説）一九九三年一〇月二五日 集英社（集英社文庫）
265 『日本の歴史』（上巻）（共著）一九九三年一一月一日 文藝春秋社
266 『千年の息吹』（中巻）（共編著）一九九三年一一月二一日 京都新聞社
267 『エミシとは何か』（共著）一九九三年一一月二五日 角川書店
268 『伊勢の神宮遷宮とその秘儀』（共著）一九九三年一二月一〇日 朝日新聞社
269 『蘇る朝鮮文化』（序文）一九九三年一二月二五日 明石書店
270 『知恵蔵』（日本史）（共著）一九九四年一月一日 朝日新聞社
271 『小林行雄先生追悼録』（共著）一九九四年二月一〇日 京大考古学研究室
272 『京都大事典』府域編（監修・共著）一九九四年三月一五日 淡交社
273 『沖縄文化の源流を探る』（共著）一九九四年三月三一日 復帰20周年沖縄研究国際シンポ実行委員会
274 『死はこんなに気楽なものか』（序文）一九九四年四月一〇日 中央アート出版
275 『京の絵本』（監修）一九九四年五月二五日 良幸刊行委員会
276 『丹波学の形成』（共著）一九九四年五月 生涯学習かめおか財団
277 『京の絵本』（全10巻）（監修）一九九四年六月一日 同朋舎出版
278 『宮津市史』（第五巻）（監修）一九九四年六月一日 宮津市
279 『平安京の風景』（監修）一九九四年七月二〇日 文英堂
280 『渡来人は何をもたらしたか』（共著）一九九四年八月六日 新人物往来社
281 『聚楽の夜咄』（対談）一九九四年九月九日 淡交社

282 『京都学校記』 （序文） 一九九四年九月 京都市教育委員会
283 『松原客館の謎にせまる』 （共著） 一九九四年一一月一〇日 気比史学会
284 『平安京から京都へ』 （編著） 一九九四年一一月二〇日 小学館
285 『千年の息吹』（下巻） （共編著） 一九九四年一一月二一日 京都新聞社
286 『神話の世界』（丹波学叢書Ⅴ） 一九九四年一一月 亀岡市教育委員会
287 『亀岡市史』（上巻） （監修・共著） 一九九五年一月一日 亀岡市
288 『知恵蔵』（日本史） （共著） 一九九五年一月一日 朝日新聞社
289 『日本民族の源流』 （解説） 一九九五年一月一〇日 講談社
290 『南方神話と古代の日本』 （共著） 一九九五年一月三一日 角川書店
291 『海人と天皇』 （解説） 一九九五年三月一日 新潮社
292 『古代の環境と考古学』 （共著） 一九九五年三月一〇日 古今書院
293 『難波京の風景』 （監修） 一九九五年三月二〇日 文英堂
294 『渡来の神・天日槍』 （共著） 一九九五年三月二〇日 出石但馬・理想の郷実行委員会
295 『時代装束―時代祭資料集成』 （共著） 一九九五年三月二二日 京都書院
296 『佐伯灯籠』 （監修） 一九九五年三月二九日 亀岡市教育委員会
297 『走向国際化的日本』 （共著） 一九九五年三月 天津人民出版社
298 『新修大阪の部落史』（上巻） （序） 一九九五年五月八日 解放出版社
299 『鼎談梅原猛の世界』 （共著） 一九九五年五月一五日 平凡社
300 『朝鮮通信史』 （編著） 一九九五年五月二〇日 明石書店
301 『丹波学の展開』 （序・共著） 一九九五年五月 生涯学習かめおか財団
302 『アジア山民海民の民俗芸能』 （共著） 一九九五年六月五日 雄山閣
303 『角川書店と私』 （共著） 一九九五年一〇月二七日 角川書店
304 『巨人出口王仁三郎』（解説：現代教養文庫版） 一九九五年一〇月三〇日 社会思想社
305 『秘儀開封春日大社』 （監修・共著） 一九九五年一〇月三〇日 角川書店
306 『古代王朝をめぐる謎』 （共著） 一九九五年一一月二五日 学生社
307 『女性史に学ぶ』（丹波学叢書） 一九九五年一一月 亀岡市教育委員会
308 『知恵蔵』（日本史） （共著） 一九九六年一月一日 朝日新聞社
309 『いまよみがえる海の道』 （共著） 一九九六年一月三〇日 環日本海松江国際交流会議
310 『宮津市史』（史料編第一巻） （監修・解説） 一九九六年三月一五日 宮津市
311 『亀岡市史』（資料編） （監修） 一九九六年三月三一日 亀岡市
312 『ウイナー日本史Ｂ』 （共著） 一九九六年四月一日 文英堂
313 『中学校社会』（地翠歴史・公民） （共著） 一九九六年四月一日 清水書院
314 『近代とは何だろうか』（鶴見俊輔座談集） 一九九六年四月二五日 晶文社
315 『史家が語る戦後史と私』 （共著） 一九九六年五月一日 吉川弘文館
316 『丹波学の構築』 （共著） 一九九六年五月 生涯学習かめおか財団
317 『播磨国風土記』 （監修・共著） 一九九六年八月三〇日 神戸新聞総合出版センター
318 『架橋の人曹碁亨』 （共著） 一九九六年一〇月五日 新潮社
319 『選集道教と日本』（第一巻） （共著） 一九九六年一二月五日 雄山閣
320 『知恵蔵』（日本史） （共著） 一九九七年一月一日 朝日新聞社
321 『大阪と海』 （共著） 一九九七年一月二五日 東方出版
322 『加茂岩倉遺跡』 （共著） 一九九七年二月一日 山陰中央薪報社
323 『古代出雲の神話と伝承』 （共著） 一九九七年三月一〇日 環日本海松江国際交流会議
324 『久多の山村生活用具』 （序文） 一九九七年三月一九日 京都市文化財保護課
325 『宮津市史』（史料編第二巻） （監修） 一九九七年三月二八日 宮津市
326 『墨書文字発見と四世紀の日本』 一九九七年三月三一日 三重県嬉野町
327 『平安神宮百年史』 （監修・共著） 一九九七年三月三一日 平安神宮
328 『古典を味わう』 （共著） 一九九七年四月二五日 リブリオ出版
329 『古代日本と渡来の文化』（古稀記念論文集） （編著） 一九九七年四月二九日 学生社
330 『丹波学の内実』 （共著） 一九九七年五月九日 生涯学習かめおか財団
331 『神奈備大神三輪明神』 （共著） 一九九七年六月一七日 東方出版
332 『京都大学の世紀』 （共著） 一九九七年六月一八日 紫翠会出版
333 『人物日本歴史館』（大和・奈良編） （共著） 一九九七年九月一五日 三笠書店
334 『平城京の風景』 （監修） 一九九七年九月二〇日 文英堂
335 『高句麗・渤海を行く』 （解説対談） 一九九七年一〇月二五日 青丘文化社
336 『畏れと祈り』 （監修・共著） 一九九七年一一月一日 上毛新聞社

337 『渡来人』（共著）一九九七年一二月一日 大巧社
338 『全国「山の宮」「星の宮」神社ガイド』（監修）一九九八年一月一日 世界文化社
339 『知恵蔵』（共著）一九九八年一月一日 朝日新聞社
340 『神々の鼓動』（共著）一九九八年一月五日 中国新聞社
341 『図説御柱祭』（監修・共著）一九九八年三月二〇日 郷土出版社
342 『新修亀岡市史』（第五巻）（監修）一九九八年三月二〇日 亀岡市
343 『堺学』（第四集）（共著）一九九八年三月 堺都市政策研究所
344 『神々の国悠久の遺産』（共著）一九九八年三月三一日 島根県教育委員会
345 『司馬遼太郎アジアへの手紙』（共著）一九九八年三月三一日 集英社
346 『司馬遼太郎回想』（編著）一九九八年四月一〇日 文英堂
347 『追想金達寿』（共著）一九九八年五月二〇日 青丘文化社
348 『古代探求』（共著）一九九八年六月二五日 中央公論社
349 『柳田国男事典』（共著）一九九八年七月七日 勉誠社
350 『司馬遼太郎』（群像日本の作家）（共著）一九九八年七月二〇日 小学館
351 『古代出雲の文化』（監修・共著）一九九八年七月三〇日 朝日新聞社
352 『神話』（共著）一九九八年七月三一日 MOKU 出版社
353 『アジアの日本を探る』（編著）一九九八年九月一〇日 文英堂
354 『十二支で語る日本の歴史新考』（序文）一九九八年九月三〇日 明石書房
355 『千年の都』（共著）一九九八年一〇月 第二二回世界遺産支援京都（伝統の創生と京都の文化）実行委員会
356 『七福神信仰事典』（共著）一九九八年一一月一日 戎光祥出版
357 『京都人権歴史紀行』（監修・共著）一九九八年一一月二五日 人文書院
358 『国際化のなかの人権問題』（監修・共著）一九九八年一一月二五日 明石書店
359 『日本の名山』（5）（共著）一九九八年一一月二六日 郷土出版社
360 『継体天皇と渡来人』（編・共著）一九九八年十二月一〇日 大巧社
361 『知恵蔵』（日本史）（共著）一九九九年一月一日 朝日新聞社
362 『古代出雲・青銅器から墳丘墓へ』（共著）一九九九年三月一〇日 環日本海松江国際交流会議
363 『東アジアから見た古代の東国』（共著）一九九九年三月 上毛新聞社
364 『共に学び共に生きる』（丹波学叢書Ⅸ）一九九九年三月 亀岡市
365 『宮津市史』（史料編第三巻）（監修）一九九九年三月三〇日 宮津市
366 『私たちの全仕事』（共著）一九九九年四月二四日 郷土出版社
367 『人権歴史年表』（編）一九九九年六月一五日 山川出版社
368 李均洋『雷神と龍神の日・中比較研究』（序）一九九九年六月 首都師範大学科学研究部
369 『アジアと日本のレネサンス』（編）一九九九年七月一〇日 文英堂
370 『松本清張の日本史探訪』（共著）一九九九年七月二五日 角川書店（角川文庫）
371 『わが青春の記』（共著）一九九九年八月二六日 但馬文化協会
372 『稲荷信仰事典』（共著）一九九九年九月三〇日 戎光祥出版
373 『鶴見和子の世界』（共著）一九九九年一〇月三〇日 藤原書店
374 『知恵蔵』（日本史）（共著）二〇〇〇年一月一日 朝日新聞社
375 『新修亀岡市史』（資料編第二巻）（監修）二〇〇〇年一月一日 亀岡市
376 神坂次郎『海の伽椰琴』（解説）二〇〇〇年一月一五日 講談社（学術文庫）
377 『丹波学の発展』（共著）二〇〇〇年一月 生涯学習かめおか財団
378 『アジアの中の沖縄』（共著）二〇〇〇年三月一〇日 アジア史学会第9回大会実行委員会
379 『講座・人権ゆかりの地をたずねて』（1）（共著）二〇〇〇年六月一五日 世界人権問題研究センター
380 『藤枝晃』（共著）二〇〇〇年六月二三日 自然文化研究所
381 『日本郵便発達史』（薮内吉春）（序）二〇〇〇年六月三〇日 明石書店
382 『出雲の神々に魅せられて』（序）二〇〇〇年六月三〇日 マイブック
383 『要説日本歴史』（共編著）二〇〇〇年七月一五日 東京創元社
384 『私たちが生きた20世紀』（共著）二〇〇〇年一〇日〇日 文藝春秋
385 『新修亀岡市史』（資料編第三巻）（監修）二〇〇〇年一一月三日 亀岡市
386 『雷神龍神思想と信仰』（序文）二〇〇一年二月一五日 明石書店
387 『宮津市史』（史料編第四巻）（監修）二〇〇一年二月二八日 宮津市
388 『風土記時代と北東アジア』（共著）二〇〇一年三月一〇日 環日本海松江国際交流会議
389 『21世紀のアジアを生きる』（監修・共著）二〇〇一年三月二〇日 文英堂

390 『日本海学の新世紀』日本海学推進会議編 （共著） 二〇〇一年三月三一日 角川書店
391 『丹波学叢書（11）』 （共著） 二〇〇一年三月 亀岡市・教育委員会
392 바다의가야금 （解説） 二〇〇一年四月一八日 인북스
393 『心学が拓く 二十一世紀の日本』 （共著） 二〇〇一年六月二二日 心学参禅舎
394 『朝鮮通信使とその時代』 （共著） 二〇〇一年六月二五日 明石書店
395 『稲荷山古墳の鉄剣を見直す』 （編著） 二〇〇一年八月二五日 学生社
396 『鎮守の森は甦る1 社叢学事始』 二〇〇一年一〇月一九日 思文閣出版
397 『「日本」という国』 （共著） 二〇〇一年一一月三〇日 大和書房
398 『日本人名大辞典』 （監修） 二〇〇一年一二月六日 講談社
399 『聖徳太子の実像と幻像』 （共著） 二〇〇二年一月五日 大和書房
400 椎野禎文『日本古代の神話的観想』 （序文） 二〇〇二年一月一五日 かもがわ出版
401 『金達壽ルネサンス』 （共著） 二〇〇二年二月一五日 解放出版社
402 『北東アジアのなかの古代出雲』 （共著） 二〇〇二年三月一〇日 環日本海松江国際交流会議
403 『講座・人権ゆかりの地をたずねて』（2） （共著） 二〇〇二年三月二五日 世界人権問題研究センター
404 『長岡天満宮史』 （監修・共著） 二〇〇二年三月二五日 長岡天満宮
405 『新修亀岡市史』（史料編第二巻） （監修） 二〇〇二年三月三一日 亀岡市
406 『丹波学叢書（12）』 （共著） 二〇〇二年三月 亀岡市・教育委員会
407 『出口王仁三郎の示した未来』 （共著） 二〇〇二年五月二〇日 社会思想社
408 『京都学を学ぶ人のために』 （監修・共著） 二〇〇二年一一月二〇日 世界思想社
409 『地域学事始め』 （共著） 二〇〇二年一一月二五日 五月書房
410 『朝鮮通信使の旅日記』 （序文） 二〇〇二年一一月二九日 ＰＨＰ研究所
411 『宮津市史』通史編上巻 （監修・共著） 二〇〇二年一二月二九日 宮津市
412 『ヤマト王権のあけぼの』 （編著） 二〇〇三年一月三〇日 作品社
（史話日本の古代）第三巻
413 『古代王権の誕生』（1） （監修・共著） 二〇〇三年一月三一日 角川書店
414 『講座・人権ゆかりの地をたずねて』（3） （共著） 二〇〇三年三月二〇日 世界人権問題研究センター
415 『三輪山の神々』 （共著） 二〇〇三年三月二五日 学生社
416 『大化改新と壬申の乱』 （共著） 二〇〇三年三月三〇日 作品社
417 『古代王権の誕生』（II） （監修） 二〇〇三年三月三一日 角川書店
418 『丹波学叢書⒀』 （共著） 二〇〇三年三月 亀岡市・教育委員会
419 『身近な森の歩き方』 （監修・共著） 二〇〇三年五月二〇日 文英堂
420 『万葉古代学』 （共著） 二〇〇三年五月二三日 大和書房
421 『渤海国交流の謎に追る』 （共著） 二〇〇三年五月 石川県富来町
422 『古代王権の誕生』（III） （監修） 二〇〇三年六月二〇日 角川書店
423 『行基と渡来人文化』 （共著） 二〇〇三年七月五日 たる出版
424 『古代王権の誕生』（IV） （監修） 二〇〇三年一〇月二五日 角川書店
425 『下鴨神社と糺の森』 （共著） 二〇〇三年一〇月二六日 淡交社
426 『柳田学の地平』 （共著）ほか 二〇〇三年一一月一日 岩田書院
427 『日本文化へのまなざし』 （共著） 二〇〇四年一月三〇日 河出書房新社
428 「日本の神々―先代旧事本紀の復権」 （対談） 二〇〇四年二月四日 大和書房
429 『丹波学叢書（14）』 （共著） 二〇〇四年三月 亀岡市教育委員会
430 『古代への旅』 （序） 二〇〇四年五月一五日 アジェンダ・プロジェクト
431 『宮津市史』（通史篇下巻） （監修） 二〇〇四年五月三〇日 宮津市
432 『亀岡市史』（本文篇第三巻） （監修・共著） 二〇〇四年七月三〇日 亀岡市
433 『シンポジウム倭人のクニから倭国へ』 二〇〇四年八月三〇日 未来社
434 『日本と朝鮮の関係史』 （監修共著） 二〇〇四年一〇月一五日 星雲社
435 『探究鎮守の森』 （編著） 二〇〇四年一一月一〇日 平凡社
436 『散所・声聞師・舞々』 （序） 二〇〇四年一二月一五日 思光閣
437 『司馬遼太郎ふたたび』 （共著） 二〇〇五年二月一五日 文藝春秋
438 『人権ゆかりの地をたずねて』 二〇〇五年三月二〇日 世界人権問題研究センター
「京都の近代化と町衆の学問」
439 『京都府埋蔵文化財論集』（第五集） （共著） 二〇〇五年三月二五日 京都府埋蔵文化財調査研究センター
440 『歴史の中の「在日」』 （共著） 二〇〇五年三月三〇日 藤原書店

441 『聖徳太子と和の心』（太子連続講座四） 二〇〇五年三月三一日 斑鳩文化協議会
442 『はじめての宗教』 （共著） 二〇〇五年三月三一日 栄光
443 『在日コリアン文化と日本の国際化』 （共著） 二〇〇五年五月一一日 新幹社
444 『古代日本と渤海』 （監修・共著） 二〇〇五年七月一〇日 大巧社
445 『みろくの世』 （監修・共著） 二〇〇五年八月七日 天聲社
446 『宮都のロマン』 （序） 二〇〇五年八月一一日 京都新聞出版センター
447 『日本の心文化財』 （共著） 二〇〇五年九月一五日 災害から文化財を守る会
448 『日本書紀研究』（第二六冊） （共著） 二〇〇五年一〇月二五日 日本書紀研究会
449 『甦る古代祭祀の風光』 （共著） 二〇〇五年一一月一五日 淡交社
450 『国を想う』（千玄室対談集） （共著） 二〇〇五年一一月二一日 淡交社
451 『天日槍と渡来人の足跡』 （序） 二〇〇五年一二月一日 海鳥社
452 『奥之院御本堂御開帳記念 対談「言」』 （共著） 二〇〇五年一二月五日 清水寺
453 『京都学校物語』 （序） 二〇〇六年二月一八日 京都市教育委員会学校歴史博物館
454 『人権ゆかりの地をたずねて』（高野新著） 二〇〇六年三月二〇日 世界人権問題研究センター
455 『長寿社会を招く』 （序） 二〇〇六年四月二五日 ミネルヴァ書房
456 『日本創生か律令国家へ』 （共著） 二〇〇六年五月一日 世界文化社
457 『古事記の新研究』 二〇〇六年七月二五日 学生社
458 神坂次郎『藤原定家の熊野御幸』 （解説） 二〇〇六年八月二五日 角川ソフィア文庫
459 『桓武天皇千二百年大祭記念誌』 （共著） 二〇〇六年一〇月一五日 平安神宮
460 『有光教一先生白寿記念論集』 二〇〇六年一一月一〇日 高麗美術館
461 『葛原さんを偲ぶ』 （共著） 二〇〇六年一二月三〇日 偲ぶ会
462 『人権ゆかりの地をたずねて』広隆寺と松尾大社 二〇〇七年三月三〇日 世界人権問題研究センター
463 『明日へのとびら』 （共著） 二〇〇七年三月三一日 京都府教育委員会
464 『日本の庭』 （共著） 二〇〇七年六月一日 世界文化社
465 『神々と森と人のいとなみを考える』（Ⅳの巻） （共著） 二〇〇七年七月三〇日 明治神宮
466 『湯川秀樹著作集』 （共著） 二〇〇七年八月一日 岩波書店
467 『大和の鎮魂歌』 （序） 二〇〇七年八月一七日 青娥書房
468 『縄文風花記』 （序） 二〇〇七年八月二五日 石風社
469 『人権ゆかりの地をたずねて』（在日朝鮮人の栄光） 二〇〇七年一〇月三一日 世界人権問題研究センター
470 『聖徳太子の歴史を読む』 （監修・共著） 二〇〇八年一月二二日 文英堂
471 『蝶から古代史へ』 （共著） 二〇〇八年二月二日 鎌田先生追悼事業会
472 『東アジアの古代古墳』 （共著） 二〇〇八年四月一日 文英堂
473 『古代東国の王者』（改訂増補版） （序） 二〇〇八年二月一五日 雄山閣
474 『かめおかの歩きかた』 （監修） 二〇〇八年三月一三日 亀岡商工会議所
475 『関西を創造する』 （共著） 二〇〇八年三月二五日 和泉書院
476 『歴史風俗絵巻時代祭』 （監修） 二〇〇八年五月 （DVD）平安講社
477 『湯川家に生きた子と母』 （共著） 二〇〇八年七月二〇日 どりむ社
478 『五行歌無値の旅』 （序文） 二〇〇八年八月二九日 東方出版
479 『播磨人気質を探る』 （共著） 二〇〇八年一一月八日 神戸新聞総合出版センター
480 『人権ゆかりの地をたずねて』（伏見稲荷大社と渡来の文化） 二〇〇九年一月三〇日 世界人権問題研究センター
481 『人間としてあること」（和辻文化賞20年記念誌） 二〇〇九年三月一日 姫路文学館
482 『ふるさと』 （共著） 二〇〇九年四月 社会福祉法人こころの家族
483 『出雲大神宮史』 （監修・共著）（序文）（共著） 二〇〇九年一〇月一一日 出雲大神宮
484 『日本歴史の英雄』 （共著） 二〇〇九年一〇月二六日 新人物往来社
485 『稲荷大神』 （共著） 二〇〇九年一一月一〇日 戎光祥出版
486 『和気広史』 （序） 二〇〇九年一一月一八日 淡交社
487 『言』 （共著） 二〇一〇年二月 清水寺
488 『日本創生』 （共著） 二〇一〇年三月一五日 日本プロジェクト産業協議会
489 『講座・人権ゆかりの地をたずねて』 （共著） 二〇一〇年三月二一日 世界人権問題研究センター
490 『こしの都』 （共著） 二〇一〇年三月三一日 丹南ケーブルテレビ
491 『日本文化の源流を求めて』1 （共著） 二〇一〇年四月一五日 文理閣
492 『弥生興亡女王・卑弥呼の登場』 （企画・監修） 二〇一〇年四月二〇日 文英堂

493 『弥生興亡女王・卑弥呼の登場』 （監修） 二〇一〇年四月二〇日 文英堂
494 『伊勢と出雲の神々』 （共著） 二〇一〇年六月一五日 学生社
495 『倭国創生と阿波忌部』 （序文） 二〇一〇年七月一〇日 多田印刷
496 『科学と人間のゆくえ』 （増刷・追加）
497 『遣唐使船の時代』 （共著） 二〇一〇年七月二五日 角川選書
498 『播磨から読み解く邪馬台国』 （共著） 二〇一〇年一一月一五日 播磨学研究所
499 『天平びとの華と祈り』 （監修・共著） 二〇一〇年一二月二四日 柳原出版
500 『京都府埋蔵文化財論集』（第六集） （共著） 二〇一〇年一二月二四日 京都府埋文研
501 『温故知新』 （共著） 二〇一〇年一二月一八日 第25回国民文化祭岡山実行委員会
502 『ニッポン猪飼野ものがたり』 （監修・共著） 二〇一一年二月二五日 批評社
503 『平安京と祭りと芸能』（報告書） （共著） 二〇一一年三月一五日 京都大学こころの未来研究センター
504 『古代日本と東アジア』 二〇一一年三月二〇日 「人環フォーラム」（三八号・京大）
505 『講座人権ゆかりの地をたずねて』 （共著） 二〇一一年三月三一日 世界人権問題研究センター
506 『教養のコンツェルト』 （共著） 二〇一一年四月二〇日 人文書院
507 『大和書房の五十年』 （共著） 二〇一一年七月一日 大和書房
508 『邪馬台国と纏向遺跡』 （共著） 二〇一一年八月一〇日 学生社
509 『伏見稲荷大社御鎮座千三百年史』 （監修・共著） 二〇一一年一〇月一〇日 伏見稲荷大社
510 『王仁博士「難波津」の歌と猪飼野』 （共著） 二〇一一年一〇月三一日 歌碑建立委員
511 『講座・人権ゆかりの地をたずねて』 （共著） 二〇一二年二月一五日 世界人権問題研究センター
512 『京都市文化政策の歴史』 （共著） 二〇一二年三月二〇日 京都文化芸術企画課
513 『オオゲツヒメと倭国創生』 （序文） 二〇一二年四月二一日 多田印刷
514 『日本の神々と祭祀の心』 （序文） 二〇一二年四月二三日 奈良新聞社
515 『京都の文化と市政』 （共著） 二〇一二年四月三〇日 京都市文化政策史研究会
516 『ことばの力』 （共著） 二〇一二年六月二四日 角川学芸出版
517 『八雲立つ出雲』 二〇一二年七月二日 青幻舎
518 『3・11と私』 （共著） 二〇一二年八月三〇日 藤原書店
519 『古谷蒼韻展図録』 （序） 二〇一二年九月五日 朝日新聞文化事業部
520 『古事記成書化の意義』（「古事記年報」五五号） 二〇一三年一月二八日 古事記学会
521 『いま改めて部落問題の重要性を考える』 二〇一三年二月一日 朝田教育財団
522 『日本人の忘れもの』 （共著） 二〇一三年二月二八日 京都新聞出版センター
523 『古墳とは何か』 （共著） 二〇一三年三月二五日 新泉社
524 『講座・人権ゆかりの地をたずねて』 （共著） 二〇一三年三月三一日 世界人権問題研究センター
525 『文化立都』 （共著） 二〇一三年三月 関西・大阪21世紀協会
526 『サライ5月号』巻頭 伊勢の式年遷宮 二〇一三年四月一日 小学館
527 『古事記千三百年の歴史的意義』 二〇一三年四月一日 『文化燦燦』岩清水八幡宮
528 『追想李進熙』 （共著） 二〇一三年四月一五日 社会評論社
529 『国宝重文北野天神縁起絵巻』 （監修） 二〇一三年五月一日 同朋舎エディアプラン
530 『神々の聖地』（二〇〇七・〇七美術手帳） （監修） 二〇一三年七月一日 美術出版社
531 『信仰の古代史』 （監修） 二〇一三年七月一日 『美術手帖』美術出版社
532 『かめおか宗教懇話会の歩み』 （講演録） 二〇一三年七月一三日 かめおか宗教懇話会
533 『古代のヤマトと三輪山の神』 （共著）（大神神社編） 二〇一三年八月二八日 学生社
534 『民際・知と文化』 （共著・監修） 二〇一三年九月一〇日 鼎書房
535 『古事記』 （共著） 二〇一三年九月三〇日 河出書房新社
536 『神と仏と大和の心』 （共著） 二〇一三年一〇月一九日 奈良新聞社
537 『森浩一の古代史・考古学』 （共著） 二〇一四年一月二四日 中経出版
538 『天神信仰と天神の祭り』（平成二五年度報告書） （共著） 二〇一四年三月一〇日 京都大学こころの未来研究センター
539 『講座・人権ゆかりの地をたずねて』 （共著） 二〇一四年三月三〇日 世界人権問題研究センター
540 『外間守善先生追悼号』 （共著） 二〇一四年五月二八日 『沖縄文化』一一六号
541 『歴代天皇一二五代総覧』 （共著） 二〇一四年七月八日 新人物文庫

歌集

『歌集共生』二〇〇一年二月二五日　大和書房
『歌集鎮魂』二〇〇六年五月一五日　大和書房
『歌集史脈』二〇一三年六月五日　大和書房

対談集

『古代史から日本を読む』二〇〇〇年四月三〇日　学生社

翻訳論集

The home districts of Japanese Kami.1975.10THE EAST
Shinto e Stagioni. 1985. Roma Italia NOVELL E SAGGI GIAPPONESI
A Fresh Look at Ancient History.1986.10.11JAPAN QUARTERLY
Japanese Myshology.1995.10.ECHOES OF PEACE No.49
The Significance of Ancient Izumo Exhibition.1997.4Encient IZUMO CULTURE EXHIBITION

映画（シナリオ・助言・監修）

1『部落』（シナリオ・制作）　一九六〇年二月　京都府立高校同和教育研究会
2『古代からの歴史にみる日本列島と朝鮮半島』（監修）（文部省優秀映画賞）　一九八四年三月　東映教育映画社
3『神々の履歴書』（シナリオ助言）　一九八八年四月　製作委員会
4『天之日矛伝承』（監修）　一九八九年九月　東映教育映画社
5『古代史探訪・渡来人の足跡』（監修）　一九八九年一一月　製作委員会
6『大陸のなかの朝鮮文化』（監修）　一九九〇年三月　大阪市教育委員会
7『一番近くに』（監修・アニメ）　一九九六年三月　大阪府
8『平安の祈り』（監修）　一九九九年七月　平安神宮

海外渡航

一九七〇年八月	訪ソ	国際歴史学会出席於モスクワ、パキスタン—タシケント—ブハラ—モスクワ—レニングラードなど
一九七二年七月	訪韓	武寧王陵などの実地観察
一九七三年六月	訪欧	平安雅楽会公演、イタリア・フランス・ベルギー・西独・オランダ・スペイン、雅楽訪欧公演団長
一九七四年五月	訪中	香港—広州—北京—西安など
一九七九年五月	訪中	北京—西安—洛陽—大同など、京都市学術代表団団長
一九八〇年八月	訪朝	北京—平壌—開城など
一九八一年七月	訪中	北京—西安など
一九八一年八月	訪中	上海—西安—蘭州—敦煌など
一九八四年五月	訪中	北京—西安—上海など、京都市代表団副団長
一九八四年七月	訪中	北京—長春—集安—上海—蘇州など
一九八五年七月	訪中	長春シンポジウム　北京・長春—集安など
一九八六年四月	訪朝	北京—平壌—開城など　日本学術文化代表団副団長
一九八六年七月	訪朝	北京—平壌—開城など　京都市社会科学者学術代表団団長
一九八六年一一月	訪韓	ソウル国際シンポジウム参加、ソウル—慶州など
一九八六年七月	訪韓	ソウル—蔚珍—慶州—釜山など
一九八六年八月	訪中	北京—西安
一九九〇年一一月	訪韓	ソウル—大田など
一九九一年五月	訪中	北京・長春　アジア史学会大会
一九九四年六月	訪中	北京大学・天津
一九九四年九月	訪中	北京、アジア史学会大会
一九九五年九月	訪中	北—西安、西北大学
一九九六年七月	訪韓	光州—ソウル、馬韓研究会講演
一九九八年七月	訪仏	時代祭巡行、パリシンポジウム
一九九九年三月	訪韓	ソウル、講演、大統領招請
一九九九年五月	訪中	集安—大連—北京、首都師範大学
二〇〇一年三月	訪中	北京、アジア史学会大会
二〇〇一年九—十月	訪仏	パリ、講演
二〇〇四年六月	訪モンゴル	ウランバートル・講演—ハラホリン
二〇〇四年九月	訪中	北京、アジア史学会大会
二〇〇八年十一月	訪韓	ソウル・東北アジア歴史財団招請
二〇一〇年一〇月	訪韓	ソウル・国立博物館講演など

本書をお読みいただいた皆さんへ

二〇一六年三月一三日の夕刻、井上満郎館長（当時・理事）から携帯に電話が入った。井上館長から要件がある時はほとんどメールかお手紙だっただけに、咄嗟に大きな不幸を想起した。

残念ながら、予感は的中した。上田正昭先生が神となられたとの一報。

少しでも井上館長や鄭喜斗事務長（当時）のお手伝いをと、指示を待って上洛した。先生が宮司を務められた穴太小幡神社の氏子の方々中心の神葬祭による通夜祭だった。その後、各界各層の方々が参列される盛大なお別れの会が別に設けられたが、地域の人々に囲まれて神の世に戻られる先生のありようが脳裏から離れない。

直後、鄭君と、先生のご功績をより多くの人々に伝え、先生が身をもって開かれた共生と民際の道を一人でも多くの方と共有し、先生のご遺志を継いでいくための行事を行おうと話しあい、呉連順理事長、井上館長のご了承を得た。ただ、その時、偲ぶ会にはしたくないと二人は思った。

御存命であれば二〇一七年四月二九日に先生は生誕九〇年を迎えられる。そこで、生誕九〇年を記念した展覧会とシンポジウムを企画した。同年四月三日から七月一七日まで開催した「上田正昭と高麗美術館」展と四月三〇日開催のシンポジウム「上田正昭とアジアー民際を受け継ぐ」である。

真に実りあるシンポジウムとなった。『高麗美術館館報』一〇九号に速報を掲載したが、より多くの方に上田先生が築かれた歴史学の地平、開かれた共生と民際の道をお伝えするには本としての出版が必要と考えた。模索する中で、シンポジウム登壇者が書き下ろしを加え、高麗美術館編として出すなら雄山閣が出版を引き受けるということになった。その分、高麗美術館側で編集も進めて欲しいということになった。非力であることは重々承知だが、出版社が東京ということもあり、まことに僭越ながら私が編集業務の一端を引き受けさせていただいた。至らぬところ多々あろうが、ご寛恕を願うばかりである。

嬉しいことに、先生の三女でブック・デザイナーとして定評のある上野かおるさんが装幀をお引き受け下さった。ご遺族の方々からお写真や資料等を拝借することもできた。ありがたい限りである。

先生の様々なご功績や歴史観、井上館長が言われる「学問の社会化」、本書の題名でもある「共生と民際の歴史学」の一端は、本書をお読みいただいた方には実感いただけたと思うが、本書の狙いは、上田先生が示された、そうした道を私たち一人ひとりが共に歩む心を共有することにある。

改めて、本書をお読みいただいた皆さんにお願いしたい。それぞれの立場において、そして、手を携えて共生と民際の道を共にしていただきたい。それが、上田先生の御霊への私たちの祀りである。

最後に悲しい思いを一つ加えなければならない。本書編集中の二〇一九年三月六日、常に御夫君・鄭詔文高麗美術館創設者と共にあり、上田先生ご夫妻と真の友情を育まれた呉連順理事長が逝去された。呉理事長に本書を見ていただけなかったことは痛哭の極みである。神の世で先生、御夫君と共にお読みいただきたい。

二〇一九年四月

公益財団法人高麗美術館評議員　熊倉浩靖

＜執筆者＞
井上満郎（いのうえ　みつお）
1940年生。京都産業大学名誉教授、（公財）高麗美術館館長。
仲尾　宏（なかお　ひろし）
1936年生。京都造形芸術大学客員教授、（公財）高麗美術館理事。
西谷　正（にしたに　ただし）
1938年生。海の道むなかた館館長、九州大学名誉教授。
鄭　喜斗（てい　きと）
1959年生。（公財）高麗美術館学芸部長。
藤野雅之（ふじの　まさゆき）
1941年生。元・共同通信社文化部長、（公財）高麗美術館維持委員会員。
熊倉浩靖（くまくら　ひろやす）
1953年生。高崎商科大学特任教授、（公財）高麗美術館評議員。

＜装幀＞
上野かおる（鷺草デザイン事務所）

平成31年4月25日 初版発行　　《検印省略》

共生《ともうみ》と民際《みんさい》の歴史学《れきしがく》　―上田史学《うえだしがく》を継承《けいしょう》する―

編　者　公益財団法人 高麗美術館
発行者　宮田哲男
発行所　株式会社 雄山閣
〒102-0071　東京都千代田区富士見2-6-9
電話 03-3262-3231㈹　FAX 03-3262-6938
http://www.yuzankaku.co.jp
E-mail　info@yuzankaku.co.jp
振替：00130-5-1685
印刷・製本　株式会社ティーケー出版印刷

Printed in Japan 2019　　ISBN978-4-639-02634-1　C3021
N.D.C.206　256p　22cm